VIVIR SIN MIEDO

dinámica

VIVIR SIN MIEDO

Rhonda Britten

VERGARA
GRUPO ZETA

Barcelona • Bogotá • Buenos Aires • Caracas • Madrid • México D.F. • Montevideo • Quito • Santiago de Chile

Para proteger la intimidad de las personas mencionadas en este libro se han utilizado seudónimos y se han modificado algunas características de los protagonistas de los casos presentados.

Título original: *Fearless Living*
Traducción: Fernando Mateo
1.ª edición: octubre 2002

© Rhonda Britten, 2001
© Ediciones B, S.A., 2002
    para el sello Javier Vergara Editor
    Bailén, 84 - 08009 Barcelona (España)
    www.edicionesb.com

Publicado por acuerdo con Dutton,
miembro de Penguin Putnam Inc.

Printed in Spain
ISBN: 84-666-1037-5
Depósito legal: B. 30.527-2002

Impreso por PURESA, S.A.
Girona, 206 - 08203 Sabadell

Mi madre no pudo vivir lo suficiente para disfrutar de su libertad recién conquistada.
Sin embargo, gracias a su ejemplo, yo pude tomar su puesto y lograrlo.
Este libro es mi regalo para ella.

Gracias por darme el coraje de vivir sin miedo.
Te quiero, mamá.

ÍNDICE

Si alguna vez se ha sentido demasiado amenazado por el fracaso como para intentar conseguir algo que quiere, demasiado aprensivo para compartir sus sentimientos o demasiado cómodo con lo que ha conseguido para arriesgarse a mejorar su vida... Si se ha sentido demasiado intimidado como para enfrentarse a alguien que lo desacredita, o el temor de no merecer ser amado le ha impedido poner fin a una mala relación... Si se ha angustiado ante la posibilidad de que le hagan daño por arriesgarse a confiar en alguien, o se ha considerado demasiado sensible a las críticas como para expresar su opinión y exigir que se tenga en cuenta... Si se ha sentido demasiado preocupado por perder el amor de sus hijos como para dar pruebas de su autoridad, o ha pensado que le falta el ímpetu necesario para dar otro rumbo a su vida porque cree que podría no estar a la altura de las circunstancias, entonces la obra que está a punto de leer le cambiará la vida.

Y no está usted solo, ni mucho menos. A lo largo de mi carrera como conferenciante y asesora tanto en cuestiones personales como profesionales, he descubierto que la inmensa mayoría de las personas, por muy seguras de sí mismas que parezcan, albergan temores que las paralizan y que las acechan desde lo más recóndito de su psique. Estos demonios internos están siempre listos para murmurar objeciones desalentadoras y plantear dudas acerca de todo lo que pudiera alterar el statu quo: ¿De verdad crees que deberías hacer eso?

¿Estás preparado para dar semejante paso? ¿Por qué no pides consejo? ¿Estás seguro de que lo que te propones no es una locura? ¿Qué dirá la gente?

Estos mensajes intimidatorios, seamos conscientes de ellos o no, nos aportan argumentos para creer que lo mejor que podemos hacer es no correr riesgos. No me estoy refiriendo, desde luego, a trastornos emocionales de naturaleza clínica como la depresión y la ansiedad, que requieren la atención de un profesional. Tampoco estoy haciendo un alegato a favor de la imprudencia: hablo de la tendencia prácticamente universal de los seres humanos a inventar excusas y a negar los miedos que nos inmovilizan. Esos miedos sutiles y perturbadores que constituyen lo que yo llamo «la Rueda del Miedo» controlan nuestra vida de múltiples e inesperadas maneras.

Hasta los más pequeños incidentes cotidianos pueden contribuir a generar sus miedos. Esa vez en que se separó inesperadamente de su madre en la tienda cuando usted tenía cinco años, puede haber representado el comienzo del temor a ser abandonado. Las palabras ofensivas de algún compañero agresivo durante su infancia pueden haber acentuado su temor a ser un estúpido. Las críticas del entrenador de fútbol de la escuela cuando usted jugaba lo mejor posible pueden haberle hecho sentir que no servía para nada. *Vivir sin miedo* es un programa que le enseñará a reconocer y dominar esos temores. Dominar el miedo no significa que usted no vaya a experimentarlo nunca más. Significa más bien que usted sabrá cómo actuar para superarlo, y que gracias a ello la frecuencia con que el miedo se presentará será mucho menor.

Por lo que se refiere a traumas más graves, yo soy una prueba viviente de que la más inenarrable de las experiencias puede ser una fuerza que nos ayude a no perder las esperanzas. Antes de ir al programa de televisión de Oprah y revelar el terrible secreto que el lector encontrará en la introducción de este libro, yo ya había establecido para mí misma un programa personal de crecimiento destinado a superar un pasado conflictivo. El alcoholismo, las crisis nerviosas y los intentos de suicidio habían sido los métodos equivocados a los que había recurrido antes para tratar de vencer mis miedos. Sin embargo, gracias a mi programa, mi comportamiento autodestructivo se ha convertido en un mero recuerdo. Ahora, cuando contemplo mi vida no puedo menos que maravillarme. Veo amigos que me aman, relaciones familiares sanas, ingresos considerables, una hermosa casa y la expresión creativa que significan mis conferencias, mis libros, mis vídeos y mis casetes. Y lo que es más importante: siento que mi identidad está intacta y alimenta mi confianza en mí misma y mi poder y da claridad a mi propósito. Es decir: lo que gobierna mi vida es la libertad.

Diseñé el programa *Vivir sin miedo* para ayudarlo a usted a vencer el miedo que le impide vivir una vida plena. A partir de este texto, miles de personas han dado testimonio de los beneficios que obtuvieron al cambiar su vida aplicando dicho programa. En lugar de teorías y conceptos, *Vivir sin miedo* le propone soluciones prácticas y eficaces a situaciones de la vida real. En la Primera Parte aprenderá a discernir cómo actúan, y cómo se perpetúan y manifiestan, sus propios miedos. En la Segunda Parte descubrirá el poder que se esconde tras sus acciones cotidianas y cómo éstas alimentan sus miedos o lo ayudan a superarlos.

No hay un momento «apropiado» para comenzar a vivir sin miedo. Sea cual sea su situación actual, ahora es el momento perfecto. Prepárese, pues, para emprender un viaje que transformará su vida.

Bienvenido al mundo de los que vivimos sin miedo.

RHONDA BRITTEN,
junio de 2000

El miedo es un asesino.
Mata las esperanzas.
Mata los sueños.
Mata los logros profesionales.
Mata las relaciones.
En un abrir y cerrar de ojos, mató a mis padres.
Estuvo a punto de matarme a mí.

¿De qué forma lo está matando a usted?

MI HISTORIA

Un persistente aguacero golpeaba las ventanas de mi cuarto aquella fría mañana de junio. Me acurruqué cuanto pude para aprovechar el calor y el bienestar que me procuraban las mantas, deseando no tener que enfrentarme a lo que tenía por delante. En esa época, 1975, vivíamos en la zona norte de Michigan. Yo tenía catorce años. En mi pequeño pueblo natal el Día del Padre era sinónimo de familias deambulando por las calles en busca de un restaurante donde almorzar, y se consideraba que los *buffets* libres eran el paradigma del buen gusto. Se me hacía la boca agua al pensar en las ensaladas y las rodajas de carne asada, pero tenía pavor al encuentro familiar. Hacía casi un año, mis padres se habían separado. Sin duda, ese encuentro obligatorio con mi padre iba a estar cargado de tensión.

Me preguntaba si mis dos hermanas, y desde luego mi madre, se sentían tan inquietas como yo. De todos modos, me decía, no iba a ocurrir nada malo: después de todo, íbamos a estar en público. Todo el mundo se portaría de lo mejor. A pesar de todo lo que había ocurrido entre mis padres de puertas adentro, siempre se las habían arreglado para no dejarlo traslucir delante de los demás. Les importaba demasiado lo que pudieran pensar los vecinos.

De modo que me tranquilicé, aparté las mantas, me levanté, y fui en busca del vestido blanco de algodón que mi madre había terminado de coser unos días antes. Era una consumada costurera, y coser para sus hijas la llenaba de orgullo. A mí me encantaban todas sus creaciones, pero ese vestido era uno de mis preferidos. Además, me había hecho un pañuelo blanco con lunares negros, un accesorio que me hacía sentir de lo más refinada. Lo coloqué en torno a mi cuello, como un testimonio de su amor. Yo, por mi parte, la quería tanto que me resultaba casi doloroso. Tengo una fotografía de nosotras dos que nos tomaron antes del nacimiento de mi hermana menor, Linda. Mi madre me tenía sentada sobre su regazo. Mi cabeza descansaba sobre su hombro. En el dorso, ella había escrito: «Cuando eras el bebé de la casa, Rhonda.» La imagen y la frase me daban fuerza, y también la sensación de que yo era alguien muy especial. Miraba la fotografía y leía aquellas palabras cada vez que las contingencias de la adolescencia me ponían a prueba.

Esa mañana de domingo me vestí y, mientras mis hermanas se peleaban por el cuarto de baño, me encaminé al cuarto de mi madre. Tenía la puerta abierta, así que me vio llegar.

—Oh, ¡qué guapa estás! —exclamó con voz cantarina—. Ven. Quiero mostrarte algo.

Mi corazón comenzó a latir apresuradamente. Yo era la mediana, y disfrutaba al máximo cada uno de los momentos en que podía estar a solas con mi madre. Después de tomar un sorbo dejó a un lado su omnipresente tazón de café y terminó de maquillarse. Yo me senté sobre su cama, tratando de no arrugar las sábanas, y me quedé mirando cómo se aplicaba el colorete en las mejillas y la sombra azul sobre los párpados. Incluso sin maquillaje era una verdadera belleza. Yo quería llegar a ser como ella.

—¿Qué tal es ese nuevo novio tuyo? —me preguntó, después de pintarse los labios y ponerse un poco de perfume.

Conversación de mujeres. Ese momento privado, íntimo, me hacía temblar de emoción.

—Muy bien —respondí con una risita—. Por lo menos hasta ahora. ¿Cómo está Bill?

Sus ojos se iluminaron. Bill representaba el primer intento de mi madre por encontrar otra vez el amor, y a mis hermanas y a mí nos parecía muy bien. Era un hombre grandote, tanto como su corazón. Desde que lo había conocido, mi madre había recuperado la sonrisa.

—De eso quería hablarte. Te voy a enseñar una cosa —dijo mientras se limpiaba las manos y buscaba algo en una cesta. De allí sacó un polo de rayas azules y rojas.

—Lo hice para Bill. Es mi regalo de cumpleaños —declaró—. ¿Crees que le gustará?

—¡Oh, sí! ¡Es perfecto! —exclamé, sintiendo que era su amiga además de su hija.

En ese momento sonó el timbre, arruinando aquel preciado encuentro privado con mi madre.

—Tu padre —dijo ella, mientras doblaba rápidamente el polo y lo escondía bajo la cama. Ninguna de las dos queríamos que hubiera señal alguna de Bill en la habitación. Mi padre no aceptaba la separación y estaba terriblemente celoso de la relación que mi madre había iniciado con Bill.

—Ve a abrirle la puerta. Yo bajaré enseguida —agregó. Su expresión dio a entender el resto: «Sé amable, sonríe, dale un abrazo, y no reveles nuestro pequeño secreto.»

Me puse de pie. Después de una breve pausa, obedecí a mi madre y me encaminé de mala gana a la puerta de la calle. Mi padre me había llamado la semana anterior, a pesar de que hacía meses que no hablábamos, para pedirme que me fuera a vivir con él. Yo le dije que no quería. ¿Por qué yo, si prefería a Linda, mi hermana menor? En una ocasión en que él se enfadó conmigo por algo, me persiguió, me tiró al suelo y me agarró por el cuello con las dos manos. Mis gritos atrajeron a Linda, y gracias a ella mi padre me soltó. Sin embargo, ahora me quería a mí, no a Linda. Dijo que algún día se lo agradecería. ¿Qué podría agradecerle? ¿El sufrimiento? ¿Acaso pensaba que eso me convertiría en una persona mejor?

Abrí la puerta de la calle. La lluvia se había convertido en una suave llovizna. Mi padre esperaba en la galería, un poco mojado, pero con un aspecto absolutamente maravilloso y normal, tal como lo recordaba de los años en que era una niña. No se parecía en nada al hombre iracundo y perturbado que yo esperaba encontrar. Complacida y aliviada, después de hacerlo pasar me sentí impulsada a abrazarlo.

En el momento en que él entraba apareció mi madre, arrebujándose en su impermeable, y dijo que quería calentar su nuevo coche. El Buick Apolo amarillo modelo 1973 era un símbolo fulgurante de su libertad recién conquistada. Haberse separado de mi padre después de casi dos décadas de maltrato verbal le supuso una experiencia increíblemente liberadora. Mamá era una muchacha que se había criado en una granja, y lo único que había aprendido a manejar era un tractor. Al obtener el permiso de conducir y comprar ese Apolo había dado un paso crucial hacia su independencia. La miré con una sonrisa en los labios y la vi salir deprisa, bajo la lluvia, con las llaves del coche en la mano.

Luego miré a mi padre. Sus ojos siguieron con atención los movimientos de mi madre, que sorteaba ágilmente los charcos camino de su coche.

—Vengo enseguida —dijo bruscamente—. Me he dejado la chaqueta en el maletero.

Atravesó casi corriendo el césped en dirección a su coche, que estaba a medio metro del de mi madre. Abrí la boca para llamar a mis hermanas y decirles que estábamos listos para partir. Antes de que pudiera articular una sílaba, vi que lo que mi padre sacaba del maletero de su coche no era una chaqueta sino un rifle.

Ese breve lapso que transcurrió mientras me dirigía desde la puerta hasta el borde de la galería ha quedado grabado a fuego para siempre en mi memoria. Mi respiración se detuvo. Mi corazón se paró. Mi padre le estaba gritando a mi madre «Tú me has obligado a hacer esto» mientras la apuntaba con el rifle.

—¡No, papá! —grité yo—. ¡Papá, iré a vivir contigo! ¡Papá, yo cuidaré de ti! —Dios mío, tenía que detenerlo. Tal vez el ruido de la lluvia estuviese ahogando mis palabras. Tal vez no podía oírme. Tal vez no le importaba lo que yo dijese.

Mis desesperados gritos no lograron disuadirlo. Había acorralado a mi madre entre los dos coches y se disponía a apretar el gatillo. Yo seguía rogándole, con la esperanza de que no lo hiciera. Pero era inútil. ¿Por qué no me oía? ¿Por qué Linda no me oía? A ella sí la escucharía. ¿Dónde estaba Linda? ¿Dónde estaba mi hermana mayor, Cindy?

—Ron, no hagas esto. No hagas esto —dijo mi madre con la voz enronquecida.

—Tú me has obligado a hacerlo —gritó él—. Todo es culpa tuya. No me dejas alternativa. Si no puedo tenerte, nadie podrá tenerte. Nadie te tendrá.

Mientras él rugía enfurecido, ella lo miraba directamente a los ojos, mostrando su coraje ante el hombre que la había dominado durante tanto tiempo. Instintivamente, cruzó los brazos sobre el pecho con la vana esperanza de protegerse. Yo miraba la escena tratando de imaginar qué podría pasar. Tenía que salvarla. Podía interponerme entre ella y el arma. Podía hacer algo para distraer a mi padre, tal vez tirar una silla, o golpear el cubo de la basura, que era de metal, para que ella pudiera escapar. Pero estaba paralizada y el cuerpo no me respondía.

¡*Pum!* El ruido del disparo abrió un agujero en mi vida. Todo sucedía tan lentamente que tuve la sensación de que podría correr y detener la bala. La imagen de mi madre antes y después de que el proyectil le perforara el abdomen es el recuerdo más vívido que guardo en mi memoria. Se la veía tan hermosa, tan asustada, tan sola... Cuando la bala la alcanzó, mi madre se inclinó delicadamente hacia delante con un gesto de dolor y se llevó las manos al estómago como alguien que está a punto de vomitar. Recuerdo su cara, desfigurada por el sufrimiento, y sus ojos, todavía clavados en los de su asesino. Le rogaba sin palabras que se detuviera. Por una fracción de segundo pienso que mi padre no debía de creer lo que había hecho. Supongo que debí de gritar, pero todo lo que recuerdo es un silencio irreal.

El clic del rifle, que mi padre volvió a amartillar, rompió la quietud. Su mirada y el cañón del arma se volvieron hacia mí. Yo estaba segura de que me había llegado la hora. Pero el rifle giró en redondo y apuntó otra vez a mi madre. Cuando la segunda bala la alcanzó, junto a la puerta abierta de su querido coche, ella cayó dentro. La bala, que atravesó su cuerpo, quedó incrustada en el volante. El sonido estridente de la bocina rompió el silencio de la mañana de domingo en el pequeño pueblo. Hasta el día de hoy el sonido de una bocina me sigue afectando, y tengo que apelar a todos los recursos internos que he acumulado para liberarme del miedo.

La bocina seguía atronando el aire mientras mi padre corría hacia mí. Empapado por la lluvia, se dejó caer de rodillas a mis pies empuñando el rifle, que apuntaba hacia arriba. Apoyó la sien derecha en el extremo del cañón y apretó el gatillo. Todos sus movimientos parecían perfectamente sincronizados, como si los hubiera planeado y ensayado minuciosamente para este acto final. El ruido de la detonación a quemarropa fue ensordecedor. La sangre de mi padre salpicó mi vestido blanco, el último regalo que me había hecho mi madre. Su cuerpo se desplomó a mi lado.

El único sonido audible para mí, el de mi agitada respiración, me hizo tomar conciencia de que lo que había ocurrido no era un sueño. Era real. Comencé a temblar. En ese momento, me sentí invadida por un miedo incontenible: estaba segura de que no merecía estar viva. ¿Por qué seguía respirando? Al fin y al cabo, mi padre me había demostrado que yo no era un motivo suficiente para que él siguiera viviendo. De hecho, ni siquiera valía la pena matarme. Y yo —la única que habría podido hacer algo— no había logrado salvar a mi madre. ¿Para qué servía yo, entonces?

Me di la vuelta, entré en casa y me encaminé directamente a aquel santuario que era para mí el dormitorio de mi madre, donde hacía sólo unos minutos me había sentido segura y había gozado del privilegio de recibir sus confidencias. Me arrodillé en el suelo, junto a la cama, y apoyé las manos cruzadas sobre el cobertor. La fragancia de su perfume todavía se percibía en el aire. Recé con más fe que nunca en mi vida. «Por favor, Dios —rogué—. No dejes que mi madre muera.» Sin embargo, sabía que ella ya se había ido.

La noticia se propagó rápidamente en nuestra pequeña población. La familia se hizo cargo de la situación, y pocas horas después mis hermanas y yo estábamos en casa de mi tía. Me han contado que al principio yo estaba histérica y luego taciturna. Supongo que me cambié el vestido manchado de sangre. De lo que ocurrió entre el momento en que me arrodillé a rezar y varias horas después es muy poco lo que recuerdo. Me acuerdo vagamente de haber llamado por teléfono a mi novio y de haberle contado lo que había sucedido; después de eso, nada más acude a mi memoria. Mi tía había convencido a Cindy de que me diera un sedante. Más que por mí, tomé la píldora por ellos. Pero me negué a comer. Mis parientes estaban convencidos de que si yo comía todo iría mejor.

No tenían ni idea. Yo no había logrado salvar a mi madre. No merecía alimentarme. Cada vez que reconstruía mentalmente los hechos más me lo recriminaba. Abrumada por los efectos de los sedantes y el desprecio por mí misma, seguía pensando que podría haber hecho algo para evitar que mi padre matara a mi madre. Podría haberme interpuesto entre el arma y ella. Podría haber imaginado algo mejor que decir. Al menos podría haber corrido hasta el coche, para tratar de auxiliarla. Tal vez ella había estado esperando que yo acudiera en su ayuda. Si lo hubiera hecho, tal vez habría podido salvarse. Pero la había abandonado allí, caída sobre el volante. Ahora, cuando recuerdo todo el episodio, sé que parte del miedo que se estaba apoderando de la esencia misma de mi ser era la idea de que también los demás me consideraban culpable. Tal vez incluso me apuntaran con su dedo acusador por lo que había hecho mi padre. Al fin y al cabo, en una ocasión dijo que mi madre le había dejado por mi culpa. Yo no sabía qué había querido decir, pero de todos modos no podía dejar de temer que fuese cierto.

Y sin embargo, esa noche, como todos los domingos, fui a la pista de patinaje sobre hielo. Continuar con la rutina de siempre parecía ser lo único que podía hacer. No patiné mucho, de todos modos. Una vez que hube llegado a la pista tuve que ocuparme de mis amigos. Se veía a las claras que no sabían qué hacer ni qué decir. Al principio se limitaron a evolucionar por la pista evitando mirarme. Era una conducta con la que habría de familiarizarme durante los meses y años que se sucedieron. En un mundo en el que ya no se consideraba inadecuado hablar de casi todo, un asesinato seguido de suicidio —en especial si involucraba a tus padres y tú eras el único testigo— se convirtió en el último de los tabúes.

Finalmente, mi amiga Julie se permitió reaccionar. Me abrazó y se echó a llorar apoyada en mi hombro. Me reconfortó que llorara. Mi miedo ya estaba actuando, y me impedía compartir mis verdaderos sentimientos. La consolé y dejé que desahogara su furia y su pena mientras yo reprimía mi propia furia y mi propia pena. Temía que si daba rienda suelta a mis emociones el mundo no podría soportar mi aflicción. Tenía miedo de mí misma. Miedo de ser humana. Era demasiado terrible imaginar las consecuencias.

Al día siguiente, Cindy —que como ya tenía dieciocho años se hizo cargo de la situación— nos dejó a Linda y a mí con nuestra tía mientras ella y Sharon, una amiga de mi madre, fueron a casa a buscar algunas cosas. Después, Cindy me contó que cuando entraron en el dormitorio Sharon se echó a llorar al ver la taza favorita de mi madre sobre el tocador, todavía medio llena de café frío. Yo no volví a ver aquella taza. Ojalá hubiera podido verla. Pero nadie quería dejarme regresar a la escena del crimen. Todos pensaban que debían protegerme. Sus intenciones eran buenas, pero no entendían. Después de lo que había visto, el daño ya estaba hecho. El miedo ya era parte de mí, y alimentaba los temores comunes y corrientes que yo ya sentía, hasta que se convirtió en una fuerza que dictaba todos mis pensamientos y mis acciones. Yo había sido una muchacha que crecía al abrigo del amor de su madre y cuyos sueños se proyectaban hacia un futuro lleno de posibilidades. Y en un instante había pasado a ser no solamente una huérfana sino la persona que no había evitado la trágica muerte de mis padres. Quería gritar: «¡No podéis protegerme! ¡Es demasiado tarde!» Pero el miedo me estrangulaba y no me dejaba articular palabra. Después de un tiempo, el miedo me dominaba tan completamente que ni siquiera sabía ya qué eran las palabras. Sólo sabía que nunca, jamás, debía pronunciarlas.

Lo que pasó el lunes lo recuerdo borrosamente. Mis hermanas dicen que elegimos los ataúdes. Tendré que creerlo. El velatorio en la funeraria fue el martes. Eso lo recuerdo con lujo de detalles. Toda la tarde, con un bolígrafo en la mano y una sonrisa en los labios, me dediqué a acompañar cortésmente a cada uno de los que llegaban a los libros de pésame, uno para mi padre y otro para mi madre, y a señalarles el espacio disponible. Mientras mis hermanas deambulaban entre los que habían acudido a dar sus condolencias, yo actuaba como anfitriona. Recuerdo que lloré muy poco, y que me sentía profundamente obligada a atender a todas aquellas personas que habían querido tanto a mi madre, o a mi padre, o a ambos. Necesitaba asegurarme de que se sintieran bien. Si no pude salvar a mis padres, al menos podía lograr eso.

Cuando la mayor parte de la gente hubo llegado, mis hermanas y yo nos sentamos en los bancos destinados a la familia y recibimos las condolencias juntas. Cuando llegó el momento de dar a nuestros padres el último adiós antes de cerrar los ataúdes, el dueño de la funeraria corrió una cortina de terciopelo rojo para proteger nuestra intimidad. Me despedí de mi padre, y recuerdo haberlo mirado con cierta perplejidad. No había señal alguna de que se hubiera volado parte de la cabeza. Nunca había imaginado que alguna vez habría de reflexionar acerca de las dotes artísticas de los empleados de las funerarias, pero merecían un premio, pensé.

Si bien me mantuve indiferente mientras miraba el cadáver de mi padre, ver a mi madre me conmovió profundamente. Aquella imagen se ha grabado en mi cerebro. Observé minuciosamente cada uno de sus rasgos, por miedo a perderme algo. Tenía puesto su vestido largo favorito, de color verde con lunares blancos, que había comprado para la primera fiesta de Navidad que ofreció después de la separación. Aquella vez, mamá había gastado más de lo que solía permitirse. El vestido había sido un regalo que se había hecho a sí misma, uno de sus pequeños actos de libertad durante aquel breve respiro del que disfrutaba tras una vida dominada por el miedo.

Su pelo y su maquillaje estaban impecables. Regresé mentalmente a la mañana del domingo —apenas un par de días antes—, y me vi sentada sobre su cama, observando cómo «se ponía su cara», como ella decía. ¿Cómo podía ser que ya nunca más pudiera disfrutar de ese simple placer, y de todos los demás milagros de la vida?

El dueño de la funeraria reapareció, arrancándome de mi ensueño. Le quitó a mi madre los anillos de compromiso y de boda y se los entregó a Cindy. Luego advertí que Cindy le había puesto a mi madre su anillo de la escuela en uno de los dedos. Y que Linda le había puesto uno de sus más queridos brazaletes en la muñeca. Aquellas joyas eran regalos que la acompañarían al Más Allá. Yo no podía creer lo que veía. ¡Nadie me había dicho nada! Me sentí traicionada. Era como si me hubieran dado una bofetada, aunque al mismo tiempo estaba terriblemente avergonzada: ¿por qué no se me había ocurrido hacer lo mismo? ¿Era así como mis hermanas me castigaban por no salvar a mamá? Pero enseguida recapacité. Quien importaba en ese momento era mi madre, no yo. Mi dolor debía esperar. La urgencia de la situación exigía actuar inmediatamente. Yo sabía que si mi madre era enterrada sin un símbolo de mi amor, jamás podría perdonarme. ¿Qué podía darle?

La respuesta no tardó en llegar. Un par de semanas antes mi novio me había regalado un anillo de plata con una perla en el centro. Yo había deseado en secreto ese anillo. Era el objeto más valioso que poseía. Me quité el anillo y se lo puse a mi madre en su dedo meñique. Había reparado aquella falta de la mejor manera que se me había ocurrido. Me había enojado mucho que mis hermanas no me hubieran incluido, pero también sabía que nunca podría contarle a nadie lo avergonzada que estaba. Jamás. Y enterré mi vergüenza junto con el sentimiento de yo que no valía nada.

Los funerales fueron el miércoles, el día en que mis padres habrían cumplido veinte años de casados. Yo insistí en cantar durante la ceremonia. Mi madre siempre había dicho que mi voz era un don de Dios. Se había hinchado de orgullo cuando fui invitada a incorporarme al coro de secundaria cuando todavía estaba en séptimo de primaria. Se ocupó de que tomara clases, y se emocionó tanto como yo cuando mi maestro de canto me sugirió que asistiera a la temporada de verano de 1975 del mundialmente famoso centro de artes Interlochen, en Traverse City. Aquélla sería la primera vez que pasaría un tiempo lejos de casa, un paso importante para comenzar una carrera en la que —mi madre estaba segura de ello— yo estaba destinada a descollar. Lo menos que podía hacer yo en ese momento era cantar en homenaje a su memoria.

Escogí una canción titulada *Thank You* con la intención de cantarla en los dos funerales. La ironía de ese título en el caso del funeral de mi padre quedó oculta por mi actitud de negación. Yo creía de verdad que lo había perdonado instantáneamente. Aun así, no derramé una sola lágrima durante la ceremonia, que se llevó a cabo a la una de la tarde. Después del entierro esperamos una escasa media hora hasta que comenzó el funeral de mi madre, a las tres. Durante ese breve intervalo caí en la cuenta de cuál era la canción que debía dedicarle: su favorita, el éxito de Olivia Newton-John *I Honestly Love You*. Yo había sido elegida para cantarla a dúo con mi amiga Tammy durante un concierto coral a principios de aquel año. Después, mamá me pedía que la cantara cada vez que alguien venía a visitarnos.

Todo el mundo trató de disuadirme de seguir adelante con aquel plan, pero yo estaba decidida. Hablé con Tammy y la convencí de que debíamos hacerlo. Ella aceptó. No sé si alguien fue a su casa a buscar la partitura o alguien fue a la mía. Como ya he dicho, era una población pequeña. Las dos vivíamos a pocos minutos de la iglesia. Lo cierto es que nos trajeron la partitura y ensayamos una vez en la capilla. Luego ocupé mi lugar junto a mis hermanas fuera de la iglesia para saludar a familiares y amigos.

Desde el mismo momento en que comenzó el funeral de mi madre no hubo quien no llorara, e incontenibles sollozos de pesar jalonaron la ceremonia. Cuando llegó el momento en que debía cantar, me encaminé desde el banco delantero y por la nave lateral hasta los escalones que subían a la galería del coro, situada en la parte trasera de la iglesia. Para no dejarme llevar por la emoción evité cuidadosamente las miradas. Mi tía me había rogado que tomara una píldora antes de los funerales, pero yo me había negado. Quería ser yo misma, plenamente, y ser totalmente consciente de mis sentimientos. Quería recordarlo todo. No quería cantar ni llorar bajo los efectos de un medicamento. No quería ver por última vez a mi madre bajo los efectos de un medicamento.

En un registro alto y claro de soprano, con la voz de Tammy armonizando con la mía, canté la canción por y para mi madre. La canté con todas y cada una de las fibras de mi ser. Hacia el final de la canción dije las palabras «Te amo», y después hice una larga pausa. Durante ese silencio, la congregación no pudo contener los sollozos que expresaban su pena y sus sentimientos de piedad. Los sonidos de la tristeza crecieron hasta convertirse en un lamento que sigo oyendo hasta el día de hoy.

Mientras regresaba a mi asiento, todos los ojos convergieron sobre mí. Todo el mundo estaba sorprendido de que lo hubiera logrado, pero yo no. Había tenido que hacerlo. La canción era el último regalo que iba a hacerle a mi madre, y tenía que resultar perfecto.

Y así fue.

Después de aquel momento, y durante muchos años, nada fue perfecto. En el cementerio, el dique emocional que había estado conteniendo mis lágrimas finalmente cedió. El sol radiante y la brisa fresca que venía del lago Superior parecían burlarse del insoportable dolor que laceraba mi corazón. Deshecha en lágrimas me arrojé sobre el ataúd de mi madre gritando: «¡No me dejes! ¡Por favor, no me dejes!» Mi abuela, una mujer imponente que tenía una filosofía eminentemente práctica de la vida, me separó con rudeza del cajón y me dijo: «Basta. Se acabó.» Mientras ella me arrastraba apretándome con fuerza la muñeca, el temor a ser yo misma se instaló con fuerza en mi vida.

Cuanto más intentaban protegerme de mi dolor aquellos que me rodeaban, más miedo me inspiraban mis propios sentimientos y más me esforzaba por reprimirlos. Muchos parientes se alejaron. Los amigos desaparecieron. Me sentí totalmente excluida. Cuando yo entraba en un lugar la gente murmuraba. Recuerdo haber alcanzado a oír a algunos adultos que recomendaban a los visitantes: «No se te ocurra sacar el tema de los padres.» La sola idea de compartir mi historia con alguien me llenaba de vergüenza. Me aterraba la posibilidad de que me acusaran de no haber evitado la muerte de mis padres. Tenía miedo de mí misma.

Bastante tiempo después, en la época en que estudiaba en la universidad gracias a una beca, se me consideraba una persona normal, y obtenía logros de los que podía estar muy orgullosa. Nadie habría adivinado cuáles eran los miedos que gobernaban mi vida. Yo me mantenía distante de los que me rodeaban para evitar el miedo de ser descubierta y para esquivar las preguntas que inevitablemente me harían. El miedo era mi compañero inseparable, y siempre me daba permiso para mentir. «¿Cómo están tus padres?», me preguntaba alguien. «Muy bien», respondía yo. Por mucho tiempo mis padres estuvieron «muy bien». Con el tiempo, y muy parcamente, comencé a contar a mis conocidos lo que había pasado, pero de inmediato agregaba: «… pero ya lo he superado. He podido asimilarlo. Ahora estoy bien».

En esa época, yo me había hecho creer a mí misma que estaba bien. Pero no lo estaba. El miedo hacía estragos en mí. Pensaba que nunca iba a tener suficiente dinero para sobrevivir. Dudaba de mi capacidad para triunfar. Me espantaba la responsabilidad que entrañaba crecer y convertirme en adulta. Me sentía mal por estar sola, pero me angustiaba la posibilidad de enamorarme porque estaba segura de que cualquier hombre podía descubrir lo que mi padre ya sabía: que yo no valía nada. Las expectativas que tenía con respecto a mis amistades podían no cumplirse nunca. La intimidad y la confianza me eran esquivas. El amor no formaba parte del cuadro. Me irritaba fácilmente, y a veces tenía deseos de suicidarme. Mi intelecto y mi cuerpo habían sobrevivido, pero mi corazón y mi alma estaban profundamente heridos. La felicidad no estaba a mi alcance.

Nada de lo que intenté —ni la terapia a la que recurrí, ni los libros que leí, ni los cursos en que me inscribí, ni los grupos de personas con mi mismo problema a los que me incorporé— me ayudó a superar mis miedos y experimentar la sensación de plenitud que tanto ansiaba. Peor aún, advertí que había personas de todas las condiciones que se enfrentaban a los mismos desafíos que yo. Empecé a preguntarme si la vida no era nada más que eso. Me acostumbré a racionalizar mi miedo para neutralizarlo. «La vida debe de ser así. Todo el mundo se queja, lloriquea y se lamenta. Todos tenemos un sino. Éste debe de ser el mío.» Suponía que lo mejor que podía esperar era una cierta camaradería en el dolor. Tal vez usted haya sentido lo mismo. Tal vez haya llegado a la conclusión de que lo mejor que puede hacer es aprender a adaptarse a ese destino y tratar de sobrellevarlo lo mejor posible.

Eso creí yo durante mucho tiempo. Luego comencé a darme cuenta de que había individuos que no tomaban decisiones basadas en el miedo. Corrían riesgos y vivían plenamente. Cuando les preguntaba cómo lo hacían, no podían darme ninguna explicación. No tenían una fórmula o un modelo. A veces tenían miedo, y otras veces conseguían evitarlo. Una vez supe esto, tomé la decisión de ayudarme a mí misma. Quería saber la respuesta a dos preguntas: «¿Qué es el miedo?», y «¿Cómo gobierna mi vida?». Y quería algo más que una libertad fortuita. Quería algo más que comprender. Quería hacer cosas concretas que me ayudaran a superar a voluntad mis dudas, mis preocupaciones, mi bloqueo y mi tendencia a estar a la defensiva. Quería asegurarme de que mi miedo no hubiese eclipsado todo lo bueno que todavía había en mí. Todo comenzó con un calendario y unas pegatinas doradas en forma de estrella. Cada día anotaba, una por una, todas las cosas amables y cariñosas que había hecho por los demás y por mí. Estaba atenta. En ese momento, era todo lo que tenía. A fin de mes mi calendario estaba repleto de estrellas de oro. Supe entonces que tenía la posibilidad de luchar. Las semillas de ese primer ejercicio han dado su fruto: he llegado a darme cuenta de que hay una manera de superar el miedo. Y de que no siempre es necesario comprender cómo uno ha desarrollado su miedo. Lo que importa es que existe y que está ahí.

Todos tenemos nuestras historias, nuestras cicatrices, nuestras heridas, cosas que nos sirven de excusa para que nuestra vida no sea exactamente como habíamos esperado. Mi historia puede ser más dramática que las de otros, pero el miedo básico que yo experimenté como consecuencia de la muerte de mis padres es el mismo miedo básico al que todos debemos enfrentarnos: tenemos miedo —en algunos aspectos de nuestra vida, si no en todos— de «no ser lo suficientemente buenos».

Yo he aprendido esto no solamente porque he vencido el miedo que mi historia alimentaba, sino porque he trabajado con innumerables clientes que también han logrado dominar sus propios miedos. Por supuesto, la gente no llega a mi consulta con la suficiente lucidez como para decir «Tengo miedo de que los demás descubran que no soy lo bastante bueno». Pero eso es lo que quieren decir cuando afirman: «Tengo miedo de que mi esposo me abandone», «Tengo miedo de perder mi trabajo», «Tengo miedo de quedarme en la calle», «Tengo miedo de que a mis hijos no les vaya bien en la vida», «Tengo miedo de no poder hacer nunca algo importante», «Tengo miedo de no estar a la altura de las expectativas de mis padres», «Tengo miedo de abrir mi propio negocio», «Tengo miedo de intimar con alguien», «Tengo miedo de que la gente se burle de mí», «Tengo miedo de hablar en público», o «Tengo miedo de no poder desarrollar nunca mi potencial».

Ni siquiera las personas que tienen éxito según los estándares sociales son inmunes al miedo. ¿Por qué algunas estrellas del mundo del espectáculo padecen miedo escénico si no es porque temen que su actuación no sea lo suficientemente buena? En cuanto al resto de la gente, casi cualquier situación puede suscitar ese miedo básico que nos hace sentir que no somos lo suficientemente buenos. ¿Qué es lo que impide a un hombre invitar a una mujer a salir? ¿Qué es lo que nos lleva a postergar la presentación de nuestro currículum vitae para conseguir un trabajo mejor? ¿Qué es lo que impulsa a una madre a encontrar siempre alguna razón para culparse cuando su hijo es desdichado, u obtiene una mala calificación, o no tiene amigos? ¿Por qué una persona que ha engordado unos kilos inventa excusas para no hacerse un chequeo en el que tendría que subirse a una balanza delante de una enfermera o un médico?

Son muchas las palabras a las que podríamos recurrir para definir aspectos específicos de ese miedo a no ser lo suficientemente buenos. Me vienen a la mente «indigno de amor», «poco adecuado», «estúpido», «incapaz», «inútil», «apático» y «perdedor». La etiqueta no tiene importancia. Cualquier definición que nos parezca apropiada estará bien. Lo que importa, como he podido comprobar una y otra vez con mis clientes, es que una vez una persona reconoce el miedo básico, todos los miedos que de él se derivan al final se vuelven manejables.

Mejor todavía: el miedo se convierte en un aliado más que en un enemigo. En lugar de impulsarnos a escapar asustados de situaciones que podrían tener como resultado un fracaso, el temor nos estimula a afrontar nuevos desafíos. Uno ya no despilfarra tiempo y energía tratando de evitar que el mundo sepa que no es lo suficientemente bueno, sino que se instala en un nivel distinto, un nivel en el que se respeta y se ama a sí mismo. Cuando eso sucede, nos invade una estimulante sensación de libertad. Uno ya no se siente atrapado en la falsa seguridad del tedio y la rutina; se libera y puede experimentar sin miedo las posibilidades ilimitadas de la vida, pese a que el fracaso siempre es una posibilidad. Como escribió el legendario periodista deportivo Grantland Rice: «Cuando el Único Gran Juez da su veredicto / no dictamina que ganaste o perdiste, sino cómo jugaste.»

El miedo contribuye a guiar nuestro rumbo, con independencia de que nuestros padres vivan o hayan muerto. No importa si nuestra infancia fue feliz o desdichada, rica o pobre. El miedo encarrila nuestros gustos y nuestras aversiones, escoge a nuestros amigos y educa a nuestros hijos. El miedo limita nuestros potenciales, elimina posibilidades y controla nuestras elecciones.

Pero eso es algo que podemos cambiar. Lo que a mí me llevó años aprender, a usted, lector, le tomará meses. Lo sé porque muchos de mis clientes lo han logrado. Es posible vivir una vida que valga la pena. Lo sé, también, porque yo misma la estoy viviendo. Es hora de comenzar a trabajar para liberarse. ¡Empecemos!

Primera Parte

USTED, ¿A QUÉ LE TEME?

El coraje se enfrenta al miedo, por eso logra dominarlo.

MARTIN LUTHER KING, Jr.

Capítulo Uno

¿QUÉ ES EL MIEDO?

Imagine que está disfiutando de un paseo por una zona boscosa de un parque público. Es un espléndido día de verano. Aquí y allá, la luz del sol atraviesa el espeso follaje y usted respira el olor a tierra que le acerca una leve brisa. El canto de los pájaros llena el aire de sonidos. Usted se siente en paz, distendido; no piensa en nada en particular. Por el rabillo del ojo, atisba algo en la maleza, junto al sendero. Es marrón, grande y está enroscado. Su cerebro registra: «¡Peligro! ¡Una víbora en el césped!» El estado de su cuerpo cambia en un instante. Su corazón se acelera, sus manos comienzan a transpirar, el estómago y la garganta se contraen, se le erizan los cabellos y se le pone la piel de gallina.

¿Qué tiene que ver esto con el miedo básico humano a no ser lo suficientemente buenos? Tanto si nos enfrentamos a una amenaza física como a un peligro emocional, nuestra reacción corporal al miedo es la misma. Lo que sucede es que el sistema hipotalámico-pituitario-adrenal (HPA) del cerebro libera determinados mensajeros químicos, principalmente dopamina y adrenalina. El sistema HPA también produce un flujo de la hormona cortisol que, a su vez, activa una pequeña zona del cerebro en forma de almendra llamada amígdala. El nivel de azúcar en la sangre y la presión sanguínea suben bruscamente para infundirnos una repentina energía. El aparato digestivo se cierra a fin de que podamos usar esa energía, tanto para afrontar la amenaza como para huir de ella.

Este fenómeno es conocido como la respuesta «luchar o huir», y fue descrito por primera vez por el eminente fisiólogo de Harvard Walter B. Cannon. Es el más primario de los mecanismos de supervivencia, no sólo en los humanos sino también en prácticamente todas las especies animales en las que se estudió la respuesta al miedo, entre ellas la mosca de la fruta y los caracoles. El problema es que una amenaza real o percibida hace que el hipocampo —una zona cercana a la amígdala— almacene la experiencia en la memoria. Eso es bueno en el sentido de que cuando uno recibe indicios visuales que lo hacen pensar que ha visto una víbora, el cuerpo se pone en alerta máxima y uno se aleja deprisa.

Pero tal vez no se tratase realmente de una víbora. Tal vez fuese una rama de árbol caída. Usted no se detuvo a verificar si el peligro era real o no. Se alejó a toda prisa sin pensar siquiera en lo que estaba haciendo. Como escribió el afamado investigador del tema del miedo Joseph LeDoux en su libro *The Emotional Brain*, hay un «sistema de procesamiento rápido y confuso» que «nos permite comenzar a reaccionar frente a los estímulos potencialmente peligrosos antes de conocer por completo cuál es ese estímulo. [...] El cerebro está programado para detectar los peligros, tanto aquellos que rutinariamente experimentaban nuestros ancestros como los que hemos aprendido cada uno de nosotros como individuos».

En el curso de nuestra vida, sumamos a los miedos ancestrales una larga lista de amenazas que percibimos como resultado de nuestra propia experiencia. No sólo tememos al peligro físico, como el que podrían representar las víboras o las ramas que parecen víboras. Tememos a cualquier situación imaginada que pudiera provocar en nosotros una emoción dolorosa. Huimos ante el peligro de fracasar, de hacer el ridículo, de ser rechazados, de ser menospreciados, de sentirnos avergonzados, de que nos tomen por tontos. Del mismo modo que un niño que toca una plancha caliente ya no volverá a hacerlo, no queremos arriesgarnos a que vuelva a sucedernos algo que nos hiera psicológica y emocionalmente. Cada experiencia negativa, por fugaz que sea, puede significar una lección acerca del miedo que nuestra mente inconsciente aprende perfectamente. El resultado es esa reacción tan familiar por la cual el corazón comienza a palpitar aceleradamente y las manos a sudar, el sistema inmune se ve afectado, así como la actividad de determinadas regiones del cerebro relacionadas con la memoria inmediata, la concentración, la inhibición y el pensamiento racional. Cuando esto sucede día tras día y durante muchos años, la salud física, mental y emocional corren serio peligro, al igual que la capacidad para funcionar a pleno rendimiento y la simple capacidad de disfrutar de la vida.

Es en este punto cuando aparece *Vivir sin miedo*. Las investigaciones de LeDoux —que llevó a cabo sobre todo con ratas condicionadas para temer un sonido previamente asociado con una descarga eléctrica— han demostrado que borrar los recuerdos ligados al miedo es decididamente imposible. Pero existe una diferencia entre las ratas y los seres humanos: nosotros poseemos algo llamado «conciencia», es decir, nuestra capacidad para darnos cuenta de lo que nos pasa. Cuando tomamos conciencia del modo en que el miedo gobierna nuestros actos y de cuáles son nuestros miedos, estamos en condiciones de liberarnos de aquello que nos condiciona y de decidir cómo comportarnos. De no ser así, nuestra mente inconsciente y todo aquello que nos condiciona deciden por nosotros, como les ocurre a las ratas. *Vivir sin miedo* le mostrará cómo burlar al miedo en lugar de permitir que el recuerdo del miedo o el miedo en sí determinen su vida. Como dice LeDoux: «De este modo, resulta perfectamente posible que uno tenga un limitado recuerdo consciente de una experiencia traumática pero que, al mismo tiempo, haya adquirido una memoria inconsciente, implícita y muy poderosa, de una experiencia traumática. [...] Y bien puede ocurrir que no seamos capaces de deshacernos de esa memoria implícita.»

Estoy de acuerdo. Tanto en el caso de que tengamos un recuerdo nítido de una experiencia traumática —como el que yo tengo de la muerte de mis padres— como si el trauma es algo que no recordamos vívidamente, en la mente inconsciente el recuerdo está siempre listo para invocar al miedo. Usted no podrá borrar esa memoria oculta cargada de desencadenantes del miedo que se almacena en su amígdala. Sin embargo, yo sé que usted puede superar el miedo. Mis pacientes lo han logrado, y yo lo he logrado. Usted también puede hacerlo.

Vivir sin miedo significa superar el miedo

Comencemos con mi definición de «miedo». El miedo es tanto la causa como el efecto de los sentimientos, pensamientos o acciones que nos impiden aceptarnos a nosotros mismos y desarrollar todo nuestro potencial. El miedo se interpone entre nosotros y nuestra capacidad de llegar a donde queremos llegar, hacer lo que queremos hacer, y estar con quien nos gusta. Para ayudarnos a sentirnos seguros, el miedo nos induce a esconder nuestro modo de ser y frustra nuestra capacidad de expresarnos tal como somos.

El célebre psicólogo Abraham Maslow, en su obra ya clásica *El hombre autorrealizado*, describió así este proceso: «Éste es un miedo de carácter defensivo, en el sentido de que es un modo de proteger nuestra autoestima. [...] Somos propensos a tener miedo de cualquier conocimiento que pudiera conducirnos al menosprecio, o hacernos sentir inferiores, débiles, inútiles, malos o sentir vergüenza de nosotros mismos. [...] También tendemos a evitar el crecimiento personal, porque éste también puede acarrear otra clase de miedo. [...] Se trata de la lucha contra nuestra propia grandeza. [...] Así, descubrir en uno mismo un gran talento puede resultar decididamente estimulante, pero también puede inspirar miedo a los peligros y las responsabilidades. [...] El momento de espanto es comprensible, pero debe ser superado.»

El programa *Vivir sin miedo* ha sido concebido para ayudarlo a lograr precisamente eso, y no sólo una vez, sino de forma permanente. La función del miedo es evitar que usted sufra algún daño, pero debido a ello también evita que usted llegue a desarrollar su mejor y más verdadera personalidad. El miedo lo acompaña a lo largo de toda su vida y recopila todos los daños y angustias que usted ha experimentado: aquella época en que no logró convertirse en animadora del equipo de fútbol de la escuela, las burlas de que era objeto por su forma de hablar o el hecho de haber sido relegado por las personas que se suponía que más lo amaban.

El miedo oyó su lamento: «No quiero volver a sentirme así nunca más.» Lo tomó seriamente; decidió protegerlo y asumió el papel de guardián de sus sentimientos. Y ahora, en cuanto se presenta una situación en la que usted piensa que no va a ser aceptado tal como es, el miedo dispara sus señales de alarma: «No vayas allí. No hagas eso. Y, sobre todo, no digas aquello.» Sucede en situaciones en las que usted podría experimentar un rechazo, una decepción, o bien sentirse un tonto. ¡Peligro!

La principal tarea del miedo es protegerlo de cualquier sentimiento negativo que pudiera confirmar su temor más arraigado: que no es lo suficientemente válido. Eso perpetúa su imposibilidad de aceptarse a sí mismo. Sin embargo, en nuestro fuero interno queremos ser dueños de nuestro poder, nuestra fuerza y nuestro coraje. Para lograrlo, debemos aceptarnos tal como somos, y eso incluye nuestras limitaciones. Y, una vez más, el miedo percibe que eso, de alguna manera, es un poco peligroso.

Piénselo de esta manera: el miedo es el cancerbero de su zona de seguridad. Esa zona que lo hace sentir seguro está constituida por todo lo que le resulta familiar. Cuando era niño, su zona de seguridad era el regazo de su madre. Lo abandonaba de vez en cuando empujado por la curiosidad, pero volvía a la seguridad del regazo materno en cuanto se sentía amenazado. Ahora, su territorio seguro es aquel en el que se relaciona con la gente que usted ya conoce, las rutinas a las que está acostumbrado o los sitios en los que se siente como en su casa. Si son malos, buenos, le inspiran felicidad o lo hacen sentir desdichado es algo que no tiene la menor importancia. Como dice el antiguo refrán: «Vale más malo conocido que bueno por conocer.» Muchas personas soportan durante años un matrimonio desdichado, un trabajo tedioso y otras situaciones que las menoscaban porque romper el vínculo con lo que es familiar y tratar de buscar algo nuevo les inspira mucho miedo. El territorio seguro es aquel en el que usted se siente cómodo y a salvo.

Pero ¿hasta qué punto es satisfactoria la seguridad? El miedo nos impide sentirnos vivos cuando pensamos que nos amenaza el peligro de no ser aceptados, aprobados o entendidos, así que negamos nuestra verdadera esencia. El miedo no sabe que usted es un adulto que anhela aventuras, amor y plenitud. No sabe que usted puede manejarlo. Por eso, a veces es necesaria una crisis: para reorganizar la vida personal y encontrar el coraje necesario para mostrarle al miedo quién manda.

La crisis que le lleve a iniciar el recorrido del miedo a la libertad no tiene por qué ser tan evidente o devastadora como la mía. Es casi seguro, de todos modos, que en su vida existe un cierto nivel de crisis que se está manifestando ahora mismo. Tal vez sea simplemente que usted ya no soporta sentirse frustrado o escuchar sus propias excusas. Quizás esté harto de no haber podido armarse de valor para defenderse. Podría ser que ya no quiera seguir descuidándose a sí mismo, o que esté cansado de que lo humillen, o que ya no puede seguir callándose para no entrar en conflicto con su jefe, sus compañeros de trabajo, su familia, su esposa o sus hijos. Quizás esté cansado de no ganar lo que merece sólo porque no se decide a ponerle un valor real a su trabajo y a pedir que le aumenten el sueldo o lo asciendan. Tal vez esté cansado de depender de los demás o, por el contrario, de hacerlo todo solo. Quizá ya no soporte que otros se pongan las medallas de un trabajo que usted ha hecho en la sombra. Incluso puede que no alcance a discernir qué es lo que está pasando, pero sepa que algo anda mal. Su alma anhela algo más. No se precisa más para empezar.

La historia de Meredith

La crisis de Meredith comenzó años atrás, pero ella hizo caso omiso de las señales de advertencia hasta que se vio obligada a enfrentarse a ella la noche en que su marido la abandonó tras dieciocho años de matrimonio. «La vida tiene que ser algo más que esto —dijo él—. Sólo hablamos de los deberes de los niños, de cómo nos las vamos a arreglar para llegar a fin de mes y de qué fertilizante vamos a usar. Al parecer, a ti esto te basta. Pues bien, para mí no es suficiente.»

Meredith abrió la boca pero no pudo decir palabra. El miedo la estrangulaba. ¿Cómo se las arreglaría sola? ¿Qué pensaría de ella la gente cuando descubriera que había fracasado en su matrimonio? ¿Qué había hecho de malo para que Phil quisiera separarse? Si él no la amaba después de todo lo que habían compartido, ¿quién podría amarla?

—Mira, no tiene sentido prolongar esta situación —continuó Phil—. Viviré un tiempo con mi hermano. Resolveremos como corresponde todo lo relacionado con el dinero, la custodia de los niños y todo lo demás.

—¿Hay otra persona? —logró musitar Meredith a duras penas.

—No, no, no es eso —respondió Phil—. Se trata simplemente de que no puedo quedarme aquí mirando cómo la vida pasa de largo.

Él abrió la puerta, y una corriente de frío aire nocturno hizo estremecer a Meredith. Oyó el chirrido de las ruedas del coche sobre el asfalto saliendo marcha atrás, hacia la calle. Phil se había marchado.

Los niños, Lucy, de doce años, y Sam, de diez, dormían en la planta superior. Meredith se quedó sentada, inmóvil, ante la mesa de la cocina, tratando de vencer primero el terror que le inspiraba la perspectiva de ocuparse sola de los niños, y luego la rabia hacia Phil por haberla abandonado de ese modo. Meredith había sido siempre una esposa fiel y una madre devota. Se sentía aturdida, y no podía creer que aquello le estuviese pasando realmente después de aquellos dieciocho años en los que había vivido entregada en cuerpo y alma a su marido y sus hijos. Cuando había querido ir a clases de pintura a la escuela de su barrio, su esposo le había advertido de que las telas y la pintura eran caras. Ella no volvió a hablar del asunto. El miedo, disfrazado de razonamiento, le susurró que Phil sabía más que ella de las finanzas de la familia. Además, no debía gastar dinero en algo que era para ella sola. Y cuando se fue de viaje con su hermana, Phil se quejó de lo difícil que les había resultado arreglarse sin ella. El miedo, disfrazado de comprensión, la convenció de que aquél era el modo en que él le demostraba su amor. Y ahora, después de dieciocho años, ¡él había tenido el descaro de decirle que ella no valía nada!

Una vez se decidió el divorcio, Meredith vino a verme. Dijo que quería «empezar a vivir». Yo comprendí que lo que ella quería decir era que quería vivir sin miedo. Había acudido al lugar apropiado. En el transcurso de nuestras sesiones, analizamos los elementos del programa *Vivir sin miedo*, entre ellos la afirmación de la verdadera personalidad, aumentar la confianza en uno mismo y el cuidado de sí mismo y el poder de la responsabilidad y de la decisión de elegir. A medida que hablábamos, iba quedando claro que ella sabía con más certeza lo que no quería que lo que sí quería. No estaba dispuesta a romper más las promesas que se hacía a sí misma, ni a permitir que los demás tuvieran la última palabra, ni a ponerse ella misma en el último lugar. Pero no estaba en absoluto segura de qué era lo que le gustaría hacer. Se había acostumbrado tanto a amoldarse a lo que quería Phil que había llegado a creer que los deseos de él y los suyos eran exactamente los mismos. Se vio claramente que Meredith había vivido la mayor parte de su vida de casada tratando de complacer a los demás y, más concretamente, a Phil. Meredith no había expresado ningún sentimiento o pensamiento que difiriera de los de él. Nunca había discutido con él acerca de cómo se gastaba el dinero. Nunca le había manifestado su desacuerdo con algunas de sus decisiones. Casi nunca elegía el restaurante al que iban a ir. Por supuesto, las que recibían sus quejas eran sus amigas, pero nunca compartió su frustración con él ni se atrevió a hacerle frente. Cuando comenzó a trabajar en el programa *Vivir sin miedo*, Meredith se dio cuenta de que había estado sometiéndose a los deseos de Phil para no parecer egoísta, que era la manera, pensaba ella, de evitar experimentar el sentimiento que más la aterraba: el de ser insignificante.

Esa toma de conciencia comenzó a aclararle las ideas: empezó a comprender que la mayoría de las decisiones que había tomado en su vida habían estado motivadas por su deseo de evitar sentirse insignificante. De alguna manera, el miedo la había llevado a la conclusión de que si hacía felices a todos, se convertiría en alguien importante para ellos y no en alguien sin importancia. Por lo tanto, había pensado que era mejor aceptar el amor con el que contaba que preguntarse si el amor de Phil satisfacía sus necesidades. «Eso sería mucho pedir —había pensado siempre—, y ser poco agradecida.» Sin embargo, irónicamente, como yo la ayudé a comprender, la misma razón por la cual ella se había comportado como lo había hecho durante dieciocho años era, ahora, la razón por la cual Phil la había abandonado.

El temor al presente

La crisis del divorcio fue el estímulo que Meredith necesitaba para darse cuenta de que siempre había esperado ser feliz en un futuro. Ésta es por desgracia una falacia generalizada. Son muchas las personas que postergan sus deseos y permiten que el miedo les impida disfrutar al máximo del presente. Son personas que están esperando que llegue «tal día». Meredith razonaba así: ¿acaso ella no había sido siempre una buena persona y había hecho siempre «lo correcto»? «Cuando llegue el día —se prometía constantemente—, me tocará a mí.»

Como nos pasa a casi todos, Meredith había estado esperando que ocurriera algo mágico que, finalmente, le posibilitara ser feliz. Tal vez fuera en el momento en que sus hijos se independizaran o Phil se jubilara. No estaba segura. Pero lo cierto es que no le tocó hasta que comenzó a hacer los ejercicios de «cazamiedos» del programa *Vivir sin miedo*. Antes, ella nunca se había dado el permiso para forjar su propia felicidad. La gente espera multitud de cosas: que cambie el clima, que aparezca la pareja perfecta, ganar la lotería. Algunos esperan que en algún momento sus cónyuges los comprendan. Otros, que sus jefes aprecien su trabajo. Y no faltan los que esperan ser amados por primera vez en la vida. Esperamos. Esperamos que algo externo a nosotros cambie y nos libere del miedo de correr riesgos o de tratar de emprender algo nuevo, algo que nos infunda coraje y nos permita darnos el permiso que necesitamos para vivir con pasión.

Esperamos una garantía conforme a la cual, si nos arriesgamos, nada malo habrá de ocurrirnos. Usted razona y llega a la conclusión de que si su jefe comprendiera que es un elemento importante para la empresa, la confianza que le tendría él se traduciría en una confianza en usted mismo cada vez mayor. Y eso es exactamente lo que usted necesitaría para tener las agallas de abrir la empresa de *catering* con la que siempre soñó. O se imagina que, si le tocara la lotería, podría abandonar la vida que lleva y convertirse en una persona totalmente nueva que perdería el miedo a que todo le saliera mal y a acabar en la calle. Y, por supuesto, que sólo con que encontrara al hombre (o la mujer) apropiados, contaría con la motivación suficiente para perder peso y ganar un montón de amigos interesantes y tener éxito en su profesión. Sólo con que...

Pero esas garantías no existen. Si esperamos que las circunstancias o las personas que están fuera de nuestro control cambien, acabaremos compadeciéndonos de nosotros mismos o sintiendo resentimiento o impotencia. Esa espera legitima la imagen negativa que tenemos de nosotros mismos. Cuando esperamos, nos sentimos impotentes. Cuando esperamos pasivamente, vivimos inmersos en el miedo.

Meredith se dio cuenta de que había estado esperando y deseando que alguien le diera las respuestas que «arreglaran» su vida. Pero no hay nadie que tenga la misión de «salvar» a Meredith.

Cuando Meredith comenzó a dominar su miedo, ya no esperaba que la vida le ocurriera. Al contrario, comenzó a hacer que la vida ocurriera.

Yo comencé a hacer que mi vida ocurriera cuando se cumplió el vigésimo aniversario de la muerte de mis padres. Tenía treinta y cuatro años. Había pasado dos décadas buscando algo o a alguien que me librara del dolor. Le había echado la culpa de casi todo lo que me pasaba a la muerte de mis padres. ¿Cómo podía ser feliz cuando ellos estaban muertos? ¿Cómo podía prosperar después de que mis hermanas y yo nos hubiéramos visto obligadas, en plena adolescencia, a arreglárnoslas prácticamente sin ayuda de nadie? ¿Cómo podía lograr algo de mí misma cuando los crímenes a quemarropa de mi padre habían impregnado mi psique del irreprimible temor a no merecer el aire que respiraba? Sin embargo, finalmente, en aquel vigésimo aniversario de sus muertes, me miré al espejo y me dije: «Tu vida está en tus manos.» Sabía que después de tanto trabajar sobre mi miedo aplicando los principios de una vida sin miedo, estaba preparada para ser dueña de mi vida. Sólo así podría aceptarme plenamente a mí misma y llegar a ser la persona que estaba destinada a ser.

A Meredith, la crisis de su divorcio de Phil le dio el coraje y el objetivo que necesitaba para recuperar su capacidad y hacerse responsable de su vida. Como escribió el poeta romano Horacio: «La adversidad da lugar a la aparición de talentos que de otro modo permanecerían dormidos.» La mujer que había acudido a mi consulta sin tener conciencia del hecho de que había vivido petrificada, ahora brillaba con luz propia. A medida que se fue internando sin miedo en el mundo comenzó a hacerse una simple pregunta: «¿Qué quiere Meredith?» A veces, mientras saboreaba la libertad y emprendía nuevas iniciativas, el miedo retornaba. Pero después de nuestro trabajo conjunto ya sabía cómo enfrentarse a su miedo y superarlo.

Querer es poder

Lo primero que le planteé a Meredith fue que, para poder lograr cambios permanentes, tenía que estar dispuesta. Dispuesta a ver las cosas de un modo diferente. Dispuesta a experimentar nuevas ideas. Dispuesta a escuchar a las personas que la apoyaban más que a aquellas que se hacían eco de sus temores. Dispuesta a admitir que su miedo la había guiado durante su matrimonio. Cuando estamos dispuestos a cambiar, a movilizarnos, a evolucionar —en cualquier aspecto de la vida— nos abrimos a la verdadera transformación. No por un tiempo, sino permanentemente.

Nuestra resistencia al cambio es un síntoma de hasta qué punto el miedo nos domina. ¿Conoce usted esta definición de «insensatez»?: la insensatez consiste en hacer lo mismo una y otra vez esperando que los resultados sean diferentes. Bien, ésa es la forma en que el miedo nos engaña. El miedo quiere que creamos que, si nos esforzamos, las cosas nos saldrán bien.

Antes de desarrollar mi programa, yo solía decirme a mí misma: «Debería saber esto. ¿Por qué no puedo resolverlo? ¿Qué me pasa? Tengo miedo de que descubran que no soy capaz de hacerlo.» Yo me mortificaba con diálogos internos negativos que menguaban la confianza en mí misma y me hacían temer que fuera una perdedora. Para librarme de ese miedo, hacía un esfuerzo aún más grande para tener éxito: aceptaba más trabajo, prometía cumplir plazos de entrega que no podía cumplir, decía que comprendía cuando en realidad no entendía nada. La idea de intentar algo desacostumbrado que implicara correr algún riesgo me resultaba inconcebible. No podía pedir ayuda, no podía planear una cantidad de trabajo razonable, no podía admitir que necesitaba que me aconsejaran. Cada vez que ocurría, el miedo volvía a ganar.

Como yo, Meredith había escuchado al miedo demasiado a menudo. Sin embargo, cuando se encontró sola y advirtió que no podía culpar a nadie más por el curso que había tomado su vida, estuvo dispuesta y preparada para cambiar. Me alegra poder decir que Meredith invirtió la mayor parte de sus ahorros en una pequeña tienda de antigüedades que se ha convertido en un negocio bastante rentable. Le encanta administrar su tienda. Viaja por todo el país en busca de antigüedades, y lleva más de un año saliendo con un hombre maravilloso que la encuentra fascinante y comparte su nueva pasión por la vida. No está nada mal, sobre todo si consideramos el hecho de que durante su matrimonio Meredith sólo había tenido un trabajo a tiempo parcial. A los cuarenta y tres años Meredith se decidió, por fin, a correr algunos riesgos. Y aprendió, para su gran alegría, que el riesgo es una de las claves que nos permiten pasar del miedo a la libertad. Correr riesgos cimentó en Meredith el coraje, la confianza y la coherencia; le permitió verse a sí misma de otra manera y la impulsó a tomar más decisiones acordes con lo que ahora le parecía bueno para ella. La comprensión de que el riesgo es inherente a cualquier cambio, le permitió a Meredith superar su miedo para vivir con audacia.

Los orígenes del miedo

Nuestro miedo, y más concretamente lo que yo llamo nuestra «Rueda del Miedo» (un concepto que explicaré en detalle en el capítulo 2), comienza a desarrollarse antes de lo que podemos recordar. Por ejemplo, casi todos los primogénitos experimentan un cierto temor a ser abandonados y relegados cuando nace su primer hermano. Y muchos hijos únicos adquieren muy pronto un temor exagerado a no satisfacer las expectativas de sus padres acerca de lo que debe ser su descendencia ideal. Por otra parte, como nadie es bueno en todo, todos tenemos nuestra cuota de fracasos y frustraciones, que nos infunden un miedo difícil de medir. Tal vez usted se esforzó por entender el álgebra, o no le asignaron un papel en una representación escolar, o fue un caso perdido en materia de ortografía, o era el único de su grupo que no conseguía novia, o era incapaz de jugar a la pelota. No importa que fuese una estrella en otros ámbitos. De algún modo, la humillación se las arregla siempre para aplastarnos y demostrarnos una y otra vez que nuestro miedo a no ser lo suficientemente válidos está justificado. De hecho, el éxito nos pone nerviosos porque estamos seguros de que, tarde o temprano, se descubrirá cómo somos en realidad. Hasta los niños prodigio, que parecen disfrutar de una vida maravillosa, pueden reaccionar así. Es difícil perseverar y superarse a uno mismo. Siempre hay una cuota de miedo que insiste en advertirnos de que hemos llegado muy alto y de que no conseguiremos mantenernos a la altura de nuestros logros.

En mi caso, la razón por la que me vi envuelta en mi Rueda del Miedo puede parecer obvia. Pero ningún episodio singular, ni siquiera algo tan traumático como presenciar el crimen pasional que acabó con la vida de mis padres, lleva a una persona a quedar atrapada en una rueda del miedo. Como le ocurre prácticamente a todo el mundo, yo ya había acumulado una serie de pequeños y grandes ultrajes a mi ego que me habrían subido a esa rueda aunque aquel homicidio seguido de suicidio no me hubiera catapultado hacia ella.

Y lo que es más importante: todos nos vemos afectados no sólo por lo que nos ocurre, sino también por la forma en que ciertas personas clave para nosotros nos ayudan, o no, a afrontar los acontecimientos.

Nuestros padres y las otras personas que nos aman quieren para nosotros lo mejor, y por eso tratan de protegernos. Lamentablemente, tener buenas intenciones y hacer las cosas bien suelen ser polos opuestos. La forma en que los adultos manejan las situaciones que a los pequeños les provocan temor suele exacerbar el miedo. Mis parientes no tenían la menor idea de cómo manejar el episodio del homicidio y suicidio, de modo que a lo largo de más de veinte años nunca hablamos del tema. Después de que mi abuela me separara del ataúd de mi madre, al que yo me había aferrado bañada en lágrimas, y me hiciera callar, mis tías y tíos se mostraron tácitamente de acuerdo con ella en que lo mejor era que yo dejara de lamentarme y me contuviera. A los catorce años, se me denegó el permiso para volver a llorar por lo que había ocurrido o hablar de ello. Y punto. El mensaje que recibí a través de esta regla impuesta por los adultos fue: «No está bien que me exprese como soy.» O, dicho de otro modo: «Las personas que yo valoro no se sentirán orgullosas de mí si me muestro como soy.»

Ése fue uno de los mensajes más importantes que conformaron mi Rueda del Miedo.

De un modo semejante, los mensajes que usted recibió de los adultos que lo educaron también contribuyeron a conformar su Rueda del Miedo. Tal vez usted era una niña a la que le gustaban los deportes «de chico» y fue arrastrada a la fuerza a aprender ballet clásico porque su madre no quería que jugara al béisbol a pesar de que a usted le encantaba y lo hacía bien. Tal vez poseía dotes para las artes plásticas y fue obligado a practicar deportes por su padre, un deportista nato. Tal vez le mostró a su profesora de lengua el borrador de una novela de ciencia ficción y ella le dijo que debía considerar una profesión más práctica. Fuera cual fuera su caso particular, seguramente usted no ha pensado en ese incidente de su infancia durante años.

Falsas percepciones basadas en el miedo

Y está bien. No es necesario que usted sepa cuáles fueron los episodios que se acumularon y sumaron para conformar ese miedo de que no es aceptable ser quien es y de que no es lo suficientemente bueno. A medida que avancemos, usted aprenderá a vencer el miedo, tenga conciencia de sus causas o no; o, como escribió LeDoux, «tenga una memoria consciente limitada» del acontecimiento en cuestión. Lo que me interesa es cómo su miedo realiza lo que yo llamo «filtrado». Si usted tiene miedo de no ser digno de ser amado y alguien le dice «Te quiero», usted hará pasar esas palabras por el filtro y todo lo que quedará de ellas en el cedazo, por así decir, será su reacción: «Pero tú no sabes que yo no soy digno de tu amor.»

He aquí otro ejemplo. Tengo una clienta, Anna, que es

auxiliar administrativa. Anna me contó que cada vez que su jefe le pide que haga algo nuevo, siempre siente que es demasiado estúpida y demasiado lenta y que, por lo tanto, lo va a hacer mal. Anna creció educada por una madre estricta a la vieja usanza, que la regañaba todo el tiempo y raramente la elogiaba. En consecuencia, Anna hace pasar cualquier elogio por su filtro y el resultado inevitable es que reacciona pensando: «Mi jefe no sabe lo que dice. Espero que no me descubra. Hasta ahora, si he hecho algo bien ha sido por pura suerte, y es casi imposible que pueda volver a hacerlo.» Anna es lista y muy capaz de realizar cualquier tarea brillantemente, pero su sistema de filtrado basado en el miedo la lleva a creer a pie juntillas en su sensación de que no es ni muy capaz ni hábil. Dicho de otro modo, partiendo de su sistema de filtrado inspirado por el miedo, la percepción de Anna es que su jefe se equivoca cuando le dice que hace las cosas bien. Y teme no poder estar nunca a la altura de lo que se espera de ella. Se siente incompetente, incluso se considera una farsante. Así, minimiza cuanto puede haber de positivo en su vida. Secretamente, se pregunta cuándo será despedida. Sin embargo, lo cierto es que es buena en lo que hace.

Cada uno de nosotros tiene un sistema de filtrado personal, pero la mecánica del sistema es siempre la misma. Su sistema de filtrado puede dar lugar a que usted perciba que se están aprovechando de usted cuando lo que ha sucedido en realidad es que ha tenido miedo de decir que no. Usted puede considerar que no tiene otra alternativa que aceptar lo que le ha tocado en suerte en la vida cuando en realidad tiene miedo de arriesgarse a cambiar y de un posible rechazo. Y para seguir basándose en esas percepciones, usted necesita aportar pruebas que las corroboren.

Pruebe que sus percepciones son correctas

Anna había reunido muchas pruebas que corroboraban su percepción según la cual su jefe se equivocaba cuando decía que hacía bien su trabajo. Solía recordarse a sí misma que no es una mecanógrafa de las mejores. Siempre le llevaba más tiempo que a sus compañeros terminar sus tareas. Y cada vez que pensaba en pedir un aumento de sueldo recordaba aquel humillante episodio en que había olvidado reservar el billete de avión para que su jefe acudiera a la convención anual de la compañía. El hombre no había podido asistir al inicio de las sesiones, y eso no le había hecho ninguna gracia. ¿Qué otra prueba necesitaba para convencerse de que era una tontería creerse los elogios de su jefe? Ya era bastante bueno por mantenerla en su puesto.

Los seres humanos somos expertos en reunir pruebas para corroborar nuestras creencias basadas en el miedo. Supongamos que usted teme que le resulte demasiado difícil entender cómo funcionan los ordenadores. Asimismo, cree que nunca podría aprender a usar un ordenador. Pues bien, cada vez que encuentra un artículo en el periódico acerca de lo dificultosa que es la tecnología, lo lee y asiente mecánicamente con la cabeza. ¡Sospecha confirmada! Pero si se topa con el titular de un artículo acerca de personas mayores que asisten a centros de día y aprenden fácilmente a manejar un ordenador, evita leerlo; no necesariamente adrede, sino inconscientemente. No quiere que su miedo sea desafiado o refutado: usted ya se siente bien y a salvo creyendo lo que cree, muchas gracias. De hecho, puede incluso ocuparse expresamente de buscar pruebas que corroboren esa creencia. Si tiene un amigo que es un genio de la informática, le hará preguntas que llevarán a esa persona a explicar en detalle los peligros y riesgos latentes de su profesión. Usted escuchará con el mayor interés sus historias acerca de los colapsos de los sistemas y las pérdidas de datos, y no dejará que se filtre en su conciencia la evidente satisfacción de su amigo cuando cuenta cómo resuelve esos problemas. Luego se dirá para sus adentros: «¡Ajá! Yo tenía razón.»

Cuando sus percepciones no funcionen, admítalo

Y eso es lo que el miedo quiere escuchar, porque el miedo tiene un arma secreta: sabe que a usted le gusta demostrar que tiene razón. El miedo filtra toda la información que usted recibe de tal modo que acepta sólo lo que coincide con lo que ya sabe. El miedo utiliza su deseo de mantener el control, sus altas cotas de perfeccionismo y su esfuerzo por parecer que lo logra, para que usted siga siendo como es. Y le dice lo que usted quiere oír, procurándole la falsa certeza de que está protegido del mundo exterior. Tener la razón se ha convertido en la forma en que usted se demuestra a sí mismo que su vida es buena, que sus decisiones son las más apropiadas y que cualquier rasgo de mediocridad que aparezca en su vida no es culpa suya. Ésa es la base de su habilidad para justificar sus excusas y quejas, para rehuir toda responsabilidad y para echar la culpa de sus problemas a los demás.

Reflexione acerca de ello. ¿Qué ocurriría si su deseo de controlar, evitar y negar el miedo no hiciera sino reforzarlo? ¿Qué ocurriría si su idea de perfección le estuviera impidiendo ser quien usted deseaba ser? ¿Qué ocurriría si su necesidad de parecer un ganador fuera la razón por la cual usted siente que no tiene éxito? El intento de controlar el miedo sólo logra perpetuarlo. Aun en el caso de que usted se proponga una meta y la alcance, el miedo la minimizará suscitando en usted molestas dudas y preocupaciones. Usted está siempre huyendo, asustado. La verdad es que tiene miedo de librarse de las limitaciones que usted mismo se ha impuesto porque no está seguro de lo que sucederá después. Podría fracasar. Podría ser castigado. Sus dudas provienen de la voz del miedo, que le pregunta: «¿Estás seguro de que esto es lo que querías? ¿Ya podrás manejarlo?» El miedo ha vuelto a vencer. Usted se convence de que ese éxito fue casual. El punto clave es que el miedo puede motivarlo a esforzarse al máximo y usted puede conseguir lo que se había propuesto, pero la incapacidad de disfrutar de lo que ha conseguido es inherente al miedo. La rueda sigue girando.

La historia de Frank

Eso es lo que le sucedió a Frank. Era muy trabajador y ambicioso, dos cualidades admirables y muy apreciadas, pero que él mostraba por una sola razón: tenía miedo al fracaso. Se sentía impulsado a evitar que se lo considerara un fracasado. Ese objetivo lo consumía. Lo menos que se podía decir era que no llevaba una vida equilibrada.

Frank no es el único. El miedo mantiene motivadas a muchas personas recordándoles una y otra vez que pueden ser criticadas o desenmascaradas como farsantes si no trabajan duramente. Frank se preguntaba todos los días: «¿Qué pasará si no logro hacer esto, o aquello? ¿Qué pensarán "ellos"?» «Ellos» podían ser su esposa, sus padres, el vecino que tiene la casa más grande del barrio, sus compañeros de la facultad, el muchacho que se burlaba de él cuando tenía nueve años, su jefe, sus hijos, u otros cientos de personas que probablemente ni siquiera recuerde. Para mantener a raya a su miedo, Frank vivía sólo para su trabajo: la venta de inmuebles. Desde luego, era «el vendedor del mes», pero su matrimonio estaba hecho añicos y ni siquiera sabía si a sus hijos les gustaban más los McDonald's o los Taco Bell. La intimidad no era su fuerte. El miedo sí.

El miedo produce resultados engañosos. En apariencia, Frank era un hombre de éxito. Ganaba más de un millón de dólares al año, sus hijos iban a una escuela privada de las más caras y había carteles con su foto por toda la ciudad. Todo el mundo lo conocía. Pero Frank no se conocía a sí mismo. Pensaba que si lograba concretar la venta que tenía entre manos tendría tiempo para dedicárselo a su familia. Pero a la venta que tenía entre manos le seguía de inmediato otra. La vida pasaba a toda prisa.

La conducta de Frank, inducida por el miedo, se originaba en gran medida en el miedo que había heredado de su padre. ¿Recuerda lo que escribió LeDoux acerca del miedo y nuestra herencia? Los padres pueden ejercer una enorme influencia en el modo en que procesamos el miedo. El padre de Frank lo había perdido todo durante la Depresión, y él recordaba perfectamente cuánto había tenido que trabajar aquel hombre para alimentar a su familia. Frank fue aleccionado diariamente acerca de lo que costaba progresar: el principal ingrediente para tener éxito era trabajar sin descanso. Y nunca olvidó la vergüenza que experimentó su padre cuando quebró. El temor a experimentar esa misma vergüenza era lo que lo mantenía en movimiento.

La parte positiva es que, a la larga, la concentración y perseverancia del infatigable Frank le resultaron útiles para pasar de la Rueda del Miedo a lo que yo llamo la «Rueda de la Libertad» (que explicaré en detalle en el capítulo 3). Cuando comenzó a seguir el programa *Vivir sin miedo*, le indiqué una serie de tareas para realizar en casa, pensadas para suscitar en él la predisposición a abandonar las percepciones que reforzaban su miedo y a reconstruir su sistema de filtrado para que se sintiera fortalecido en lugar de débil. Puede sonar difícil.

Pero si usted, como Frank, ha estado luchando contra el miedo todos los días de su vida, comparado con eso, aprender a dominar el miedo le resultará fácil.

¿Frank debía renunciar a tener éxito en su trabajo para dominar su miedo? No. Lo que sí debía hacer era enfrentarse al hecho de que no era feliz, de que su esposa no era feliz, de que sus hijos tampoco eran felices y de que su vida no era lo que él pensaba, o imaginaba, que era. Trabajé con Frank para silenciar la voz del miedo, que le murmuraba constantemente al oído: «Vas a perderlo todo. Tu próxima venta podría ser la última, y entonces, ¿qué harás? Todo el mundo sabe que tus ganancias son cuestión de suerte. Algún día la suerte te será esquiva. ¿Qué harás cuando eso ocurra? Todo el mundo sabrá la verdad.» También debíamos cambiar su respuesta: «¡Ya verán!» Ese diálogo interno no era otra cosa que el miedo hablando con el miedo. En el momento en que usted permite que sean los otros los que deciden qué debe hacer, el que manda es el miedo.

¿Cuándo fue la última vez que usted logró algo que «debería» haberle hecho feliz y sin embargo lo dejó vacío e impasible? Frank quería tener éxito por encima de todas las cosas. Creía que le daría un sentido a su vida y lo resarciría de la pobreza que había heredado. Pero lo único que lo impulsaba a buscar el éxito era el miedo. El miedo puede ser un gran motivador, pero no por eso nos hace sentir satisfechos ni nos infunde la paz espiritual que anhelamos.

Ámese

Por supuesto, el temor que acosaba a Frank a ser criticado y a ser considerado un fracasado es comprensible. Preocuparnos por lo que los otros piensan de nosotros es algo normal.

El deseo de pertenencia es un rasgo fundamental de la naturaleza humana. Pero para sentir que de veras pertenecemos
a un grupo uno debe aceptarse tal cual es. Eso es esencial
para que *Vivir sin miedo* dé resultado. Aceptarnos a nosotros
mismos puede ser difícil cuando no nos sentimos a gusto
con la vida que llevamos. Pero aceptarnos tal como somos
es algo necesario para alcanzar un verdadero sentido de pertenencia.

Como tantos de nosotros, cuando Frank intentaba conectar con otras personas —tanto aquellas que ya eran importantes para él como aquellas que él deseaba conocer— permitía que el miedo le impidiera revelar su naturaleza innata.
«Ponte una máscara —dice el miedo—, no te aceptarán tal
cual eres.» Todos queremos que nos acepten. Si permitimos
que los personajes clave de nuestra vida adviertan que tenemos miedo, o que nos sentimos solos, o que no estamos seguros de ser dignos de ser queridos, la situación se torna casi
insoportable. Sin embargo, a menos que dejemos que los demás conozcan nuestra verdad, incluidos nuestros miedos y
limitaciones, no puede haber confianza ni verdadera intimidad. ¿Cómo podemos albergar la esperanza de cultivar amistades, encontrar el amor o sentirnos apoyados si no podemos
arriesgarnos a ser lo suficientemente vulnerables para permitir que los demás experimenten quiénes somos? La aceptación de nosotros mismos y de los demás es crucial si queremos que el miedo deje de asfixiarnos.

Prosperar, no sólo sobrevivir

Y el miedo utiliza pruebas para reforzar nuestros sistemas
de filtrado y nuestras percepciones. Tras la muerte de mis
padres, utilicé un sistema de filtrado llamado «Yo contra el

mundo». El de Meredith era «¿En qué puedo ayudarle?». El de Frank, «No debo fracasar». Esos sistemas nos negaban la posibilidad de aceptar nuestra verdadera identidad. A eso se le llama sobrevivir, no vivir. El título de este libro es *Vivir sin miedo*, no *Sobrevivir sin miedo*.

Piense en las últimas veinticuatro horas. ¿Qué porcentaje de esas horas pasó simplemente sobreviviendo? Sobrevivir significa que usted está tratando de poner orden en todo lo que lo rodea, esperando que suceda algo, escondiéndose de los demás, dudando de usted mismo, impidiendo que los que se relacionan con usted lleguen a conocerlo realmente, cultivando amistades que se comportan más bien como enemigos, haciendo las cosas porque piensa que tiene que hacerlas, o porque es necesario, o porque debe... Sobrevivir significa que usted se despierta aterrado por lo que pueda suceder en las próximas veinticuatro horas, que espera que llegue alguien que lo salve de todo esto, que se pasa el día quejándose, diciendo que sí cuando en realidad quiere decir no, preocupándose sin motivo alguno, renunciando a lo que se ha propuesto antes de intentarlo, postergando sus necesidades, protegiéndose de posibles daños... Sobrevivir significa que usted nunca se opone a la autoridad, que se reprime cuando quiere silbar, reírse o cantar; que imagina un millón de excusas para justificar por qué su vida es como es y reúne pruebas para demostrarlo; que no pide ayuda cuando la necesita; que siente rencor; que gasta dinero que no tiene en cosas que no necesita; que se compara con los demás; que se niega a ser el primero en demostrar amor; que culpa a sus padres de su manera de ser; que se preocupa de no perturbar la armonía; que supone que todo el mundo sabe más que usted; que bebe demasiado; que no se hace valer cuando siente que no le prestan atención, no le dan importancia o no lo valoran como se lo merece; que espera que algo —cualquier cosa— cambie;

que manipula a los demás para conseguir lo que quiere; que come lo que no debe; que se avergüenza tanto de su cuerpo que usa ropa demasiado holgada; que se muestra fuerte aunque sienta que se está desmoronando; que se enorgullece de no haber vuelto a llorar desde que cuando tenía cuatro años se murió su hámster; que escucha al miedo cuando le dice que esto es todo lo que le está permitido tener y le cree; que dice cosas de las que se arrepentirá porque piensa que los demás se lo merecen; que no admite que podría haber otro modo de ver las cosas que el suyo cuando su relación no marcha bien; que da su opinión a personas que no se la han pedido; que no se atreve a hablar en público; que defiende su posición contra viento y marea; que considera que perder siempre es malo; que desea que las cosas sean diferentes pero no hace nada para cambiar el statu quo; que se dice a sí mismo que es un estúpido; que niega su creatividad...

Vivir, en cambio, significa decir no cuando quiere decir no; agradecer todo lo bueno que hay en su vida; sonreír espontáneamente; contar con alguien a quien puede considerar su amigo; no guardar nunca rencor; tomarse un descanso cuando lo necesita; esforzarse y elogiarse por todos sus esfuerzos; bailar por el pasillo; estar dispuesto a enamorarse sin la garantía de que no vayan a lastimarle; usar su camisa favorita sin motivo que lo justifique; cantar en el coche aunque desafine; contar con que todo saldrá bien; ser el confidente de alguien; renunciar a tener un listado de preocupaciones; decirse a sí mismo que puede hacer algo cuando el miedo lo induce a pensar que no; pedirle a los que lo rodean que lo ayuden en los momentos difíciles y decirles cómo hacerlo; llorar si tiene ganas de llorar; defender lo que quiere sin por eso perjudicar a nadie; adoptar la actitud de que hay suficiente de todo para todos; despertar sintiéndose feliz de estar vivo; estar dispuesto a no tener la razón; aprender algo que siempre ha querido aprender; colaborar con una organización de voluntariado porque lo desea y no porque le conviene; confiar en usted mismo; ahorrar para poder comprarse alguna frivolidad con la que ha estado soñando; actuar como si gustara a la gente; tomar medidas para alcanzar lo que anhela; decirse sí a usted mismo.

Vivir es a donde queremos llegar. A vivir sin miedo.

Escoja por dónde empezar

Tal vez ya exista una faceta de su vida que no está gobernada por el miedo. Tal vez usted sea un apasionado de su trabajo, o tenga un matrimonio maravilloso, o se destaque por ayudar a gente menos afortunada que usted. Eso es fantástico. Pero ¿hay también una faceta de su vida deteriorada por la insatisfacción, la frustración o la decepción? ¿Es usted feliz en el amor pero le va mal en el trabajo? ¿Disfruta de cierta prosperidad económica y es respetado en su medio, pero no logra adelgazar ni hacer el ejercicio físico que le convendría? ¿Es un dechado de creatividad, pero vive en un apartamento desolado y con la única compañía de un gato? Si la respuesta es sí, sepa que no es el único. Y lo que puede aprender a medida que avanza en la lectura de este libro es que aun en aquellas facetas de su vida que usted controla a voluntad, el miedo puede estar jugando un papel mucho más importante de lo que usted supone.

El modo más simple de aprender hasta qué punto el miedo puede estar gobernando, consciente o inconscientemente, una faceta cualquiera de su vida es centrarse en aquella que le resulta más obviamente insatisfactoria. A medida que vaya completando los ejercicios «cazamiedos» que propongo a lo largo de este libro, asegúrese de centrarse en esa faceta. Cuando usted domina un aspecto de su vida, adquiere la capacidad de dominar cualquier otro: su profesión, sus relaciones personales, su salud física, su creatividad. Piense en una faceta en la que querría centrarse. Sea lo que fuere, lo primero que le venga a la mente servirá para empezar.

No obstante, antes de seguir trabajando con las técnicas de *Vivir sin miedo*, quiero establecer algunas reglas básicas.

- Por ahora, no comparta los detalles de este trabajo con nadie.

  Hasta que no haya dominado los principios básicos de *Vivir sin miedo* y obtenido algunos resultados, compartir este trabajo con otras personas —sobre todo personas inadecuadas— puede minar sus esfuerzos activando el mismo miedo que nos proponemos eliminar. En los próximos capítulos yo lo guiaré a lo largo del proceso en el que usted habrá de escoger el mejor equipo de «cazamiedos».

- Destine por lo menos diez minutos al día a hacer los ejercicios cazamiedos.

  Sé que usted es una persona ocupada. Es por eso que quiero que incluya esta tarea en su agenda y no deje de cumplirla. Destine un cuaderno a esta actividad, o bien, si es usted un devoto de la informática, abra una carpeta y algunos documentos. Luego, estudie sus horarios. ¿Puede programar su despertador para que suene unos minutos antes de lo habitual, de modo que se levante antes de que las demandas de su familia comiencen a apremiarlo? ¿Puede hacer los ejercicios escritos en el transporte público? ¿Tiene algún momento de tranquilidad después de la cena, cuando el resto de su familia está viendo la televisión? ¿Puede aprovechar unos minutos de la hora del almuerzo? En el peor de los casos, ¿puede hacer esta tarea cuando está encerrado en el cuarto de baño? En síntesis, trate de encontrar una rendija en su rutina para ocuparse de usted mismo cumpliendo con los ejercicios cazamiedos.

Comprender los diversos aspectos del miedo es fundamental para que usted adquiera la capacidad de liberarse de su influjo. Ahora ya estamos listos para quebrar la resistencia del miedo identificando los cuatro aspectos clave que constituyen su versión personal de la Rueda del Miedo...

Capítulo Dos

LA RUEDA DEL MIEDO

Cuando uno trata de controlar el miedo, lo va manteniendo a raya pero justo por debajo de la superficie, listo para aparecer en escena ante la más mínima provocación. Cuando lo manejamos, el miedo nos despista sugiriéndonos que es mejor que nos concentremos en las cuestiones accesorias de la vida en lugar de prestar atención al miedo en sí mismo. Es decir, el miedo está tomando las decisiones por nosotros, que actuamos de forma pasiva e inconsciente y por reacción. Por otra parte, dominar nuestro miedo significa hacerle frente, permitirnos sentirlo, pero no quedarnos enganchados a él.

En el momento en que Connie recibió un e-mail en el que sus suegros le anunciaban que iban a hacerles una visita de dos semanas, Connie se quedó sin habla. Es cierto que ella los había invitado a hacer el viaje desde Florida: su bebé era el primer nieto que tenían, y ella sabía que los flamantes abuelos estaban ansiosos por conocerlo. Así y todo, la idea de tener como huéspedes a los padres de Bobby la ponía muy nerviosa. Tal vez debía comprar sábanas nuevas para la habitación de invitados. Como mínimo, tenía que limpiar aquel cuarto de cabo a rabo, sin olvidarse de las cortinas. Y tendría que invitar a sus padres y a su hermano y su familia a compartir con ellos la cena de bienvenida a sus suegros. Pero ¿qué podría cocinar que estuviese a la altura de las comidas de su suegra? Además, todo se complicaba por el hecho de que Connie, que antes de su embarazo había sido jefa de prensa del presidente de una gran corporación, llevaba ahora su propia agencia de relaciones públicas desde su casa. Cuando el bebé se quedaba dormido, Connie aprovechaba el respiro y corría a su escritorio a devolver llamadas y ponerse al día con las tareas pendientes.

Para el momento en que estaba prevista la llegada de sus suegros, Connie estaba agotada, y se le notaba. Además, no había perdido los kilos que había engordado durante el embarazo. Connie disimuló sus ojeras con un poco de maquillaje y se puso un vestido amplio y suelto, confiando en que no pareciera ropa premamá. Luego colocó al bebé en el cochecito, le ajustó el cinturón de seguridad para que se estuviera quieto y se apresuró a preparar su improvisado menú para la cena: pollo relleno, *soufflé* de verduras, pan de cereales y pastel de lima.

Digámoslo sin rodeos: la velada fue un desastre. El bebé estaba de mal humor, no quería tomar su biberón y finalmente vomitó sobre la blusa de seda de la abuela. El pan se quemó. El *soufflé* no subió. El pastel quedó crudo. Un cliente enfadado llamó mientras Connie estaba lavando los platos y la increpó porque había un error mecanográfico en un comunicado de prensa que ella había redactado. Y su suegra, que no se caracterizaba por su tacto, le dijo: «Dios mío, querida, ¿ya duermes lo suficiente? Tienes mal aspecto. ¿No es cierto, Bob?»

Connie había fracasado miserablemente en su intento de evitar que la consideraran —y ésa es la palabra que utilizó cuando trabajamos juntas— una «incompetente». ¿Qué ocurrió luego? Se empeñó aún más en tratar de evitar que sus huéspedes pensaran que era una incompetente. Se levantó temprano, con la intención de preparar tortitas para el desayuno, pero olvidó que su suegro seguía una dieta baja en colesterol y no podía comerlas. Lavaba las toallas todos los días, como si tuviera que competir con los hoteles de la cadena Hilton. Se quedaba despierta hasta muy tarde para escribir sus notas de prensa para, al día siguiente, tener tiempo libre y dedicarlo a sus suegros. Saltaba de la cama cada vez que el bebé lloriqueaba, para que no les resultara una molestia a los demás. Pero, hiciera lo que hiciera, no lograba alcanzar el nivel de perfección que, según creía, se esperaba de ella.

Una noche hacia el final de esa semana, se echó a llorar con desconsuelo mientras estaba en la cocina. Había comenzado a cortar unas rodajas de tomate para la ensalada cuando, de pronto, ante la idea de todas las tareas que tenía por delante —cortar y picar los pimientos, el apio, los champiñones, las zanahorias—, se sintió desbordada. En ese preciso momento llegó Bob, y ella balbuceó que no podía cocinar una sola comida más.

—¡Contrólate! —dijo Bob—. En la oficina solías manejar situaciones muy difíciles todos los días, y ahora ni siquiera puedes cortar un tomate sin echarlo a perder. Y, cuando te marchabas por la mañana, siempre ibas de punta en blanco. Estos días, en cambio, ni siquiera te arreglas un poco antes de cenar. Está bien, ya sé: el bebé te tiene muy ocupada. Yo ayudo cuando me dejas, y estoy tratando de ser comprensivo, pero piensa que no eres la única persona en este mundo que ha tenido un bebé. Ya han pasado seis meses. ¿Cuándo piensas ponerte a tono?

El intempestivo estallido de Bob fue para Connie como un golpe en el plexo solar. Se quedó sin aliento, mientras las lágrimas seguían corriendo por sus mejillas. Más adelante, Connie me diría que en ese momento de desesperación, cuando Bob dio media vuelta y abandonó la cocina, ella había pasado de pensar que era incompetente a sentirse totalmente indigna de ser querida. Fue entonces cuando buscó el paquete de cigarrillos que escondía en una de las alacenas más altas, justamente para ocasiones como ésa. Había dejado de fumar cuando supo que estaba embarazada, pero no había encontrado nada que pudiera compararse a la sensación que le procuraba la primera e intensa calada de un Benson & Hedges cuando necesitaba aliviar su dolor emocional.

En el momento en que tiró la colilla por el retrete y la vio desaparecer en el remolino de agua, el alivio que el cigarrillo le había procurado se convirtió en vergüenza. Se había encerrado en el baño con un bote de ambientador para eliminar el olor de su transgresión. Se miró al espejo y vio el rostro hinchado y lloroso de un ser humano incompetente e indigno de ser amado. Se calificó con algunos epítetos irreproducibles y se prometió que se empeñaría aún más en vivir de acuerdo con el nivel de eficacia que exigía para sí misma. Regresó resueltamente a la cocina, abrió su libro de recetas y se dispuso a cocinar filetes a la Bourguignon en lugar de limitarse a asarlos. Eso les impresionaría. «¡Les mostraré quién soy!», musitó para sí mientras sacaba la carne de la nevera y ponía manos a la obra.

Connie estaba atrapada en la Rueda del Miedo. Se trata de un círculo vicioso clásico, una cadena de acontecimientos en la que la aparente solución a un problema provoca un nuevo problema que nos retrotrae al problema original. Mi Rueda del Miedo es un ejemplo perfecto. Yo tengo miedo de que se me considere una perdedora. Para mí —y ésa es mi definición— eso significa que debería ser capaz de hacer todo para todos, y a la perfección. Por lo tanto, antes de que desarrollara mi programa, yo tenía la costumbre de decir «sí» cuando debería haber dicho «no». Me fijaba plazos que no podía cumplir. Me embarcaba en demasiados proyectos. Mi ideal era ser una supermujer. Siempre estaba tratando de demostrar que no era una perdedora pero, desde luego, inconscientemente, lo planeaba todo de tal modo que me resultaba imposible cumplir con todas mis obligaciones o hacer lo que me proponía en la forma en que debía hacerse. Me pasaba todo el tiempo corriendo contra el reloj, y me impacientaba conmigo misma y con el resto del mundo. Y al final terminaba creyendo que era —usted ya lo ha adivinado— una perdedora. ¿El paso siguiente? Me entregaba a alguno de mis analgésicos emocionales favoritos: el alcohol, las compras compulsivas, el aislamiento, y después me criticaba con dureza. La consecuencia era que la insoportablemente dolorosa sensación de ser una inútil volvía a entrar en escena. Eso me retrotraía al punto de partida del círculo: me hacía cargo de demasiadas cosas para evitar lo que me inspiraba miedo e impulsaba mi Rueda del Miedo, que giraba y giraba incesantemente.

Cada uno de nosotros tiene una Rueda del Miedo individual que ha sido conformada por nuestra herencia familiar, nuestro sistema de creencias y nuestra experiencia de la vida. Cada uno de nosotros mantiene en perfecto funcionamiento la Rueda del Miedo, lubricándola con las pruebas que reúne permanentemente para demostrar que sus miedos acerca de sí mismo están justificados. Sólo cuando identificamos nuestra Rueda del Miedo estamos en condiciones de detenerla. Sin embargo, aun cuando nuestra Rueda del Miedo es nuestra y de nadie más, el mecanismo que la mantiene en funcionamiento es idéntico para todos. A lo largo de los años, y gracias a mis clientes, he podido ver cómo funciona este mismo proceso cíclico.

- Primero: sucede algo que desencadena en usted el miedo de que los demás, o usted mismo, piensen que tiene lo que considera un serio defecto de carácter.

Como usted quiere evitar ese resultado a todo trance, su cuerpo se prepara para enfrentarse a la emergencia. Al menos en cierta medida, usted experimenta los síntomas físicos del miedo, entre ellos la aceleración del ritmo cardíaco y las manos sudorosas.

- Segundo: su reacción de temor lo impulsa a hacer algo, por lo general inconscientemente, con lo que se propone asegurarse de que evitará el resultado temido. Del mismo modo que huiría de un objeto que percibe como una serpiente, usted trata de huir, en sentido figurado, del pensamiento que lo aterra. Irónicamente, su reacción —por ejemplo, esforzarse por tener éxito o hacer promesas que le resultará imposible cumplir— garantiza casi con toda seguridad que el resultado temido será inevitable. Gracias a una cruel jugarreta de la naturaleza humana, optamos infaliblemente por una conducta que sólo sirve para confirmar nuestros peores temores acerca de nosotros mismos.

- Tercero: en la medida en que nos damos cuenta de que no hemos logrado evitar aquello que tememos, la consecuencia es que experimentamos el sentimiento negativo que nos encoge el estómago, de no valer lo suficiente, sea cual fuere la versión particular que tengamos al respecto. Eso es lo que usted realmente teme. La idea que está tratando de evitar es una máscara que oculta el sentimiento que usted no se atreve a afrontar. Ese sentimiento subyace todo el tiempo a sus pensamientos y reacciones, que lo mantienen aturdido y lo ayudan a evitar exactamente aquello a lo que debe enfrentarse: su propia versión de no ser lo suficientemente válido. Lo que sigue es el desprecio hacia sí mismo. Usted generaliza a partir de esa situación, y teme no poder hacer nada bien.

- Cuarto: usted encuentra el modo de mitigar el dolor emocional, que suele ser casi invariablemente algún comportamiento autodestructivo: beber, jugar, comer alimentos poco saludables o apartarse de las personas que podrían ayudarlo. Recuerde que el grado en que se entregue a este comportamiento no es la cuestión. Lo que importa es el motivo.

Si usted brinda con una o dos copas de champán en una boda y come una porción del pastel de boda, probablemente no esté utilizando el alcohol y el azúcar como analgésico emocional sino como una forma de celebración. En cambio, si usted llega a su casa después de un mal día y se sirve un trago porque «lo necesita», su comportamiento está motivado por el miedo aunque no se embriague e incluso aun cuando no beba demasiado a menudo. En otras palabras, no se diga «No soy un alcohólico, así que este comentario no me incumbe».

Del mismo modo, si usted se detiene en la heladería que está cerca de su casa y compra medio kilo de helado porque tuvo un problema en la oficina, y luego lo derrite ligeramente en el microondas para poder comerlo directamente del envase, es casi seguro que está inmerso en la Rueda del Miedo. No trate de salir del apuro argumentando que usted no es obeso y que no tiene el hábito de comer en exceso. Por último, si usted decide tomarse unos días de retiro para reflexionar a solas, esa actitud representa un motivo positivo para querer estar solo. Pero si evita contestar el teléfono o los mensajes de correo electrónico porque se siente un idiota y no quiere relacionarse con nadie, esa actitud implica un aislamiento poco sano tanto si lo hace una sola vez como si se convierte en una costumbre.

En todo caso, en la medida en que el comportamiento autodestructivo no le procura ningún alivio perdurable y, por lo general, en realidad lo hace sentir aún peor, usted termina exactamente en el mismo punto en el que había comenzado: tratando en vano de mantener a raya al miedo. El miedo se convierte en una profecía autocumplida. Y la rueda sigue girando y girando...

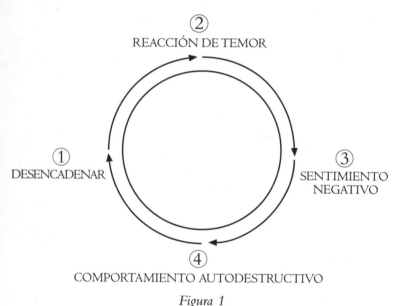

Figura 1

Descubra qué es lo que lo mantiene inmerso en la Rueda del Miedo

Para salir de la Rueda del Miedo, usted debe comprender qué es lo que desencadena su ciclo. Con ese fin, voy a recurrir a la técnica que me ha demostrado su eficacia una y otra vez en mi trabajo con aquellos de mis pacientes que siguen el programa *Vivir sin miedo*. Le voy a pedir que complete cuatro frases. Comencemos con la que pone en movimiento la Rueda del Miedo.

Primero, estudie la siguiente lista:

1) egoísta
2) estúpido
3) débil
4) incompetente
5) mediocre
6) perdedor
7) farsante
8) perezoso
9) invisible
10) rechazado

A continuación, escoja la palabra de la lista que le produce la reacción más intensa cuando la incluye en la siguiente frase:

Si alguien a quien quiero, respeto o admiro pensara que soy _____, me sentiría desolado.

Cuando hice este ejercicio con Meredith, la esposa fiel cuyo marido la abandonó tras dieciocho años de matrimonio, lo que ella respondió fue que no podía escoger sólo una. Dijo que todas aquellas palabras le harían sentirse afligida. Puede que usted sienta lo mismo. Sin embargo, la experiencia me ha enseñado que cuando una persona identifica el desencadenante que pone en marcha la Rueda del Miedo, está en mucho mejores condiciones de desactivar todos los miedos que la acompañan. La clave es tomar conciencia. Si usted sabe a qué le tiene más miedo, más fácil le resultará darse cuenta de hasta qué punto sus acciones son una reacción refleja al miedo en lugar de decisiones proactivas y conscientes.

Para deducir qué palabra escribir, reduzca la lista a los cinco principales adjetivos con que le resultaría realmente doloroso que sus amigos lo calificaran. Después, quiero que reduzca la lista a los tres calificativos que le horrorizaría que le aplicara la persona que usted más respeta en esta vida. Muy bien, ahora escoja una de esas tres palabras, la que le parezca decididamente la peor de todas, aquella que lo impulsaría a hacer cualquier cosa para evitar que los demás pensaran que usted es así. Ése es el desencadenante de su Rueda del Miedo.

Meredith, una mujer que sólo pensaba en complacer a los demás y que había pasado toda su vida adulta ocupándose exclusivamente de su esposo y sus hijos, escogió en primer lugar los siguientes cinco calificativos: «egoísta», «perezosa», «incompetente», «rechazada», «perdedora». Finalmente, encontró su principal desencadenante: Meredith haría lo que fuese para que la gente no pensara que es egoísta. Sin embargo, irónicamente, le había salido el tiro por la culata, pese a aquellos dieciocho años que había ido negando sus propias necesidades para estar a la altura de su ideal de esposa y madre perfecta. Eso es lo que ocurre cuando alguien actúa movido por la Rueda del Miedo en lugar de desarrollarse naturalmente mediante su Rueda de la Libertad.

Connie, la madre trabajadora cuyo desencadenante era el miedo a que pensaran que era una incompetente, se exigía más de lo que podía hacer y el resultado era que lograba exactamente lo que estaba tratando de evitar. Frank, el vendedor de inmuebles que no quería que pensaran que era perezoso, trabajaba incansablemente pero nunca se sentía seguro de sí mismo ni tenía tiempo disponible para sus seres queridos. Yo me comportaba del mismo modo cuando intentaba evitar que pensaran que era una perdedora. Mi adicción al trabajo y mi perfeccionismo no hacían sino confirmar mis peores temores.

Sentimientos negativos básicos

La frase que quiero que complete a continuación está destinada a evocar su sentimiento negativo básico: su versión personal del miedo a no ser lo bastante bueno.

Estudie la siguiente lista:

1) un fracaso
2) indigno de ser querido
3) una decepción
4) no valgo nada
5) débil
6) tonto
7) no estoy a la altura
8) insignificante
9) un paria o marginado
10) mercancía defectuosa

Ahora, rellene los espacios en blanco:

Si las personas que son importantes para mí pensaran realmente que yo (soy) [transcribir el desencadenante que escogió] _____, yo (me) sentiría _____.

Una vez más, reduzca la lista a cinco palabras, luego a tres, y finalmente a una. Al cabo de un mal día, en el que nada le ha salido bien, ¿cómo se siente consigo mismo? El poeta y místico español del siglo XVI san Juan de la Cruz llamó a este estado de ánimo «la noche oscura del alma», y en nuestros días F. Scott Fitzgerald escribió: «En la noche oscura del alma, siempre son las tres de la madrugada.» Otros lo llaman su «parte oscura». ¿Cuál es el sentimiento que acecha en su psique y que usted quiere desesperadamente evitar? En aquellos momentos en que nos sentimos más gobernados por el miedo, llegamos a sospechar que nuestros sentimientos más arraigados bien podrían expresar la verdad de lo que somos. Y cada vez que el ciclo se reanuda, la Rueda del Miedo adquiere un mayor control sobre nuestras decisiones conscientes e inconscientes. Lo que suele ocurrir, con el tiempo, es que llegamos a creer que los sentimientos negativos que experimentamos con respecto a nosotros mismos son reales.

Yo le aseguro que no lo son. A medida que avancemos en el desarrollo del programa, usted aprenderá a emprender acciones positivas que lo encaminarán a experimentar sentimientos positivos. Y usted se adueñará de ellos. En términos simples: usted será usted, y usted no será esos sentimientos negativos que le inspiran temor. Usted se enamorará de la persona que realmente es. Y recibirá cada nuevo día con entusiasmo y esperanza en lugar de con miedo. Naturalmente, no dejará de toparse con gente desagradable (tal vez incluso cruel) y con acontecimientos que activarán su Rueda del Miedo. No obstante, podrá desactivarla, porque contará con la fuerza emocional necesaria para manejar hasta las situaciones más perturbadoras. Recuerde: el pasado no equivale al futuro. Usted puede cambiar hábitos arraigados y evitar que la historia se repita. Usted no es una rata de laboratorio. Usted es un ser humano. Y puede dominar sus temores. Pero antes tiene que conocerlos.

Meredith, que se había resistido a escoger un desencadenante, descubrió que escoger un sentimiento básico era fácil. Es algo que suele suceder. Uno puede meditar acerca de los pensamientos que le inspiran miedo, pero los sentimientos son viscerales. Además, una vez que usted ha identificado su desencadenante, es probable que acudan a su mente ejemplos de situaciones de su vida que podrían llevarlo a experimentar ese sentimiento que tratamos de identificar. En el caso de Meredith, llegar a la conclusión de que se esforzaba en todo momento por evitar que la consideraran egoísta le permitió darse cuenta de que cada vez que se sacrificaba, lo que hacía en realidad era gritarle al mundo: «¡Miradme! ¡Tenedme en cuenta! ¡Valoradme! ¡Soy importante! ¡No podéis prescindir de mí!» Como me dijo cuando ya había adquirido cierta comprensión de su conducta, «Cuando parecía que no me hacían caso o que se aprovechaban de mí, yo experimentaba un sentimiento horrible: sentía que era completamente insignificante, que, después de todo, yo no le importaba a nadie. Entonces me esforzaba al máximo para desembarazarme de ese sentimiento y demostrar que era importante. Una y otra vez, día tras día, año tras año».

El desencadenante que Connie identificó fue «incompetente», y el sentimiento, «indigna de ser querida». El desencadenante que Frank identificó fue «perezoso», y el sentimiento, «fracaso». El desencadenante que yo identifiqué fue «perdedora», y el sentimiento, «no valer». Un dato interesante es que mi hermana Linda, que escogió «mediocre» como desencadenante, también escogió como sentimiento «no valer». Nuestros respectivos puntos de partida fueron diferentes, pero llegamos al mismo sentimiento espantoso, vacío y destructivo según el cual no valemos nada. Linda, el bebé de la familia —idolatrada y adorada, mimada y consentida—, había imaginado que cuando creciera haría algo extraordinario. Está muy dotada para las matemáticas, y soñaba con trabajar en la NASA. En lugar de eso, es profesora de matemáticas en una escuela secundaria. Comparado con sus expectativas, a ella no le parecía bastante. No hubo día en que no sintiera que no valía, hasta que descubrió su Rueda de la Libertad.

Reacciones

La tercera frase que quiero que complete revela el modo en que usted reacciona frente a su desencadenante y su sentimiento básico.

1) Lea la siguiente lista y ponga esta señal ✔ junto a cada una de las cosas que hace para evitar su desencadenante, aquello que usted no puede soportar que los demás piensen que es. Meredith, por ejemplo, identificó: «tratar de complacer siempre a los demás», «el perfeccionismo», «la adicción al trabajo», y «compararse con los demás» como sus reacciones para evitar que se la considerara egoísta.

2) Lea otra vez la lista y coloque una X junto a las cosas que hace para eliminar el dolor emocional que padece cuando aparece su sentimiento básico. Éste suele ser nuestro comportamiento más destructivo. Algunos de los ítems pueden estar marcados tanto con la señal ✔ como con la X. Otros pueden estar marcados con la una o con la otra. Meredith colocó una X junto a «compararse con los demás», «aislarse», «disculparse por todo», «tomar todo como una cuestión personal», «comer en exceso», «tener insomnio» y «odiarse a sí mismo». Luego hizo una larga pausa y, finalmente, colocó una X junto a «hurtar en tiendas».

«Nunca le he dicho una palabra de esto a nadie —dijo, sonrojándose y conteniendo las lágrimas—. Me pasé la vida dando, dando, dando. Phil era tan tacaño que yo nunca pude gastar dinero en algo para mí. Así que algunas veces me iba a un centro comercial, entraba en una tienda y deslizaba algo en mi bolso. Nunca nada grande; una barra de labios o un pañuelo. Gracias a Dios nunca me descubrieron. Pero, por supuesto, después me sentía peor que nunca.»

Así es como se pone en movimiento la Rueda del Miedo. Concebimos la idea de que tal vez seamos perezosos, o débiles, o estúpidos, y eso dispara nuestras reacciones de temor. Son esas reacciones las que nos dicen que si adoptamos ese comportamiento quedará demostrado que la idea no es cierta. Pero el sentimiento que usted ha estado evitando todo el tiempo es inherente a esa reacción. Si usted lleva a cabo la reacción no hace sino confirmar sus peores temores, según los cuales usted es realmente inútil, no vale o la que quiera que sea su versión personal de no ser lo suficientemente bueno. Y cuando usted lo experimenta, ese sentimiento lo empuja a adoptar comportamientos autodestructivos.

Lo que usted llegará a descubrir es que su opinión acerca de sus ideas es la que lo empuja a perder la estabilidad y a mantener en movimiento su Rueda del Miedo. Cuando no puede aceptar que se piense determinada cosa de usted, esa actitud desencadena reacciones y pone en marcha un comportamiento autodestructivo que se convierte en un estilo de vida. Esas reacciones y ese comportamiento autodestructivo le infunden una falsa sensación temporal de seguridad, como ese niño que se aferra a su gastada manta de bebé e imagina que está a salvo aun cuando sus padres no estén con él para protegerlo. Pero, tarde o temprano, el miedo retoma el control y el ciclo empieza de nuevo, y, en definitiva, el pensamiento que usted está evitando es el mismo pensamiento al que deberá recurrir para lograr que el miedo pierda su poder.

Ésta es la lista de las reacciones motivadas por el miedo:

Complacer a los demás

Aislarse

Culpar

Transigir

Ser adicto a las compras

Actitud negativa

Dormir demasiado

Tendencia a la postergación

Disculparse por todo

Huir ante las dificultades

Tomarse las cosas como algo personal

Ser manipulador

Chatear por Internet hasta las tres de la mañana

Mirar la televisión hasta muy tarde

Renunciar

Drogarse

Sufrir bulimia o anorexia

Maltratar a su perro o su gato

Hacer chistes sobre sí mismo

Ser adicto al trabajo

Encerrarse en sí mismo

Insultarse a sí mismo o a otros

Atacar de antemano a los demás

Ser irresponsable

Comer en exceso

Ser perfeccionista

Dramatizar toda clase de situaciones afectivas

Compadecerse de sí mismo

Beber demasiado

Quejarse

Ser adicto al ejercicio físico

Ser promiscuo

Discutir con cualquiera por cualquier cosa

Adoptar actitudes de evasión

Insultar

Jugar por dinero

Mentir y simular

Engañar

Hurtar en tiendas

Fumar

Descalificar a los demás

Sufrir insomnio

Tener impulsos suicidas o intentar suicidarse

Llorar sin control

Maltratarse físicamente

Mantener diálogos internos negativos

Compararse con los demás

Padecer estreñimiento o diarrea

Sufrir jaquecas o migrañas

Tener dolores de estómago

Ser hipertenso

Poner excusas o quejarse

Soñar despierto todo el tiempo

Odiarse a sí mismo

Privarse intencionadamente de dormir

Sentir envidia y rencor

Ahora, rellene los siguientes espacios en blanco:

1) Cuando quiero evitar el pensamiento de que soy _____ [escriba el desencadenante de su Rueda del Miedo], hago lo siguiente [registre los ítems que llevan sólo la marca ✔]:

_____

_____

_____

_____

2) Cuando quiero desembarazarme de mi sentimiento negativo básico según el cual soy _____ _____, hago lo siguiente [registre los ítems marcados sólo con X]:

_____

_____

_____

_____

Lo importante en todas estas reacciones es que se muestran como si fueran sus verdaderos problemas, cuando en realidad no son sino el intento que usted hace por evitar que se confirmen sus peores temores acerca de usted mismo y para mitigar el dolor de creer que son verdad. Connie, por ejemplo, había supuesto siempre que su problema era la adicción a la nicotina, y había probado todo tipo de tratamientos para superarla. Utilizó parches y chicles de nicotina, puso carteles de «No fumar» por toda la casa y sobre su escritorio, acudió al dentista para blanquearse los dientes, llevó la ropa a la tintorería, tiró los ceniceros, leía todos los artículos de revistas o periódicos que advertían acerca del enfisema o el cáncer de pulmón, y llenó el cajón de su escritorio de caramelos y chicles. Finalmente, se demostró a sí misma que podía librarse del hábito cuando quedó embarazada y dejó de fumar. Pero aunque había superado su adicción física al cigarrillo, no podía dejar de recurrir a la nicotina cada vez que la atormentaba el sentimiento de que no era digna de ser amada. Sólo cuando se puso a trabajar en los ejercicios del programa *Vivir sin miedo* pudo dejar definitivamente el hábito de fumar. Del mismo modo, Frank, cuya adicción al trabajo estaba destruyendo su matrimonio, logró finalmente un cierto equilibrio una vez se involucró en el programa *Vivir sin miedo*.

Su Rueda del Miedo

Ahora usted está en condiciones de poner por escrito las características de su Rueda del Miedo. Rellene los siguientes espacios en blanco:

Cuando quiero evitar que la gente piense que soy [escriba aquí su desencadenante]_____ , mi reacción es [aquí registre las acciones marcadas con ✔]: _____
_____
_____

Cuando esa reacción no me da resultado y termino sintiéndome [aquí escriba su sentimiento negativo básico] _____, lo que hago es [aquí escriba las reacciones que marcó con una X]: _____
_____
_____
_____

¡Bien hecho!

Y recuerde que puede agregar reacciones a medida que vayamos avanzando. Cuanto más preciso sea cuando registra sus reacciones, más fácil le resultará comenzar a reconocer su Rueda del Miedo, aun en los detalles más insignificantes de su vida cotidiana. De hecho, usted puede agregar reacciones específicas que no estén incluidas en la lista que yo propongo. Por ejemplo, supongamos que usted va al supermercado y la caja de cereales que quiere comprar está en un estante tan alto que usted no la alcanza. Se impacienta y murmura para sus adentros que los de la tienda son «estúpidos» por utilizar estantes tan altos. En lugar de pedirle a alguien que le alcance la caja de cereales, se va sin comprar. No quiere molestar a nadie. No quiere arriesgarse a que el empleado se fastidie por culpa suya. En esa circunstancia aparentemente insignificante, y a causa de su incapacidad para pedir ayuda, la Rueda del Miedo siguió girando. Así que agregue a su lista esta reacción: «No puedo pedir ayuda, ni siquiera a las personas a quienes se les paga para ayudar.»

Veamos otros ejemplos de reacciones al miedo en situaciones específicas.

Usted está en un restaurante e insiste en pagar la cuenta para demostrar que no es un fracasado aunque sabe perfectamente que su tarjeta de crédito ya ha superado el límite y será rechazada. Se queda usted hasta muy tarde en su oficina de la costa este para poder hacer ventas telefónicas en el horario de trabajo de la costa oeste aunque ya ha cumplido de sobras sus objetivos. Usted dice que sí a algo para evitar un conflicto y después se detesta a sí mismo por haber actuado así. En la víspera de una reunión muy importante usted sale a beber y vuelve a su casa de madrugada. Deja pasar una de esas oportunidades que sólo se presentan una vez en la vida porque no puede tomar una decisión al respecto. Gasta el dinero que no tiene en cosas que no necesita. Se encierra en su casa y dedica todo su tiempo libre a jugar con el ordenador. Ironiza sobre usted mismo diciendo que es un caso perdido en lo que a las relaciones se refiere, o a ganar dinero, a cocinar, a adelgazar, a conducir... Cuando alguien se burla de usted, usted se ríe. Dice que está enfermo el día de una reunión porque teme hacer el ridículo. Posterga resoluciones trascendentales porque es incapaz de decidirse. No logra delegar tareas a pesar de que ahora usted es el jefe y cuenta con un equipo de gente que puede ayudarle.

Esas reacciones pueden parecerle justificables en ciertas situaciones. No obstante, nunca está bien humillarse (ni humillar a otros), o maltratarse (ni maltratar a otros). Cada vez que usted posterga esa llamada telefónica a la compañía de seguros para reclamar por lo que usted considera un error en un pago, cada vez que rechaza una invitación a una fiesta con la excusa de que está demasiado ocupado, cada vez que se compara con alguien y llega a la conclusión de que usted sale perdiendo, cada vez que en un restaurante vacila y no se atreve a pedir el plato que querría porque está seguro de que el camarero piensa que le convendría adelgazar unos kilos, cada vez que se dice a sí mismo que bien podría comerse la caja entera de galletas porque de todos modos nunca tendrá la disciplina necesaria para seguir una dieta, cada vez que se va a dormir decepcionado porque no hizo todo lo que se había propuesto hacer ese día, cada vez que se despierta con la sensación de que ese día será simplemente un día más de una larga lista de días... cada vez que suceden estas cosas, o cosas semejantes, usted está inmerso en su Rueda del Miedo.

Síntomas que indican que usted está inmerso en la Rueda del Miedo

Lo cierto es que, al principio, reconocer cuando está usted en su Rueda del Miedo puede resultarle difícil. Puede que no esté en condiciones de darse cuenta de que está pensando eso o haciendo aquello.

Una buena manera de adquirir una conciencia más clara de cómo se está comportando es prestar atención a los síntomas que indican que está inmerso en su Rueda del Miedo. Del mismo modo que una garganta irritada y una nariz que gotea indican el comienzo de un resfriado, ciertos síntomas emocionales son un indicio de que su salud emocional no es óptima. Los síntomas son muchos y varían de una persona a otra, pero los más comunes son los que aparecen cuando usted se siente:

Impaciente   Quiere obtener resultados inmediatos y no soporta esperar. ¿Qué pensó su jefe del informe que usted acaba de presentar? No puede más, no puede esperar. Tiene que saberlo ya. Se siente irritado e inquieto, como el que se encuentra atrapado en un atasco. ¿Por qué no se mueven de una vez? ¿Por qué tardan tanto en avanzar? ¿Por qué no me llaman?

Agotado   Los días le resultan interminables. Todo le exige un esfuerzo enorme, pero nada parece justificar ese esfuerzo. Corre de un lado a otro, haciendo un millón de cosas, pero nada parece quedar terminado, mucho menos bien terminado, y siente que todo lo agota.

El único que sabe lo que hay que hacer   ¡Son todos unos pelmazos! ¡En esta empresa no se puede trabajar con nadie!

Nadie aprecia lo que uno hace. Uno se entrega en cuerpo y alma a su trabajo y los demás quieren llevarse las medallas. Todo el mundo se aprovecha. Incluso en casa, siempre hay alguien que te pide algo.

Incomprendido   La gente lo interpreta todo mal. Se sienten heridos en sus sentimientos cuando uno trata de ser amable con ellos. Te miran como si les hablaras en chino. Nadie entiende nada. Lo que usted siente es, sencillamente, que no lo escuchan.

Perseguido   Usted sospecha que los demás se proponen fastidiarlo, o que no lo soportan, o que necesita proteger lo que está haciendo. Siente que necesita estar a la defensiva. Alguien podría robarle sus ideas, sabotear sus planes, adelantársele.

Bloqueado   Usted es tan insensible a sus sentimientos y pensamientos que niega que algo ande mal. Sin embargo, cuando trata de imaginar cuál es el próximo paso que debe dar, no se le ocurre nada. Nada lo motiva ni lo atrae. No puede concluir nada de lo que emprende, y puede que les diga a los demás que está «calentando motores». En realidad, está girando en su Rueda del Miedo.

Avergonzado   Se siente culpable por todo. En su trabajo, cuando alguien menciona al pasar que algo salió mal, de inmediato se pregunta si no fue culpa suya. A su hijo de cinco años le han diagnosticado dislexia y usted da por sentado que hizo algo que lo perjudicó durante su embarazo. Se enferma de gripe y en seguida encuentra el modo de echarse la culpa por ello.

Derrotado   Envió varios currículos y no recibió ni siquiera una respuesta. Acudió a un encuentro de personas solas y nadie se le acercó. Fue de compras y llegó a su casa con las manos vacías después de sufrir un trauma al verse en el espejo. Sea cual sea la situación, usted magnifica un pequeño revés hasta convertirlo en el convencimiento de que no puede triunfar en nada.

Descontrolado   Cuando está en su oficina, tal vez se pasa la tarde saltando de un sitio a otro de la web, ninguno de los cuales tiene nada que ver con lo que se supone que es su trabajo. O se instala en la cocina a las dos de la mañana para acabar con unas costillas de cerdo frías y devorar un kilo de helado. O tiene el impulso de salir de compras y adquiere toda clase de artefactos novedosos que no necesita y que no puede permitirse. Sea lo que sea lo que esté haciendo, no puede dejar de hacerlo. No puede controlarse.

Confundido   La vida no se está desarrollando como usted pensaba, pero no sabe decir exactamente por qué. Se siente disperso y agotado. Avanza aprisa, pero no va a ningún lado. No puede tomar decisiones. ¿Debería buscar un nuevo trabajo? Realmente no lo sabe. ¿Las cosas mejorarían si se mudara? No tiene ni idea. ¿Su relación actual es todo lo buena que podría ser? No tiene puntos de referencia. No tiene criterios claros para tomar decisiones, así que no las toma. Se limita a salir del paso como puede, está constantemente confundido y se siente vapuleado por los inevitables desafíos que le plantea la vida. Y no puede hacer nada mejor que mantener las cosas como están.

Desbordado   Está a punto de comenzar un importante y estimulante proyecto. Sin embargo, tanto si está planeando su boda como si va a comprar su primera casa o va a diseñar una página web para su empresa, de pronto le parece que el proyecto está más allá de sus posibilidades. La enormidad de lo que ha puesto en marcha lo inquieta y aniquila toda la alegría que sentía cuando decidió llevarlo a cabo. No se siente capaz de dar ni siquiera un pequeño paso en dirección a su objetivo. Pasan los días, y el miedo lo paraliza. Se acerca el momento decisivo y eso hace que la situación empeore aún más. ¿En qué estaba pensando cuando se embarcó en esto? Siente admiración por las personas que han conseguido realizar algo similar. ¿Qué saben ellos que usted no sabe? ¿Por qué usted no puede afrontar esto?

Víctima   Usted ha sacrificado algunos de sus sueños para procurar a sus hijos todas las ventajas y las oportunidades, pero no recibe de ellos más que desplantes. Su jefa está tratando de complacer a su propia jefa, y usted termina haciendo más trabajo del habitual para que ella se lleve las medallas. Su esposa insiste en que usted debería ganar tanto dinero como su hermano. Se siente la víctima indefensa de algún plan concebido para impedirle vivir su vida del modo en que usted querría vivirla. Usted no está indefenso. Simplemente tiene miedo. Miedo de quedar mal con los demás. Miedo de ser usted.

EJERCICIO CAZAMIEDOS

- Defina las palabras que escogió para caracterizar su pensamiento desencadenante y su sentimiento negativo básico.

    Puesto que son suyas y de nadie más, deberá definirlas con sus propias palabras. Cuanto más preciso sea en su definición, en mejores condiciones estará de darse cuenta de si está o no en su Rueda del Miedo.

Nada de diccionarios, por favor. No existen los errores a la hora de definir sus palabras. Apunte cualquier
cosa que lo ayude a identificarlas. Nadie más deberá
leer lo que usted haya escrito. No obstante, para que
pueda empezar, compartiré con usted mi definición
de «perdedora»: «Todos se ríen de mí. En cierto modo,
era de esperar. Yo no merezco tener éxito. Nunca
triunfaré. ¿A quién voy a engañar?» Mi definición de
«no valer» es: «¿Para qué? Quiero esconderme o morir. A nadie le importa.»

- Preste atención a los síntomas que experimenta cotidianamente. Cuanto más pronto identifique los síntomas, antes podrá desembarazarse de la Rueda del
Miedo. No obstante, al principio, cuando tome conciencia de los síntomas, tal vez se sienta peor que nunca. Pero esa sensación pasará. Los síntomas estaban ahí;
simplemente, usted no lo sabía. Sus síntomas consu-
mían su energía y se adueñaban de su tiempo. Pero
ahora que puede reconocerlos como síntomas, podrá
dejarlos atrás. Esto requiere práctica. Tenga paciencia y
sea amable con usted mismo. Manténgase firme en la
creencia de que debe conocer sus síntomas antes de
poder cambiarlos.

- Escriba el título «Mi Rueda del Miedo» y copie su
propia versión, como hizo con anterioridad. Coloque
la hoja con esta anotación en algún lugar en el que
pueda verla todos los días. Cuando el miedo lo acose,
este texto lo ayudará a recordar que se trata de algo
que puede cambiar y no de algo que hay en usted que
está mal. Recuerde: usted no es su Rueda del Miedo.

- Preste atención a cómo y cuándo se ve usted girando en la Rueda del Miedo.

- Rellene los siguientes espacios en blanco.
  Si yo dominara mi Rueda del Miedo, sería posible que hiciera lo siguiente con respecto a:

mi profesión

mis relaciones íntimas

mi situación económica

mi salud y mi bienestar

mi vida social y mis amistades

mi familia

mi espiritualidad

mi inteligencia y mis conocimientos

mi desarrollo emocional

mi casa/el espacio en el que vivo

mi creatividad

Nadie puede convertirlo en una víctima emocional sin su permiso. La buena noticia —y se trata, por cierto, de una muy buena noticia— es que ahora que usted ha identificado su Rueda del Miedo, puede comenzar a superar ese miedo. Cuando pasa del miedo a la libertad, usted transforma su sistema de filtrado porque cambia su enfoque de la vida y, en consecuencia, sus elecciones. Pasa de tener pensamientos inspirados por el miedo a cualidades basadas en la libertad que le permitirán llegar a su naturaleza innata. Del mismo modo que ciertas nimiedades han puesto en movimiento su Rueda del Miedo durante tanto tiempo, comenzarán a aparecer pequeñas cosas que le mostrarán que no tiene que tener miedo. Esos pequeños actos de coraje se irán sumando hasta darle la confianza que necesita para abordar las grandes cosas. Cada vez que llama a un amigo para pedirle ayuda o cada vez que llama usted para ofrecérsela; cada vez que encuentra una forma amable de interrumpir una conversación telefónica con su madre cuando quiere terminar un trabajo; cada vez que escucha palabras airadas sin responder a los gritos; cada vez que se permite llorar; cada vez que le hace saber a alguien que necesita un poco de tiempo para usted; cada vez que se ríe a carcajadas cuando comprende cuán absurdos son sus miedos... Cada vez que hace cosas como éstas, está dejando atrás su Rueda del Miedo. Todos los días de su vida, con cada una de las elecciones que hace, crea usted un ambiente de miedo o de ausencia de miedo.

El miedo es una afirmación del crecimiento personal

Voy a contarle el secreto que se convirtió en la base del programa *Vivir sin miedo*: el miedo no es otra cosa que una afirmación de su crecimiento personal. Es un modo de hacerle saber que está vivo y preparado para aventurarse en el mundo de lo desconocido. La Rueda del Miedo podrá ponerse en movimiento durante los momentos de mayor riesgo, pero ya no será parte de su vida cotidiana. Y cuando su Rueda del Miedo comience a girar, sabrá que es una señal para asegurarse de que se ha preparado, de que ha hecho todo lo que puede, de que todo está en orden. Después de un momento, un día, o una semana, su Rueda del Miedo se detendrá, porque lo que usted está haciendo ya no es para usted una nueva experiencia. Piense en esto: ¿quién tendría miedo de asumir un riesgo si el miedo fuera una fuerza positiva en lugar de negativa?

En ningún momento el miedo ha sido el enemigo. Ha sido su amigo: le ha permitido saber que éste es un territorio desconocido y le ha dado una señal al llegar el momento de reconocerse como quien realmente es. Cada vez que me asalta el temor de ser una perdedora o el sentimiento de que no valgo, yo me reconozco por asumir el riesgo. Me reconozco por ser fiel a mí misma. Me reconozco por estar viva.

Cuando vivimos con la intención de avanzar a pesar del miedo, no sólo aprendemos a sentir sin apegarnos al sentimiento, sino también a aceptar el miedo con tranquilidad, gracia y amor. En ese proceso, descubrimos quiénes somos. Entonces brota de nosotros una fuerza vital que yo llamo la «Rueda de la Libertad». Y llegamos a comprender que, al aceptar nuestra humanidad, todo aquello que veíamos como debilidades o defectos de carácter no son sino el camino de regreso a nosotros mismos. No se trata de algo que debamos negar, sino algo que debemos celebrar y recibir con beneplácito.

Pase la página, continúe con este proceso y aprenda a decidir vivir sin miedo...

Capítulo Tres

LA RUEDA DE LA LIBERTAD

La Rueda de la Libertad no es lo opuesto a la Rueda del Miedo. Sin embargo, casi todas las personas con las que he trabajado han dado por sentado, al menos al principio, que la Rueda de la Libertad es simplemente una versión positiva de la Rueda del Miedo. ¿Se acuerdan de Connie, la atormentada madre trabajadora que temía que la consideraran una incompetente y terminó sintiendo que no era digna de ser amada? Como tenía miedo de que pensaran que era una incompetente, creía que si se las arreglaba para demostrar que era una persona capaz se liberaría del miedo y, en consecuencia, se sentiría digna de ser querida. Antes de desarrollar mi programa, yo estaba bajo el influjo de ese mismo razonamiento engañoso. No quería que me vieran como una perdedora, de modo que deducía que la solución era actuar como una ganadora y que, gracias a eso, sentiría que valía y no lo contrario.

Por desgracia, como hemos visto, esa clase de pensamiento es exactamente lo que da lugar a la conducta que mantiene en movimiento la Rueda del Miedo, y nos hace sentir que caemos en una espiral descendente en la que el miedo y la aversión por nosotros mismos se agudizan cada vez más. Ahora bien, si la Rueda de la Libertad no es lo opuesto a la

Rueda del Miedo, ¿qué es entonces? Escuchemos a Connie y su relato del día en que, durante la segunda semana de visita de sus suegros, experimentó por primera vez la espiral ascendente de la Rueda de la Libertad, en la que damos un sí a la vida:

«Bobby se había quedado dormido en mis brazos. Estaba amaneciendo, y se le veía tan precioso con aquella media luz... Respirábamos exactamente al mismo ritmo. Quería comenzar a preparar el desayuno, así que me dispuse a levantarme para acostarlo en su cuna. Pero Bobby se agitó un poco y dejó escapar uno de esos trémulos suspiros tan comunes en los bebés, y tuve miedo de despertarlo. De pronto, mirando su dulce rostro, sentí por él un amor tan intenso que las lágrimas comenzaron a rodar por mis mejillas. Le había estado esperando toda la vida. ¡Mi pequeño milagro!

»En ese momento, a pesar del trabajo y las preocupaciones que había tenido toda la semana con la visita de mis suegros, me sentí fortalecida y llena de energía. Toda aquella locura de ponerme a limpiar las cortinas, de preparar comidas de *gourmet* y de reprocharme amargamente no haber advertido el error en el comunicado de prensa de uno de mis clientes, me parecía una tontería. ¿Qué tenían que ver cualquiera de esas cosas con el amor que sentía por Bobby? ¿O con el amor que sentía por mi esposo, por mis padres, y hasta por mis suegros? ¿O con lo mucho que me gusta mi trabajo? Recordé lo que Rhonda había dicho a propósito de vivir con expectativas poco realistas y me di cuenta de que todas mis acciones habían sido provocadas por mi Rueda del Miedo; no me estaban llevando a ser una buena esposa y madre, ni una buena nuera, ni una buena empresaria. Lo único que lograba gracias a ellas era sentirme incapaz e indigna de amor. Y, por añadidura, no contribuían a que nadie supiera que todo lo que quiere la verdadera Connie es ser compasiva consigo misma y con los demás, y que no estoy tratando de ganar la medalla a la Buena Ama de Casa por mi pericia tanto para pulir la plata como para descubrir errores tipográficos y después hundirme si no lo hago bien.»

Inspirada por esa certeza, Connie decidió darse un respiro. En lugar de sobreponerse a su agotamiento e ir a la cocina a preparar el desayuno, se encaminó hacia su cama llevando con ella a Bobby y se arrebujó bajo las mantas, junto al hombre que amaba. Con su hermoso bebé acunado entre los brazos cayó en un profundo y apacible sueño. Cuando se despertó, descansada y recuperada, era casi mediodía. Bobby seguía durmiendo. ¡Seis horas eran un récord para él! Connie lo colocó en su cuna. Lo miró y recordó una vez más que su verdadero estado de ánimo era la compasión. El irse a dormir había sido una acción positiva y consciente, y el resultado de haber sido fiel a sí misma. Estaba dispuesta a hacer mucho más. Connie se puso la bata y las zapatillas, se dirigió a la sala de estar y allí descubrió a su suegra, que estaba feliz mirando con atención «su» telenovela preferida.

—Hola, querida —la saludó la suegra de Connie, apartando la vista de la pantalla del televisor—. Los hombres se han ido a jugar al tenis. Espero que no te moleste que haya preparado el desayuno, pero no podíamos seguir esperando.

El comentario despertó en Connie el temor a ser considerada incompetente. Aunque estaba a punto de ponerse a la defensiva, de inmediato recordó que esa conducta era justamente una reacción a su miedo. De modo que decidió no decir nada de lo que pudiera arrepentirse. Así que dijo:

—Fantástico. Muchas gracias. Creo que necesitaba dormir.

—¡Por Dios, ya lo creo! —contestó su suegra—. Pareces otra mujer. Me acuerdo muy bien de cuando nació Bob. Nunca en mi vida me sentí tan agotada como en esa época. Tienes que cuidarte.

Connie asintió. Pensó que no sólo era digna de amor, sino que además era querida. Y fue a sentarse en el sofá, junto a su suegra. La telenovela casi había terminado cuando Bobby comenzó a llorar. Connie se volvió hacia su suegra y decidió correr el riesgo.

—¿Le importaría darle el biberón a Bobby? Me encantaría ocuparme un rato del trabajo que tengo acumulado en mi escritorio.

Al principio, la suegra de Connie pareció sorprenderse, y Connie tuvo la certeza de que se había extralimitado. Estaba a punto de disculparse cuando su suegra sonrió abiertamente.

—¿Molestarme? ¡No puedo esperar ni un minuto! ¿Sabes, querida?, está muy bien eso de pedir ayuda. Ahora mismo voy a buscarlo. —Se puso de pie, se encaminó al cuarto del bebé con ligereza y comenzó a canturrear—: Ya llega la abuela, Bobby. Ya llega la abuela...

Connie casi se cae de espaldas. Había actuado como una anfitriona muy atenta, había procurado que todos estuvieran cómodos y sin embargo acababa de darse cuenta de que su suegra se había sentido como si no le estuviera permitido hacer nada. Connie nunca podría habérselo imaginado, y si no hubiera corrido el riesgo jamás lo habría sabido.

Para la hora en que Bob y su padre regresaron de jugar al tenis, Connie y su suegra habían pasado una tarde maravillosa charlando, jugando a las cartas y disfrutando de Bobby. Connie había decidido no seguir su ritual diario de lavar las toallas, y no protestó cuando su suegra puso en marcha el aspirador. Pero cuando la vio en plena tarea todas sus inseguridades reaparecieron. La Rueda del Miedo, disfrazada de preocupación, le susurraba al oído: «Supongo que no limpiaste tu casa como es debido si tu suegra cree que hay que pasar el aspirador.» Connie identificó rápidamente el nuevo intento de su Rueda del Miedo por hacerla sentir avergonzada. Esta vez no caería en la trampa. Cuando su suegra terminó su tarea, Connie le pidió que se ocupara del bebé mientras ella se arreglaba. Tomó un baño, se maquilló y se enfundó en un vestido limpio, y no sintió la más mínima sombra de culpa.

—¡Hola, preciosa! —exclamó Bob cuando entró en la casa con su padre, quien se encaminó a la sala de estar para encender el televisor. Connie y Bob se quedaron solos en el recibidor y ella, instintivamente, se acercó a él y le echó los brazos al cuello. Al principio él se sorprendió, porque tras su estallido en la cocina la noche anterior, ella lo había tratado con frialdad. Pero se distendió y le devolvió el abrazo. Connie sentía una gran paz interior y, con ella, la sensación de sentirse completa. Él la atrajo hacia sí con fuerza y le dio un beso suave y apremiante. Ella no se resistió.

—¿Qué tal esta noche? —le murmuró al oído—. Si no estás muy cansada...

—Mmmm —respondió ella—. No estoy nada cansada.

—¿Te he dicho últimamente que te amo? —preguntó él.

—Yo también te amo —dijo ella.

En ese preciso momento hizo su aparición el suegro de Connie llevando a Bobby en sus brazos.

—Este muchacho estaba berreando y me he dado cuenta de que yo era el único que lo oía, así que he ido hasta su cuna, y aquí está —explicó—. Espero que no pase nada.

—¡Oh, gracias! —exclamó Connie mientras su suegro balanceaba en el aire al bebé, que reía y hacía gorgoritos.

—¿Lo que estoy oliendo es nuestra cena? —preguntó Bob.

—Sí —respondió su madre, que acababa de salir de la cocina y se unía a ellos con una sonrisa de oreja a oreja y secándose las manos en su delantal—. Mi guiso de carne. Connie tenía que hacer algunas llamadas de trabajo, así que me pidió que por esta noche yo fuera la cocinera. Venga, a lavarse las manos. El guiso está casi listo.

Connie se quedó un momento apreciando todo lo que la rodeaba: aquellas personas, los seres que amaba y que la amaban, aquel aire saturado de aromas de especias, la risa del bebé y el beso de su marido. Estaba viviendo el presente, feliz de estar viva.

Connie se había subido deliberadamente a la Rueda de la Libertad. Sabía que para salir de su Rueda del Miedo debía decidir cómo actuar en lugar de limitarse a reaccionar. En el caso de la visita de sus suegros, Connie se había dado cuenta de que estaba en la Rueda del Miedo por los síntomas que experimentaba: se sentía desbordada, exhausta y derrotada. También advirtió cómo reaccionaba: limpiando y cocinando platos sofisticados y abandonando más de la cuenta su negocio, en un intento desesperado de evitar que los demás pensaran que era una inepta. Y el único resultado había sido el sentimiento de no ser digna de ser amada, que la había empujado a la necesidad incontenible de fumarse un cigarrillo.

Basándose en nuestras sesiones, ella comprendió el proceso por el cual podía subirse a la Rueda de la Libertad. Gracias a la toma de conciencia y a una práctica constante, pudo lograrlo. Con tiempo y paciencia, usted también podrá. Veamos el proceso:

- Primero: Usted identifica cuál es su naturaleza innata, el estado que alimenta su entusiasmo y le procura la sensación duradera de tener un propósito en la vida. Se trata de su verdadera identidad, aunque demasiado a menudo esté enmascarada por el miedo. Su naturaleza innata es quien usted realmente es, quien estaba destinado a ser cuando nació, el ser puro que existía antes de que las influencias de su entorno comenzaran a modelarle y lo llevaran a experimentar el temor de que esa identidad no es lo suficientemente buena.

- Segundo: Usted lleva a cabo conscientemente acciones proactivas que le permitirán ponerse en contacto con su naturaleza innata.

- Tercero: Cuando usted emprende estas acciones, disipa el miedo de no ser lo suficientemente bueno y experimenta una sensación de integridad. Ésta es su naturaleza innata llevada a su nivel más alto de expansión. Piense en su naturaleza innata como en una identidad recién adquirida e impoluta. Luego piense en su integridad como en ese ser que evoluciona hacia la madurez de una manera positiva y sin miedo. Esa integridad le procura una sensación de plenitud y poder. Ahora, para usted, la vida abunda en posibilidades ilimitadas que está ansioso por llevar a cabo. Asumir riesgos lo estimula en lugar de atemorizarlo.

- Cuarto: Su integridad lo libera del miedo de sentir que no es lo suficientemente bueno, y entonces usted lleva a cabo instintivamente conductas autoafirmativas. Es decir, que está en condiciones de hacer una contribución útil para usted y para el mundo sin juzgarse a sí mismo ni temer el juicio de los demás. Al actuar así, regresa al punto de partida del ciclo, en el que su naturaleza innata le inspira otra ronda de acciones proactivas. El resultado es que usted confía aún más en sí mismo, y siente menos miedo que nunca ante lo que puede llegar a hacer.

Figura 1

En el caso de Connie, su naturaleza innata era ser compasiva consigo misma y con los demás. Connie se dio cuenta de que no estaba siendo realmente compasiva mientras se dedicaba con vehemencia a fregar, cocinar y escribir en su ordenador en un intento de mitigar su miedo de ser una incompetente. Cuando adquirió conciencia de ello, supo que el paso siguiente era hacer algo proactivo. Su primera decisión fue descansar: tenía la imperiosa necesidad de dormir. Después, pidió ayuda a pesar de que corría el riesgo de ser juzgada por su suegra, y al hacerlo sintió compasión por su suegra ante su decepción por no permitirle ayudarla con las tareas domésticas y el cuidado del bebé. Connie avanzó un paso más y le pidió a su suegra que cocinara, así podría terminar el trabajo que se había acumulado en su escritorio. También se tomó tiempo para un baño reparador y para escoger un vestido que la hizo sentirse atractiva.

De ese modo, le transmitió un mensaje silencioso a su marido. Cuando se abrazaron, Connie alcanzó un nuevo nivel de integridad personal y pudo recuperar la intimidad con su esposo: una conducta de autoafirmación. Su respuesta positiva la imbuyó precisamente del sentimiento que anhelaba experimentar.

Se sintió amada.

En su Rueda de la Libertad, la definición que Connie tenía de lo que era ser «suficientemente bueno» pasó de ser «alguien que mantiene su casa impoluta, cocina como los ángeles, tiene un bebé perfecto que nunca llora y nunca comete un error mecanográfico» a ser «alguien que es valioso para sí mismo y para los seres que ama y que, además, permite que esos seres sean valiosos para ella».

Fue un cambio profundo que le supuso a Connie no tener que vivir de acuerdo con expectativas poco realistas para demostrar que no era una incompetente. De hecho, su temor a que se la considerara incapaz se transformó en la convicción de que ella era capaz de amar a su familia y de recibir su amor y en la confianza en su capacidad para tener éxito en su trabajo. Ya no se sentía indigna de ser amada, ni incompetente. Se sentía necesaria, tanto en sus relaciones sociales como en su trabajo. Eso le infundía alegría. Percibía todo con mucha más claridad, y apreciaba a las personas que la rodeaban y las situaciones en las que se involucraba. Estaba en condiciones de contribuir con algo más que una pila de ropa limpia, un comunicado de prensa sin errores o un pastel.

Se convirtió en una persona que actuaba por solidaridad, no por miedo. Y todo el mundo —desde su bebé y su marido a sus suegros, sus clientes y hasta ella misma— se enriquecía gracias a ello. En un año, Connie no sólo había establecido firmes lazos con su familia, sino que sus ingresos se habían duplicado y contaba con tantos clientes que había tenido que contratar a un ayudante.

Mi propia Rueda de la Libertad es otro buen ejemplo. Mi naturaleza innata es la autenticidad. Mi definición de esa palabra —que es exclusivamente mía, pero que a mí me sirve—, es ser fiel a mí misma. Cuando no estoy siendo quien realmente soy, reacciono a mi limitada percepción de mí misma conforme al paradigma del miedo, que me provoca frustración y la sensación de victimismo, algo muy poco atractivo. Sin embargo, cuando alguno de esos sentimientos aparece, sé de inmediato que es la Rueda del Miedo la que está decidiendo mi destino, y que eso no es lo mejor para mí. Decido seguir nuevas iniciativas, lo cual podría significar: dejar de vigilarme para asegurarme de que estoy satisfaciendo las expectativas de los demás, dejar de decir sí cuando quiero decir no, dejar de trabajar demasiado sólo para demostrarme a mí misma lo capaz que soy, dejar de correr para cumplir los plazos que yo misma me impongo para acabar perdiéndome los pequeños placeres cotidianos. La suma de estas acciones siempre me conduce a una aceptación de mí misma. Y eso me confiere la sensación de integridad. A partir de eso, me comprometo naturalmente en conductas de autoafirmación: doy las gracias cuando me elogian, ofrezco elogios a los demás, le sonrío a un desconocido, cuando no sé algo lo admito, pido ayuda y ofrezco ayuda. Me siento libre para ser útil al mundo. La aceptación de mí misma me mantiene activa, con el objetivo claro, y alimenta mi entusiasmo. Cuando me acepto plenamente, me siento colmada de alegría interior y satisfacción y, en consecuencia, me vuelvo más productiva. Eso me restituye a mi ser original, que es la autenticidad, junto a una predisposición cada vez más intensa a vivir sin miedo.

Súbase a la Rueda de la Libertad

Del mismo modo que descubrimos su Rueda del Miedo personal, vamos a descubrir ahora su Rueda de la Libertad.

Primero confeccione una «lista de héroes y heroínas» respondiendo a la siguiente pregunta:

¿Quiénes son las cinco personas —muertas o vivas, reales o de ficción— a las que usted más admira, respeta o envidia en secreto?

1) _____

2) _____

3) _____

4) _____

5) _____

Ahora, deje a un lado su lista de héroes y heroínas. Volveremos a ellos después de que usted dé el paso siguiente.

La naturaleza innata

Estudie la siguiente lista:

1) auténtico/a

2) creativo/a

3) compasivo/a

4) responsable

5) amoroso/a

6) hermoso/a

7) valiente/a

8) centrado/a

9) generoso/a

10) digno/a de confianza

Usted ya sabe en qué consiste el ejercicio. Reduzca la lista a cinco palabras, luego a tres, y finalmente escoja la que describe su naturaleza innata. Ahora complete la siguiente frase:

Mi naturaleza innata es ser _____.

Del mismo modo que le ocurría con los desencadenantes del miedo, Meredith insistía en que no podía elegir. Sentía que cada una de las palabras de la lista la reflejaba en parte. Tenía toda la razón. Pero proclamar una cualidad como la más representativa de lo que uno es le da automáticamente vía libre para elegir las otras. Y el punto de partida es su naturaleza innata. Recuerde que Connie afirmaba que ella era compasiva y que su naturaleza la impulsaba a ser más valiente (se arriesgó a ser juzgada por su suegra, tomó la iniciativa de abrazar a su marido), más confiada (le permitió a su suegra que se ocupara del bebé), y todo lo demás.

Como quiera que sea, finalmente Meredith escogió «generosa». En ese momento le pedí que me mostrara su lista de personas admiradas y que definiera cuál era la naturaleza innata de cada uno de ellos, sirviéndose de la misma lista que habíamos utilizado para definir la suya. Quiero que usted haga lo mismo:

1) Héroe/heroína _____   Naturaleza innata: _____
2) Héroe/heroína _____   Naturaleza innata: _____
3) Héroe/heroína _____   Naturaleza innata: _____
4) Héroe/heroína _____   Naturaleza innata: _____
5) Héroe/heroína _____   Naturaleza innata: _____

Meredith había incluido en su lista a su abuela Rose, a su mejor amiga, Sue; a Juana de Arco; a Martin Luther King, Jr., y a Elizabeth Dole. Se quedó con la vista fija en su lista durante un buen rato. Finalmente, les asignó la palabra «valiente» a todos, excepto a Sue, a quien caracterizó como «creativa».

«Mi abuela era la mujer más valiente que he conocido en mi vida —me contó Meredith—. Llegó al país sola, con dos hijos pequeños, mi padre y mi tío, después de haberse quedado viuda: mi abuelo murió a causa de un accidente en la mina donde trabajaba. Abrió su propio negocio de sombreros de señora en el Lower East Side de Manhattan y tuvo un éxito enorme. No se dejaba pisar por nadie, se lo aseguro.

»¿Por qué elegí a Juana de Arco?... Bueno, es obvio. En cuanto a Martin Luther King, Jr., fue fiel a sus convicciones a pesar de que en su época no eran muy populares. Para eso hay que tener agallas. Elizabeth Dole, bueno, el hecho de ser la primera mujer que aspirara a ser presidente fue sin duda un acto muy valiente. Yo admiro a todas esas personas. Y mi amiga Sue, la creativa, escribe e ilustra libros para niños. La admiro, y debo admitir que además la envidio.»

Cuando Meredith terminó de dar sus explicaciones, le pedí que pensara acerca de la naturaleza innata que había escogido para describirse a sí misma: «generosa».

—¿Eres realmente generosa, Meredith? —le pregunté.

—Por supuesto —respondió ella—. Ya hemos llegado a la conclusión de que lo que pone en movimiento mi Rueda del Miedo es la idea de que los demás puedan pensar que soy egoísta. Eso quiere decir que soy lo contrario: generosa.

—La Rueda de la Libertad no es lo contrario de la Rueda del Miedo —le recordé amablemente—. La Rueda de la Libertad es lo que tú eres. Y tú, Meredith, acabas de demostrarme que eres valiente.

—¿Yo? —preguntó Meredith, completamente sorprendida—. Oh, no. Yo no soy valiente. Puede que quiera ser valiente, eso sí. Pero nunca en mi vida he hecho algo valeroso.

—Apuesto a que sí. Pero tal vez no lo interpretaste así, o

no quisiste reconocer que actuabas con coraje. Además, no hay mejor momento que el presente para empezar a afirmar que ésa es tu verdadera naturaleza innata —dije yo—. Porque el ser valiente es lo que realmente te identifica. Ser generosa es lo que tú piensas que deberías ser. Y lo que tiene de hermoso el proclamar tu verdadera naturaleza es que al hacerlo te sentirás libre para expresar una generosidad genuina que brotará de la verdad, no del miedo.

Sus ojos sea abrieron como platos. En ese momento le pedí que proclamara su naturaleza innata poniéndolo por escrito, y luego diciéndolo en voz alta. Después de escribirlo, se aclaró la garganta y esperó hasta que se recompuso. Luego murmuró, en una voz apenas audible: «Soy valiente.» Después volvió a decirlo, y esta vez su voz sonó clara y convincente: «¡Soy valiente!»

Piense en la primera palabra que usted escogió para definir su naturaleza innata. ¿Es la misma que escogió para describir la de al menos tres de sus cinco héroes? Si es así, usted la identificó correctamente. Si no, su Rueda del Miedo lo engañó y lo indujo a elegir la que usted pensaba que debía escoger. La naturaleza innata de la mayoría de sus héroes es su verdadera naturaleza. Lo que está dentro de nosotros sólo podemos verlo en los otros.

Rellene el siguiente espacio en blanco.

Mi VERDADERA naturaleza innata, que acaba de revelarse, es que yo soy _____.

Su faceta de la integridad

Ahora, estudie la siguiente lista:

1) rectitud
2) poder personal
3) aceptación de uno mismo
4) serenidad
5) entusiasmo
6) intimidad
7) inspiración
8) confianza
9) alegría interior
10) fe

Si pudiera ofrecer un don al mundo, ¿cuál de estas facetas de la integridad escogería? _____.

En otras palabras, si usted asume su naturaleza innata emprendiendo acciones que son coherentes con ella, ¿cuál de estas expresiones de la integridad sentirá que posee? También puede pensarlo de este modo. si tiene hijos, ¿qué cualidad le gustaría transmitirles como padre? O hágalo en relación con su cónyuge o su mejor amigo. La cualidad que más anhela transmitir a los demás es inherente a su naturaleza y es, efectivamente, el don que usted se ofrece a sí mismo y al mundo. Como siempre, reduzca la lista a cinco palabras, luego a tres y finalmente a una. También en este caso, el milagro es que cuando usted adopta el que para usted es más significativo, aparecen también los otros. Ahora, rellene los espacios en blanco:

> Cuando asuma que soy [aquí debe consignar su natu-
> raleza innata] _____, me sentiré [aquí
> consigne su expresión de la integridad]_____
> _____.

Meredith, cuya naturaleza innata resultó ser «valiente», escogió «poder personal». Y lo cierto es que demostró su valentía invirtiendo la mayor parte de sus ahorros en su tienda de antigüedades, y adquirió una sensación enormemente gratificante de poder personal que la condujo a todos los demás sentimientos, entre ellos el de ser «creativa» (lo que la impulsó a tomar, por fin, clases de pintura) y la «intimidad» (lo que le permitió atraer a un hombre que la ama y la respeta por su naturaleza innata).

Mi naturaleza innata es ser «auténtica», y si yo emprendo coherentemente acciones que se corresponden con ese temperamento, alcanzo mi faceta de la integridad, que es la de «aceptarme a mí misma». A partir de allí, tengo todo lo demás, incluso el «entusiasmo» y la «inspiración». En consecuencia, puedo hacer mi contribución cuando trabajo con mis clientes, cuando doy conferencias y seminarios de formación y cuando escribo libros. Cuando adquiero mi expresión de la integridad, me libero del miedo de ser una perdedora y, por el contrario, el «poder personal» y la «fe» me impulsan a seguir adelante. Me siento libre para vivir sin miedo. Gracias a eso, lo que aporto a los demás va más allá de lo previsto. Lo mismo le ocurrirá a usted. Experimentará la alegría que despierta en los demás su sonrisa, la tranquilidad que transmite cuando escucha a alguien sin dejarse ganar por sus propios miedos, la distensión que inspira en quienes lo rodean, el espíritu de cooperación que promueve en un lugar en el que prevalecía la competencia, el entusiasmo contagioso que emana de usted. Cuando usted se encuentra en su Rueda de la Libertad, no trata de demostrar nada, no trata de ocultar nada, no procura salvar las apariencias, no intenta ponerse una máscara, no se preocupa por la posibilidad de que lo descubran, no trata de ocultar la verdad. Se limita a ser usted, tal como es. Cuando usted se halla en la Rueda de la Libertad, el mundo entero se vuelve mejor.

Cien conductas proactivas y de afirmación de uno mismo

Para subir a su Rueda de la Libertad, sobre todo si algo amenaza con poner en marcha su Rueda del Miedo, es necesario que emprenda acciones conscientes que sean adecuadas para usted. De hecho, para ayudarme a mí misma a espantar el miedo en una situación determinada, he apuntado una lista de acciones que sé, por experiencia, que me dan resultado. Cuando estoy en medio de una multitud, respiro profundamente o me tomo un descanso mental imaginando que estoy al aire libre, en una playa desierta o un prado verde. Cuando estoy sola grito, doy saltos, limpio los armarios o archivo papeles. Cuando estoy en una reunión de amigos, me dedico a alguien a quien quiero y dejo que mi amor se manifieste, o le doy la vuelta a una observación negativa haciendo un comentario positivo. La razón por la que siempre tengo mis listas a mano es que planificar las acciones mientras uno está bajo la amenaza de la Rueda del Miedo es sumamente difícil. Le recomiendo que también usted descubra cuáles son las acciones que lo llevan a su Rueda de la Libertad, las ponga por escrito en una tarjeta, la plastifique y la lleve siempre con usted.

Para ayudarle a elaborar su lista de acciones, le presento cien posibilidades. Ponga una señal (✔) junto a todas aquellas que le resulten atractivas; es decir, las que usted realmente emprendería y siente que le serían útiles.

Decir «No lo sé», cuando no sabe algo

Tomar una clase de cocina

Aprender un nuevo deporte

Ser sincero

No amilanarse cuando está en medio de una multitud

Confesar sus equivocaciones a un amigo o amiga

Decir no cuando quiere decir no

Aceptar un elogio

Tomar un descanso

Regalar algo por el simple placer de hacerlo

Contemplar las estrellas

Sonreír a un desconocido

Cultivar buenas amistades

Hacer una lista de tareas diarias

Llevar un diario

Pedir algo que quiere

Compartir sus intereses con otras personas

Arriesgarse a pasar vergüenza

Contratar a un entrenador personal

Acudir a una feria artesanal

Ser considerado al conducir

Perdonarse (o perdonar a otra persona)

Decir la verdad

Dejar fluir libremente las ideas

Escuchar

Iniciar una conversación

Terminar la tarea que ha comenzado

Ceder el paso a otra persona

Pintar una pared

Vestirse con alguna prenda atrevida

Mimarse a usted mismo

Enviar una carta de amor

Abrazarse con alguien, ¡mucho!

Dar un paseo al aire libre

Golpear una almohada

Pasar algún tiempo solo

Hacer preguntas

Tumbarse sobre el césped

Dedicarse a un *hobby*

Hacer calceta

Navegar por Internet

Inscribirse en una agencia matrimonial o de amistades

Expresar su agradecimiento todos los días

Reajustar sus expectativas

Renegociar sus acuerdos

Visitar un museo

Practicar el arte de la conversación

Leer un libro

Interesarse en algo

Hacer un cumplido

Pedir ayuda

Meditar

Fijar límites emocionales

Crear algo

Tomar las clases que ha estado postergando

Respirar

Comer bien

Dormir lo suficiente

Hablar para que los demás le escuchen

Llamar a alguien que le quiere

Mimar a su gato

Darse un placer sano

Hacer algo amable por otra persona

Disfrutar del clima, llueva o haga sol

Escuchar música

Tomarse un descanso mental

Limpiar el cuarto de baño

Hacer la compra con una lista

Ver una comedia

Organizar una cena

Pedir disculpas

Defender sus convicciones

Hacer ejercicio

Conseguir ayuda profesional

Plantar unas flores

Cantar

Bailar

Diseñar una nueva tarjeta personal

Pasear al perro

Llorar

Escuchar el canto de los pájaros

Oler una flor

Rezar

Coquetear

Ir a un recital

Escribir cinco afirmaciones

Cambiar de opinión

Estar dispuesto a equivocarse

Dar o darse un masaje

Eliminar los acuerdos tácitos

Tomar un baño

Adquirir algún conocimiento nuevo

Correr por el parque cuando riegan

Concentrarse en una sola cosa por vez

Tener en cuenta el punto de vista de los otros

Quedarse a dormir en casa de un amigo

Hacer algo que no acostumbra a hacer

Romper sus propias reglas

Saludar a todas las personas con las que se cruza

Seguir su intuición

A continuación, repase la lista y coloque una X junto a las acciones que siente que emprendería espontáneamente si alcanzara su integridad. Meredith, por ejemplo, señaló «Eliminar los acuerdos tácitos» y «Adquirir algún conocimiento» en su lista de conductas proactivas para afirmar su naturaleza innata: ser valiente. Luego puso una X junto a «Sonreír a un desconocido» y «Compartir sus intereses con los demás» en su lista de conductas de afirmación vital que habrían de desarrollarse a medida que alcanzara su faceta de la integridad, es decir, el poder personal. Yo señalé «Pedir ayuda», «Decir la verdad», «Bailar» y «Pintar una pared». Y puse una X junto a «Fijar límites emocionales», «Dar un paseo al aire libre», y «Crear algo».

Su Rueda de la Libertad

Ahora está usted listo para crear su Rueda de la Libertad personal. Rellene los espacios en blanco.

Para afirmar mi naturaleza innata, _____, emprenderé las siguientes conductas proactivas [escriba las acciones señaladas con ✔]: _____
_____
_____
_____
_____
_____

Cuando afirmo mi naturaleza innata, alcanzo mi faceta de la integridad, _____. Esto me permite emprender las siguientes conductas de afirmación de la vida [las marcadas con una X]: _____

¡Enhorabuena! Ahora está usted en condiciones de liberarse de la Rueda del Miedo. Recuerde: no importa en qué punto de la Rueda del Miedo usted se da cuenta de que está en ella. Como muchas personas, puede que reconozca su miedo cuando está tratando de ocultar desesperadamente su sentimiento básico. O tal vez reconozca su miedo cuando ya ha adoptado una conducta autodestructiva. No pasa nada. Evoque su naturaleza innata y dígala en voz alta si la situación lo permite, o al menos piénselo. Luego dele un vistazo a la tarjeta plastificada de acciones y comience inmediatamente a hacer algo para transformar el miedo en libertad.

Cuando su capacidad para reconocer el miedo aumente, estará usted en condiciones de identificar el pensamiento que pone en movimiento a la Rueda del Miedo. Eso requiere práctica. Nuestros pensamientos pasan tan rápidamente por nuestra mente que muchas veces es casi imposible captarlos. No obstante, a medida que vaya tomando conciencia podrá liberarse del miedo en cada una de las ocasiones en que se presente y subirse a su Rueda de la Libertad.

Señales que le indican que está en la Rueda de la Libertad

Sabrá que está en la Rueda de la Libertad cuando experimente uno o más de los estados mentales que describiremos a continuación. Estos estados mentales se intensificarán y durarán más tiempo a medida que se vaya haciendo más experto en subir a su Rueda de la Libertad con cada decisión que tome. Al principio, puede que los experimente muy fugazmente. Incluso podría ocurrir que se sintiera incómodo y tratara de ahuyentarlos. Eso es normal, porque para usted es un territorio desconocido. Lo que debe recordar es que usted ha efectuado un comienzo excelente. No ceje en sus esfuerzos hasta que comience a confiar en el proceso. No se trata de ser perfecto ni de sentirse libre todo el tiempo, sino más bien de advertir las señales de libertad y de reconocer los progresos que ha estado haciendo.

Vivir en el aquí y el ahora   Usted está disfrutando de una placentera cena con su esposa y de pronto empieza a darle vueltas al problema que tendrá que resolver mañana en su trabajo. Y decide dejar de pensar en el tema. Mira a su mujer a los ojos y comparte con ella el amor que se profesan. O tal vez está a punto de llamar a todos sus amigos para que le cuenten lo que sepan de su cita a ciegas del próximo fin de semana, pero decide acudir a esa cita sin preocuparse por lo que opinen los demás. Y se da así la oportunidad —a usted y a la persona con quien va a salir— de descubrirse mutuamente sin depender de ninguna influencia externa. O va caminando por la calle y ve a un amigo con el que no se habla. En lugar de dedicar cinco minutos a decidir si lo va a saludar o no, se acerca a él y lo saluda de inmediato. Todo en la vida se decide en el presente. Las decisiones no se toman en ningún otro momento. Cuanto más dispuesto esté a ser consciente de sus pensamientos, sus conductas y sus sentimientos negativos, en mejores condiciones estará de superarlos en el momento en que se presenten. Invertir esfuerzos en el proceso de vivir el momento sin postergar las decisiones nos ayuda a estar alerta para abandonar nuestras respuestas condicionadas a lo que nos sucede. Céntrese en lo que ocurre ante sus ojos y, al mismo tiempo, en lo que le pasa interiormente. Cuando vivir en el presente se convierte en algo instintivo, la vida se enriquece.

Aceptación   Usted quiere ir al cine a ver la última comedia romántica, pero su esposo quiere ver un filme de acción. Lo deciden a cara o cruz. Gana el filme de acción. Usted decide conscientemente no quejarse por el resultado y encuentra el modo de disfrutar del momento acompañando a su esposo. En lugar de sentirse frustrada y lamentarse todo el tiempo, acepta la situación tal cual es y se muestra abierta y flexible ante cualquier nueva oportunidad que se le presente. No estoy hablando de adaptarse a lo que está establecido o de conformarse. Hablo de distinguir entre las reacciones inspiradas por el miedo y sus decisiones conscientes basadas en la libertad. Cuando seguimos la corriente en lugar de nadar contra ella, la aceptación es un resultado espontáneo y el hecho de encontrar lo bueno que tiene cada nueva oportunidad que se presenta es una aventura.

Fuerza interior   Su amiga Sally le dice algo cruel. En lugar de dejarlo pasar una vez más, usted decide hablar del asunto. La fuerza interna que está acumulando la impulsará a hablar y actuar de acuerdo con lo que usted considera auténtico. Defender su punto de vista ya no será un sueño sino una realidad. Usted está cultivando su fuerza interior al comprometerse con su Rueda de la Libertad.

Centramiento   A medida que vaya viviendo conforme a su verdadera naturaleza, usted estará más centrado en sí mismo. Ya no buscará las respuestas fuera. Y comenzará a experimentar la verdad de que todas las respuestas están dentro de usted. Todo lo que tiene que hacer es perseverar en la tarea de eliminar sus respuestas condicionadas siguiendo el camino hacia la libertad y reafirmando su naturaleza innata y su integridad. La claridad ya no le es esquiva. La calma es posible, por muy caótica que pueda parecer la situación. Usted experimenta una convicción profunda de que todo está bien.

Fortalecimiento   La conversación toma un cariz negativo. Usted le da la vuelta. El trabajo no está saliendo bien. Usted escribe una serie de afirmaciones positivas para ayudarse a volver a su Rueda de la Libertad. Usted es capaz, fuerte y conoce sus límites. Cuando se siente fortalecido, se da permiso internamente para hacer lo que debe hacer a fin de vivir de acuerdo con su naturaleza innata. Usted está centrado internamente y experimenta una corriente de poder personal. Así, comienza a confiar en el proceso y, más importante aún, a confiar en usted mismo.

Desapego   Usted pidió un aumento de salario. En lugar de juzgar si lo hizo bien o mal tomando en cuenta solamente si obtuvo o no el aumento, usted toma conciencia de que pedir lo que se considera justo fortalece el carácter y contribuye a que la libertad obre milagros en su vida. Por supuesto, usted se preparó y actuó como si fuera a recibir el aumento, pero no se sintió destrozado porque se lo negaran. Esta situación se convirtió en otra oportunidad para aprender más acerca del proceso de ser usted mismo. Cuando usted adquiere la capacidad de ser objetivo sin apegarse al concepto de lo que es correcto o incorrecto, usted deja un espacio para que la vida actúe en su beneficio. Nada de estrés, ni de tensión, ni de presiones. Si usted se libera de su sentimiento de que no es lo suficientemente valioso, podrá subirse a su Rueda de la Libertad antes de poder decir «¡Bien hecho!». No tomarse las cosas como una cuestión personal lo libera de los reproches, la vergüenza y la culpa. Recuerde: los miedos de los demás no tienen nada que ver con usted. Esperar un resultado determinado es cosa del pasado cuando usted sabe que la vida no es, ni mucho menos, estática.

Abundancia   En lugar de tratar de conseguir todo lo posible por temor a que no quede nada, usted afirma que hay bastante para todos. Su corazón se ha expandido y la generosidad de espíritu es su tarjeta de presentación. Usted hace cumplidos cuando le place, comparte sus ideas y recursos con los demás y cree que el mundo rebosa de amor y solidaridad. Cuando la abundancia es su estado mental, sus conversaciones y acciones lo reflejan y usted atrae más amor y da más amor, sabiendo que es un recurso ilimitado.

Energía   Cada día le da una nueva oportunidad de ser usted mismo. La energía recorre su cuerpo, de modo que puede completar sus tareas cotidianas. Todo lo que lo rodea lo estimula y los otros se sienten atraídos por su visión entusiasta de la vida. Ya no se siente cansado ni agobiado. Todo lo contrario: se siente relajado y dispuesto a descansar con la satisfacción del deber cumplido.

Satisfacción   La intensa sensación de realización es contagiosa. Sentirse satisfecho de poder cumplir con la tarea que tiene por delante le infunde coraje para dar el próximo paso, y el siguiente. La satisfacción fortalece la confianza en uno mismo de modo que uno puede hacer más y ser más, y todo ello en consonancia con lo que le apasiona y lo que se propone.

Sincronía   Éste es el punto en el que usted logra lo que se propone sin estrés, sin tensión y sin sacrificios. La oportunidad y el momento apropiado convergen. La vida es dulce.

A medida que usted pasa cada vez más tiempo en su Rueda de la Libertad, esas circunstancias irán en aumento. Y se harán evidentes tanto en las cosas importantes como en las pequeñas cosas. Permítame contarle algo que me ocurrió hace poco que ilustra el poder de la sincronía cotidiana.

Viajaba en avión desde Los Ángeles rumbo al Medio Oeste, donde debía dar una conferencia. Durante una escala, comencé a sentir un latido en la cabeza y se me nubló la vista. Sabía que eran los prolegómenos de una migraña, y tenía por delante dos horas de vuelo.

En la época anterior al programa *Vivir sin miedo*, yo habría hecho de tripas corazón y habría sufrido en silencio, en un intento de ocultar mi dolor a los ojos de los que me rodeaban por temor a que pensaran que era débil o vulnerable. Pero ahora, subida a mi Rueda de la Libertad, mi estado natural es la autenticidad, y para poder alcanzar ese estado mis acciones deben ser auténticas. En este caso, eso significaba pedir ayuda y no negar que mi salud está en peligro. Arriesgándome a que no me prestaran atención, me acerqué a la azafata que estaba a cargo del embarque, le expliqué mi situación y le pedí que me autorizara a subir al avión antes de lo previsto. Yo estaba sudando. ¿Qué pasaría si me miraba y se burlaba de mí? ¿O si me decía: «Lo siento, eso va contra las reglas de la compañía.»? O, peor, ¿qué pasaría si la mujer pensaba que estaba mintiendo? Esa idea casi me disuade, pero me recordé a mí misma que quien me hablaba era el miedo. Durante esos pocos minutos, el miedo me dijo que estaba actuando como una niña, cuando en realidad lo que ocurría era que me estaba cuidando. Reclamar lo que era justo era un riesgo para la antigua y miedosa Rhonda. Pero la azafata sonrió y dijo: «No hay problema. Yo suelo tener migraña. Sé cómo se siente.»

Cuando llegó el momento de embarcar, la azafata me

condujo amablemente hasta el avión. Una vez más, reapareció mi temor de que se me considerara exageradamente dramática y egoísta. Pero no me amilané y seguí caminando. En el momento en que estaba a punto de subir al avión, un hombre se acercó a mí y me preguntó: «¿Se siente mal?»

En la época en que vivía dominada por el miedo, yo, Rhonda la supermujer, me habría plantado frente a él y le habría dicho: «No, estoy bien», algo de lo que mi abuela se habría enorgullecido. En aquel tiempo, yo tenía tanto miedo de que pensaran que no valía que de ningún modo me permitía necesitar a alguien. De ninguna manera, eso no era para mí. No podía arriesgarme a que me rechazaran, o a que pensaran que era una perdedora y, en última instancia, que no valía la pena perder el tiempo conmigo. Guárdate lo que sientes, pensaba. Esta vez, sin embargo, la autenticidad ganó la partida. Yo estaba dispuesta a ser vulnerable. Admití cautelosamente: «La verdad es que no me siento muy bien.»

Las palabras que el pasajero pronunció a continuación me sorprendieron.

—Por favor, ocupe mi asiento —dijo el hombre.

—¿Perdón? —repliqué yo.

—Por favor, ocupe mi asiento —repitió—. Estará más cómoda. —Y con esas palabras, William Belgard me entregó su billete, el 2D de la primera clase.

Me quedé muda. ¿Primera clase? No podía, pensé. Sería una actitud egoísta, no cabía duda. No sería justo, razoné, no estoy tan enferma. Sin embargo, cualquiera que sufra de migraña sabe lo que yo estaba padeciendo. Negar que me sentía mal era una conducta provocada por mi miedo de sentir que no valía nada.

El señor Belgard repitió una vez más su amable ofrecimiento: «Por favor, ocupe mi asiento.» Y agregó que ése era el modo en que podía ayudarme. Esa sincera expresión de su preocupación puso en movimiento mi Rueda de la Libertad y yo acepté su asiento con gratitud. Pocos minutos más tarde, dormía profundamente reclinada en un asiento de cuero en primera clase.

¿Por qué aquel hombre me cedió su asiento? Para ayudarme, sin duda. Y también porque era amable. Pero él jamás habría podido tener la oportunidad de compartir su espíritu generoso, y yo nunca habría sido tratada con semejante amabilidad, si no hubiese estado dispuesta a ser auténtica. Primero, para pedir ayuda a la azafata, tuve que estar dispuesta a aceptar un rechazo por su parte. Luego, tuve que admitir que no me estaba sintiendo bien, lo que para mi Rueda del Miedo es un signo inequívoco de debilidad. Finalmente, tuve que aceptar la amabilidad de un desconocido. Mi Rueda del Miedo trató de atraparme en cada encrucijada, pero yo permanecí centrada en mi verdadera esencia, la autenticidad. Ésta fue una experiencia de sincronía en la Rueda de la Libertad.

Cada una de las personas con que nos encontramos nos ayuda a mantenernos en la Rueda del Miedo o a alejarnos de ella, según el caso. William Belgard me estaba ayudando a alejarme de la mía dándome una oportunidad de expresar mi verdadera naturaleza. Yo estaba enferma y necesitaba ayuda, y su ofrecimiento fue como un regalo de un desconocido. Nos corresponde a nosotros prestar atención y estar alerta a los muchos momentos mágicos que se nos presentan. Recuerde: somos responsables de nuestro estado de ánimo, de las acciones que emprendemos y de cómo nos ayudamos a nosotros mismos y a aquellos que nos rodean.

Ésas son sólo algunas de las sensaciones que usted experimentará a medida que empiece a expulsar al miedo de su vida y a beneficiarse de los atributos de la libertad. No se trata de comparar un día con el siguiente. Se trata, más bien, de ser perseverante. Y, siempre, de actuar lo mejor posible y saber que eso es bastante. Nadie es perfecto todo el tiempo, por duro que nos resulte admitirlo. Cuando usted acepta que esto es un proceso, los resultados corresponderán más a su verdad y se producirán sin esfuerzo. Recuerde: cada vez que se libera de sus miedos emprendiendo acciones acordes con su naturaleza innata, el poder del miedo se debilita.

Puede que usted sea más fuerte en una faceta de su vida que en otra. Eso es normal. Podría estar viviendo en su Rueda del Miedo el setenta y cinco por ciento del tiempo cuando está trabajando y reducir esa proporción al veinte por ciento cuando está con la persona que a usted le importa más que nada en el mundo. Todo el mundo tiene una o más facetas que le resultan más o menos fáciles de dominar, y otras que representan un mayor desafío. A medida que avance en la aplicación del programa le resultará más fácil manejar esas facetas que se le resisten. He conocido a muchísimas personas que han pasado de vivir una existencia frustrante a ser dueñas de sí mismas y a disfrutar de la vida que llevan. Y no les llevó mucho tiempo. Lo que sí les exigió fue poner su compromiso con su Rueda de la Libertad por encima de todos los otros compromisos que habían asumido en su vida.

EJERCICIO CAZAMIEDOS

- Defina las palabras que ha escogido como «naturaleza innata» y «faceta de la integridad». Como dije al referirme a la Rueda del Miedo, ésta es suya y de nadie más, de modo que no hay dos personas que definan de la misma manera esas palabras. Cuanto más detalladamente defina sus palabras, más pronto reconocerá su Rueda de la Libertad. Una vez más, nada de diccionarios, por favor. Recuerde que mi definición de mi naturaleza innata, la «autenticidad», es «ser fiel a mí misma». Mi definición de mi «faceta de la integridad», la «aceptación de mí misma», es: «Me gusto. Disfruto de mi propia compañía. Aprecio mi belleza. No me comparo con otros, sino que aprecio el valor de mi singularidad. No abrigo la esperanza de que los demás me entiendan todo el tiempo. Soy plenamente responsable de mí misma y de mi comportamiento.»

• Tome nota de los indicios de libertad que experimenta cotidianamente. Cuanto más pronto identifique esos indicios, antes se convertirá la Rueda de la Libertad en una constante en su vida.

• Escriba la frase «Yo soy mi Rueda de la Libertad». A continuación, describa su naturaleza innata y su faceta de la integridad tal como lo hizo con anterioridad. Ponga a la vista el papel en el que definió su «Rueda del Miedo»; por ejemplo, tanto a modo de cartel en su escritorio como en forma de tarjeta plastificada. Recuérdese diariamente que, según las decisiones que tome, se hallará en la Rueda del Miedo o en la de la libertad.

• Preste atención al momento en que se encuentre en la Rueda de la Libertad.

• Rellene los siguientes espacios en blanco:

Si llevo conmigo mi tarjeta plastificada de comportamientos proactivos, me sentiré _____.

Si no llevo conmigo la lista de comportamientos me sentiré _____.

Si asumiera mi naturaleza innata, podría _____.

Si asumiera lo que para mí es la integridad, podría _____.

Si me hallara en mi Rueda de la Libertad, podría _____.

A estas alturas, usted ya ha aprendido lo que es el miedo y ha identificado las ruedas del miedo y de la libertad. A medida que avancemos, usted aprenderá aspectos concretos del programa *Vivir sin miedo* que harán que su Rueda de la Libertad esté cada vez más presente y adquiera más fuerza para usted y que le permitirán alejarse conscientemente de su Rueda del Miedo.

Espero que haya prestado atención a mi consejo y, en consecuencia, no haya comentado nada de este trabajo con nadie durante las primeras etapas. Y ahora, una muy buena noticia: ha llegado el momento de salir al mundo en busca del apoyo, la compañía y el consejo de sus amigos y los miembros de su familia, aquellos con quienes puede contar para alentarle a medida que aprende a alejarse de su Rueda del Miedo y a acercarse a su Rueda de la Libertad.

Pero ¡tenga cuidado! Es necesario que descarte los consejos de cualquiera —por muy buenas intenciones que albergue, y tenga o no una estrecha relación con usted— que pueda contribuir a deprimirle o impulsarlo a subirse otra vez a su Rueda del Miedo. Continúe leyendo para descubrir quiénes son esas personas...

Capítulo Cuatro

ADICTOS AL MIEDO

Olivia quería dejar su importante puesto de ejecutiva en una agencia de publicidad y convertir el invernadero que tenía en el patio trasero de su casa en un negocio. En la agencia ganaba mucho dinero y contaba con uno de los mejores despachos, pero no disfrutaba con su trabajo. No pasaba un solo día sin que pensara en lo gratificante que sería hacer lo que a ella realmente le gustaba. Todo el mundo hablaba maravillas de sus plantas, sobre todo de sus orquídeas. Sabía que las plantas se le daban muy bien, y le resultaba frustrante que su invernadero no fuera más que un pasatiempo.

El problema era que, al tener cincuenta y dos años, a Olivia no sólo le preocupaba renunciar a su salario, sino también perder las mejoras sociales de que disfrutaba. Tendría que pensar en su plan de pensiones y conseguir un seguro médico individual. Además, no sabía si su situación económica le permitiría salir adelante en el caso de que su empresa fracasara. Sin embargo, no quería llegar a los setenta años lamentándose por no haberlo intentado. De modo que reunió el coraje necesario para tomar la decisión de dejar el trabajo. La noche antes de avisar a su jefe de que se iba, se encontró por casualidad con su vecino, Larry, en un pasillo del supermercado.

—Es una suerte que esta tienda esté abierta las veinticuatro horas —comentó Larry—. Si no, jamás podría hacer las compras. ¡Uf!, estoy agotado. Estuve en la oficina hasta las siete de la tarde. Y apuesto a que tú también. Es terrible.

—Pues sí —admitió Olivia—, estuve trabajando hasta bastante tarde, como de costumbre. Pero eso está a punto de cambiar. Mañana presentaré la renuncia. Me voy. Estás hablando con la futura propietaria de «Orquídeas Olivia». ¡Adiós a la jornada laboral! ¡Bienvenido mi verdadero yo!

—¡Caramba! —exclamó Larry—. ¿Hablas en serio? ¿No sabes que la mayoría de los nuevos empresarios fracasan al cabo de dos años? De todas maneras, si lo que quieres es trabajar menos horas, olvídalo. Trabajarás más duramente para ti misma que para cualquier jefe. Oye, casi todo el mundo sueña con convertirse en empresario. Yo también. Jennie y yo hablábamos siempre de abrir un establecimiento pequeño, donde ofrecer alojamiento y desayuno. Pero a menos que consigas una buena financiación, tienes que apostar muy fuerte para fundar tu propio negocio. ¿Estás segura de que vas a hacer lo correcto?

Olivia hizo una mueca de dolor. Larry acababa de plantear todos los argumentos que ella misma había pensado antes de tomar la decisión. Oírle enumerar los factores de riesgo que ella ya había descartado la hacía dudar de sí misma. La sensación de júbilo que había experimentado unos minutos antes dio paso a un acceso de miedo.

Larry era lo que yo llamo un «adicto al miedo». Como ocurre en la Rueda del Miedo, Larry quería que Olivia eligiera la seguridad antes que el riesgo para evitar una serie de resultados desfavorables como sufrir un engaño, una decepción o perder dinero. Por supuesto, Larry no se proponía arruinar el sueño de Olivia de hacer la vida que deseaba. De hecho, como casi todos los adictos al miedo, creía que le estaba haciendo un favor. Y, por supuesto, en cierto sentido era así. Todas sus advertencias se basaban en la realidad, pero como Larry vivía en su propia Rueda del Miedo, y le producía terror correr el riesgo de abrir ese pequeño hotel, era incapaz de pasar de la visión a la previsión. Al fin y al cabo, vivir sin miedo no significa vivir de una manera imprudente. En realidad, Olivia había hecho los cálculos que le aseguraban que abandonar su trabajo no suponía un desastre financiero inmediato. Se había preparado para ese movimiento audaz. Sin embargo, la enumeración de Larry de los posibles riesgos la devolvía a su propia Rueda del Miedo.

Afortunadamente, el desenlace de esta historia, tanto para Olivia como para Larry, es la audacia. Ella vino a verme para que la ayudara. Además de enseñarle los principios de *Vivir sin miedo*, la envié a un organismo que se encarga de la administración de pequeñas empresas. Después de un par de reuniones, Olivia tuvo claro que estaba en condiciones de convertir su sueño en realidad.

Al cabo de tres años, «Orquídeas Olivia» es un verdadero éxito. E inspirados por ese éxito, Larry y Jennie abrieron el Stop Inn, un pequeño hotel que ofrece alojamiento y desayuno, que cuenta con una decoración y una cocina decididamente contemporáneas y que ha atraído a una clientela más joven y próspera que la que solía frecuentar los establecimientos más tradicionales de la zona, de estilo victoriano. Tanto Olivia como Larry y Jennie están ganando bastante más dinero del que ganaban antes de vivir sin miedo. Y, para mi alegría, eso es algo que ocurre con mucha frecuencia.

Como demostró Larry durante su encuentro con Olivia en el supermercado, todos tenemos una Rueda del Miedo. Pensemos en la gente que amamos. Al margen de lo equilibrados que parezcan, también ellos tienen temores. Y, al igual que Larry, pueden proyectar esos temores en nosotros. En general no se proponen hacerlo, pero no pueden evitarlo. No son conscientes de la manera en que sus propios temores inciden en sus conversaciones con nosotros. No saben que sus vacilaciones, sus dudas o sus preocupaciones son sus propios miedos proyectados en nuestra última idea o nuestro nuevo amor. Nuestra tarea consiste en prestar atención a qué cosas compartimos, y con quién. No se trata de retener nuestro amor, sino de comprender que el mero hecho de querer a algunas personas y de que ellas nos quieran no nos garantiza automáticamente que nos servirán de apoyo.

Sin embargo, tal vez necesitemos olvidar a determinadas personas cortando una amistad poco saludable o poniendo fin a un matrimonio destructivo. Es posible que algunas personas de nuestra vida padezcan adicciones o trastornos afectivos graves que los debiliten. En ese caso, lo ideal es aconsejarlos para que consigan ayuda profesional o se unan a grupos de autoayuda. Salvar a esas personas no es tarea nuestra. Si se resisten a recibir ayuda, debemos mantenernos a salvo apartándonos de ellos. Éste sería un caso en el que el miedo nos advierte de una auténtica amenaza a nuestro bienestar: existe realmente un motivo para estar alarmados y para batirnos en retirada.

Sin embargo, la mayor parte del tiempo podemos mantener relaciones cordiales e incluso amorosas con personas clave de nuestra vida que, involuntariamente o no, resultan ser adictos al miedo.

Uno puede aprender, por ejemplo, a no tomar como algo personal las graves advertencias de su suegra con respecto a la vida, y mantener con ella sencillamente un trato cortés en los encuentros familiares. De manera similar, uno puede molestarse con una amiga porque siempre se queja de lo estancada que se siente en su empleo y sin embargo no tiene el valor de hacer algo al respecto. No obstante, uno puede aceptar de buen grado sus consejos cuando se trata de la educación de los niños, porque admira el trabajo que está haciendo con sus propios hijos. El truco consiste en descubrir qué valoramos de una relación determinada y aprender a centrarnos en los aspectos positivos. Si usted quiere seguir relacionándose con determinadas personas, debe absorber todos los consejos y afirmaciones que pueda, y recordarse que las cosas que le molestan no tienen nada que ver con usted. Nuestra amiga se queja de su empleo porque se encuentra en su Rueda del Miedo. Cuando uno comprende eso, está en condiciones de disfrutar lo que valora en ella y desechar lo demás. En otras palabras, la próxima vez que ella empiece a hablar de su empleo sin porvenir y no nos permita decir algo positivo, debemos darnos cuenta de que tal vez sea una de esas personas que no quieren cambiar. Como debemos cuidarnos, podemos pasar a hablar de la crianza de los niños, un tema que no está influido por el miedo.

Este ejemplo hipotético demuestra que algunas personas que significan mucho para nosotros pueden ser, en ciertos aspectos, adictas al miedo. También hay personas que pueden actuar temporalmente como adictos al miedo ante determinadas situaciones. Estoy pensando en la época en que fui culpable de una situación que se produjo con Marta, mi mejor amiga. La mayor parte de las veces nos apoyamos mutuamente. Pero cuando surgió el tema de si su hijo adolescente debía tener un trabajo, no logramos ponernos de acuerdo. Alder había cumplido dieciséis años, y yo creía que debía tener una ocupación. Después de todo, yo había trabajado desde los catorce. Pues bien, Alder no lo hizo. Yo estaba furiosa pero, en opinión de Marta, los estudios eran prioritarios, y si Alder no trabajaba, no pasaba nada. Me enfadé muchísimo. «¿Qué quieres decir con que no pasa nada? —le dije—. ¿Cómo va a convertirse en alguien responsable, cómo desarrollará una buena ética de trabajo [como yo]? ¿Cómo va a aprender el valor del dinero [como yo]? ¿Cómo se va a preparar para una vida de sacrificio [como yo] si no trabaja y se mantiene por sí mismo [como yo]?» Cada una de nuestras discusiones —en las que por supuesto yo creía tener la razón— terminaba sin que nos pusiéramos de acuerdo con respecto a la idea de trabajar y estudiar al mismo tiempo. Yo lo consideraba indispensable, y ella lo veía como una opción. Desde el momento en que Alder cumplió los dieciséis años hasta que tuvo diecinueve, hablar de él con Marta me resultó imposible. Cada vez que ella lo nombraba, yo empezaba con mi «discurso».

Por supuesto, era mi Rueda del Miedo la que alimentaba mi rabia. Yo estaba celosa de que Alder no tuviera que trabajar mientras estudiaba, porque yo lo había hecho. Me enfurecía que a él se le hubiera permitido ser niño mientras que a mí no. Estaba enfadada porque no lograba que Marta comprendiera qué era lo «correcto», la «Verdad de Rhonda».

Ahora me doy cuenta de que cada familia debe considerar el tema de que los hijos trabajen mientras estudian teniendo en cuenta las necesidades y capacidades de cada uno y decidir en consecuencia. Pero en aquel momento no se podía hablar conmigo de esto. Inconscientemente, yo quería asegurarme de que mi desdichada adolescencia quedara reivindicada. En aquel período durante el que Marta y yo estuvimos en desacuerdo respecto a Alder y el trabajo, seguimos apoyándonos mutuamente en otros temas. Si esperamos que nuestra mejor amiga, o nuestro cónyuge, sean capaces de hablar de cualquier cosa y de apoyarnos en todo, nos estamos buscando una decepción. Para tener una relación de mutuo apoyo, las personas clave de nuestra vida no tienen por qué estar de acuerdo con cada decisión que tomamos.

No obstante, algunas personas tienen más tendencia que otras a frenarnos en lugar de alentarnos. Echemos un vistazo al perfil de los cinco tipos más comunes de adictos al miedo. A medida que avancemos en la siguiente lista, asegúrese de apuntar a las personas de su vida que encajan en cada categoría. Algunas pueden entrar en más de una categoría, según las circunstancias, y otras pueden representar una influencia negativa en determinados aspectos y positiva en otros. La idea es que cada uno de nosotros tenga claro si hay personas en su vida que le están dificultando el vivir sin miedo. Lo mismo que Larry, el vecino de Olivia, pueden llegar a sentirse inspiradas por nuestro ejemplo y dejar también ellas de vivir dominadas por el miedo. Pero, lo hagan o no, no permitamos que nos impidan encontrar la libertad.

Saboteadores de sueños

Los miembros de este grupo son los más peligrosos porque reflejan su Rueda del Miedo. Es decir, que creen que usted debe ser protegido de las posibles consecuencias de asumir riesgos, como el rechazo, la decepción y el sentimiento de ineptitud o de falta de valor. Como resultado, reproducen y refuerzan su propia voz interior inspirada por el miedo.

Los saboteadores de sueños dicen cosas como:

- ¿Estás seguro de que quieres intentarlo?
- ¿Qué te hace pensar que eres capaz de lograrlo?
- ¿Y si haces el ridículo?
- ¿Y si pierdes hasta la camisa?
- ¿Por qué te buscas problemas?

Los saboteadores de sueños no quieren que usted salga perjudicado, y por eso hacen todo lo que pueden para que comprenda lo imposibles que son sus sueños. Le quieren y creen que le conocen mejor que usted mismo. Por lo general tratan de que siga su rutina porque ellos se sienten cómodos con la suya. Si escucha a los saboteadores de sueños, ahogará su naturaleza innata aún más rápidamente que si hubiera escuchado su propia voz repitiendo los motivos por los que lo que quiere hacer no funcionará. Las vacilaciones de ellos se convierten en las suyas. Ellos no pueden diferenciar sus sueños de sus miedos.

Por supuesto, los saboteadores de sueños creen sinceramente que se preocupan por nosotros y tienen toda la razón cuando piensan que si intentamos hacer realidad nuestros sueños podemos fracasar y hacernos daño. De modo que si, a pesar de ellos, vamos en pos de nuestro sueño y no tenemos un éxito inmediato, podrán decirnos con toda razón: «¿Lo ves? Ya te lo advertí.» En cambio, si no lo intentamos, nunca sabremos de qué somos capaces. Tal vez no logremos todo lo que queremos en el primer intento, pero podamos hacerlo en el segundo, o en el quinto. Y nunca lo sabremos si no ponemos manos a la obra.

Cada precioso momento de nuestra vida en que nos hallamos paralizados por el miedo es un momento en el que no somos todo lo que podemos ser, y eso es más perjudicial que cualquier otra cosa. El éxito y el fracaso no determinan si sobrevivimos o vivimos; es a través de nuestra capacidad de ir más allá de nuestra definición autoimpuesta actual acerca de quiénes somos, y de arriesgarnos a ser algo más, como podremos sentirnos plenamente vivos.

Ejemplo de un saboteador de sueños en acción: la madre de Valerie

Al saber que su hija planeaba mudarse a Nueva York para seguir la carrera de modelo, la madre de Valerie le dijo: «¿Que tú quieres ser modelo? Bájate de las nubes. Probablemente a los treinta y cinco años sigas trabajando como camarera en Denny's. Lo que tienes que hacer es ir a la universidad y sacarte el título de profesora. Así podrás conseguir un trabajo en cualquier parte. Además tendrías el seguro médico y una jubilación. Y el horario será perfecto cuando tengas niños. ¡Hazme caso! Sé lo que son los sueños que no conducen a ninguna parte. Además, esa gente del espectáculo siempre se está metiendo en problemas. Tengo miedo de que, aunque salgas adelante con tu carrera, termines siendo desdichada. Te quiero demasiado para desear que te ocurra algo así.»

La madre de Valerie tiene miedo. Los saboteadores de sueños siempre sienten miedo por nosotros. Pero ya tenemos mucho miedo por nuestra cuenta, y no necesitamos más. Al igual que Valerie, tal vez no queramos resistirnos ni hacer daño a nuestro saboteador de sueños. El miedo hizo que Valerie pensara que tal vez su madre tenía razón, pero la intuición seguía diciéndole que siguiera adelante con su sueño. Valerie trabajó conmigo el distanciarse de la situación para asegurarse de que estaba en su Rueda de la Libertad, y luego decidir conscientemente si el trabajo de modelo era adecuado para ella. Cuando lo hizo, pudo ver la situación tal como era: su madre proyectaba en ella su propio temor al fracaso. Decidió que no podía aceptar el miedo de su madre como propio. Para poder centrarse, Valerie eligió una acción de su lista de conductas proactivas. Respiró profundamente y se puso en marcha. Tiempo después pudo agradecerle a su madre que compartiera con ella sus preocupaciones, y que la quisiera hasta el punto de preocuparse. Luego tuvo el valor de decirle que de todas maneras iba a seguir adelante con su plan, y de pedirle que la apoyara a pesar de sus reservas.

La madre de Valerie no estaba acostumbrada a que ella decidiera por su cuenta. Le llevó uno o dos minutos asimilar esta nueva conducta. Esto es lo que suele ocurrir cuando una persona empieza a enfrentarse a quienes la debilitan. Valerie se preparó para otro sermón. Pero finalmente su madre dijo: «Comprendo. Está bien. Todavía tengo miedo por ti. Pero trataré de apoyarte.»

Los cambios que se producen en la dinámica de nuestras relaciones cuando comenzamos a entregarnos a nuestros sueños resultan sorprendentes. En lugar de dejar que los saboteadores de sueños nos dominen, nosotros tomamos el control. No aceptar sus temores como propios nos libera y, al mismo tiempo, les da a ellos la posibilidad de ver las cosas desde una óptica diferente. Recuerde que los saboteadores de sueños sencillamente están asustados. Si usted deja de asumir sus miedos, ellos estarán en mejores condiciones de encontrar su libertad.

¿Quiénes son las personas de su vida que instalan la duda en su mente, utilizan el amor como excusa para que abandone sus sueños o, aún peor, le hacen sentir que no está bien que sea usted mismo? Haga una lista de los individuos a los que considere saboteadores de sueños. Distinga a las personas con las que debe relacionarse por cuestiones de trabajo o familiares de aquellas de las que puede prescindir. Piense en un individuo con el que no esté obligado a relacionarse y piense en cómo interactúa con él. ¿Alimenta usted sus preocupaciones? ¿Le habla de sus problemas sin discutir activamente las soluciones? ¿Lo único que comparte son sus dudas? En ese caso, tal vez está contribuyendo a aumentar los miedos del saboteador de sueños. Quizás, en lugar de eso, podría decidir compartir sólo los aspectos más positivos de cada acontecimiento. El silencio también es un buen recurso cuando uno no sabe qué otra cosa hacer. Puede practicar con alguien que no sea imprescindible en su vida y luego avanzar a partir de ahí.

Amigos quejosos

Estos individuos confirman nuestros peores temores con respecto a que la vida es dura, difícil o de futuro incierto. Cuando estamos a punto de decidirnos a buscar una salida del laberinto nos recuerdan que perdemos el tiempo. Las relaciones con los amigos quejosos son decididamente negativas para nosotros aunque ellos, de una manera perversa, se sienten bien. Como se suele decir, «mal de muchos, consuelo de tontos». El problema es que la relación con los amigos quejosos es de las más amigables y más fáciles de mantener de todas las que se basan en el miedo porque parecen inofensivas.

Los dramas de los amigos quejosos también pueden ser muy seductores. Al igual que todas las conductas inspiradas en el miedo, sus trágicos relatos son una convincente imitación de la verdad. Uno puede dejarse engañar por ellos muy fácilmente. Enterarnos de que otras personas se enfrentan más o menos a las mismas terribles dificultades que tenemos nosotros nos da una excusa perfecta para decidir que no existen soluciones. A veces nuestros amigos quejosos intentan ayudarnos a resolver un problema, pero al final su consejo se convierte en una versión de «No puedes», «No deberías», o «¿Qué tienes de especial para pensar que puedes cambiar las cosas que te rodean?». El resultado es que alimentamos nuestros miedos mutuos y perpetuamos el mito de que somos incapaces de cambiar lo establecido.

Los amigos quejosos dicen cosas como:

- Los ricos se vuelven más ricos, pero los individuos como nosotros no tienen posibilidades. Creo que si nuestro destino hubiera sido ser ricos, habríamos nacido siéndolo.

- ¿Te ha dejado? Todos los hombres son iguales. ¿Para qué molestarse?

- Hay gente con suerte. ¡Lástima que no seamos de ésos!

- ¿Que no consigues ahorrar? Yo tampoco. Es por culpa de los impuestos. Cuanto más ganas, más te quitan.

- Te lo dije. Aquí no lo conseguirás nunca.

Ejemplo de un amigo quejoso en acción: Craig, un compañero de trabajo de Steve

Steve trabajaba en una agencia de publicidad. Craig era su compañero del cubículo contiguo. Cuando Steve mencionó la idea de pedir un ascenso, Craig comenzó con sus quejas.

«Mira, no existe la más mínima posibilidad de progresar en este lugar —dijo Craig—. Tú y yo nos merecíamos un ascenso y un aumento de sueldo por habernos partido el lomo para conseguir esa cuenta nueva el mes pasado. Pero afrontémoslo: el jefe ni siquiera nos dio las gracias. Y aquí estamos, todavía desbordados por los papeles, y llegando a duras penas a final de mes. ¿Me explico? ¡No es justo! Claro que también podríamos buscar otro trabajo, pero si cambiáramos de empresa probablemente tendríamos que partir de cero. He trabajado muy duramente y no quiero volver a empezar. Al menos ahora tengo mis tres semanas de vacaciones, y el mes que viene cobraré la participación en beneficios. Tengo mucho que perder si me marcho. En fin, volvamos al tajo. Supongo que así es la vida. Oye, ha sido fantástico poder hablar con alguien que comprende cómo son las cosas aquí.»

No, no ha sido fantástico, ni para Steve ni para Craig. Lo único que ha ocurrido es el intento de Craig de convencer a Steve de que no hay manera de salir de la Rueda del Miedo.

¿Quiénes son sus amigos quejosos? Sea sincero con usted mismo. No es fácil admitir que precisamente nuestro mejor amigo podría ser quien le impide avanzar en ciertos aspectos de la vida. Sin embargo, esto es lo que suele ocurrir cuando estamos creciendo a un ritmo más rápido que la otra persona. Y nuestros amigos quejosos tal vez ni siquiera saben que nos están perjudicando. Lo ideal, por supuesto, sería que ellos acabaran por aprender a dejar el miedo, como nosotros. Entretanto, podemos seguir siendo amigos pero filtrando conscientemente las quejas.

Pregúntese si es usted quien inicia las quejas. A todos nos gusta sentirnos conectados, y lamentarse por las injusticias de la vida puede convertirse en una forma habitual de sentirse parte de la manada. Escúchese durante uno o dos días, y si descubre que siempre comienza la conversación con una queja, aunque esté expresada en tono humorístico, empiece a hacer un esfuerzo consciente por reformular sus observaciones desde un punto de vista positivo, o busque algo que aplaudir, por pequeño que sea.

Marionetistas

Son las personas que quieren manipularnos... siempre por nuestro bien, por supuesto. Y, en realidad, la mayoría de ellas piensa que al «guiarnos» está haciendo lo correcto. La «madre de la artista» es un ejemplo clásico, lo mismo que los padres de los «futuros ases del deporte». Como señaló el conocido psiquiatra Carl Jung: «Nada tiene mayor influencia psicológica en el entorno y sobre todo en los hijos que la vida no vivida de sus padres.» Los padres (o abuelos, o los tíos y tías predilectos), que necesitan vivir a través de sus hijos para cumplir sus propios sueños frustrados, comparten el temor a que la generación más joven salga perdiendo como les ocurrió a ellos. Los maestros y entrenadores también pueden ser marionetistas. Lo que los marionetistas tienen en común es que nos hacen creer que la senda que nos marcan es la única que puede satisfacernos, y que si no vivimos su sueño, seguramente lo lamentaremos y nos tildarán de perdedores el resto de nuestra vida. Los marionetistas han pasado toda la vida reuniendo pruebas para demostrar su punto de vista, y están convencidos de que lo que ellos proponen es la única salida. Pero tengamos o no el talento, la inteligencia o el aspecto necesarios para realizar los movimientos mientras ellos mueven los hilos, todos los implicados se sentirán defraudados y desdichados si nosotros mismos no sentimos ese deseo. Y debemos tener éxito, o sus esfuerzos habrán sido inútiles. Si no lo conseguimos, aparecerán la culpa y la vergüenza.

Los marionetistas hacen comentarios del tipo:

- Cuando yo tenía tu edad, habría dado cualquier cosa por una oportunidad como ésta.

- Sé que me harás sentir orgulloso.

- Todos contamos contigo. Hazlo por la familia.

- Eres demasiado joven para saber lo que quieres. Si no me escuchas ahora, más adelante lo lamentarás.

Ejemplo de un marionetista en acción: el abuelo de Tyler

Tyler había sido admitido en la Facultad de Derecho de Harvard, sin duda algo impresionante. Pero después de haber seguido el programa *Vivir sin miedo*, Tyler sospechaba que era el miedo, y no el deseo, lo que le había llevado a presentar la solicitud. Me contó algo que le había dicho su abuelo: «Cuando yo tenía tu edad, habría dado cualquier cosa por ir a la Facultad de Derecho. Vivíamos en un piso del Lower East Side de Manhattan. Mi padre hacía pequeños trabajos y mi madre lavaba ropa en casa. Éramos seis hermanos, de manera que no existía la posibilidad de ir a Harvard, que era lo que yo siempre había soñado. Así que ahora, muchacho, es tu turno. En todos estos años he ganado bastante dinero con la charcutería. Puedo permitirme el ofrecerte a ti la oportunidad que yo nunca tuve. ¡Por fin tendremos un abogado de Harvard en la familia!

El problema es que el abuelo nunca se detuvo a pensar si Tyler tenía el más mínimo interés en obtener el título de abogado, y menos aún si querría ejercer para ganarse la vida. Y hasta que identificó su Rueda del Miedo, Tyler no fue consciente de que estaba basando todo su futuro en una respuesta fruto del miedo. Lo que en apariencia constituía la oportunidad de su vida, para Tyler no era sino la garantía de que viviría dominado por el miedo de no poder estar a la altura de las expectativas de su abuelo. Tyler acabaría teniendo miedo de ser fiel a su naturaleza innata.

¿Qué hizo Tyler entonces? Empezó a preparar a su familia dejando caer alguna que otra insinuación. Muchas personas hacen insinuaciones, pero ahí termina todo. No obstante, la insinuación es sólo la etapa de preparación para el diálogo sincero que, finalmente, debe producirse entre las personas implicadas. Tras oír algunas insinuaciones oportunas, los marionetistas están emocionalmente mejor preparados para mantener esa conversación.

Tyler y yo ensayamos antes de la confrontación decisiva. En realidad no fue un ensayo, pero así lo consideró Tyler. El miedo de convertirse en un marginado y de ser rechazado por su familia era su mayor preocupación.

Finalmente, le fue muy bien. En lugar de decirle a su abuelo que no quería estudiar Derecho, inició la conversación hablando de lo que significaba amar el trabajo, ser feliz y vivir con un objetivo. Mantuvieron una interesante charla, y finalmente Tyler le dijo qué pensaba hacer: escribir poesía y ganarse la vida razonablemente como profesor de universidad. Su abuelo se mostró reacio, pero luego vio la determinación que se reflejaba en el rostro de Tyler. «Dime algo más sobre ese sueño tuyo», le pidió finalmente el abuelo.

Tyler sintió un inmenso alivio al ver que la conversación no se convertía en el terrible enfrentamiento que él había imaginado. Estaba exultante. Su abuelo no sólo había acabado por comprender, sino que se avino a invertir en el doctorado de Tyler el dinero destinado a sus estudios de Derecho.

¿Quiénes son los marionetistas que intentan controlar su vida?

Pregúntese si los sueños que forjan para usted coinciden con los suyos. Si no es así, le emplazo a que defienda sus propios sueños y deseos poniéndoles a los marionetistas de su vida unos límites emocionales sanos.

Rivales disfrazados

Estas personas no son fáciles de reconocer porque suelen parecer muy serviciales. Nos dirán cómo hacer un trabajo, cómo vestirnos, a quién nos conviene halagar, dónde dejarnos ver, qué decir, y nos harán muchas otras sugerencias como si tuvieran la sincera intención de ayudarnos a avanzar. El problema radica en que esos consejos inducen a error deliberadamente.

Los «rivales disfrazados» son en realidad las únicas personas de la lista que se proponen ponernos la zancadilla. Todos los demás que hemos mencionado tienen buenas intenciones aunque nos den una mala información, porque es la Rueda del Miedo de cada uno lo que les domina. Los rivales disfrazados también se acercan a nosotros desde su Rueda del Miedo —el miedo al fracaso, a no ser buenos o a no valer—, pero son conscientes de que lo que quieren es perjudicarnos.

Suelen ser muy competentes y poseer mucho talento, pero aun así se sienten amenazados por nuestra capacidad y nuestro talento. Tienen la necesidad de apartarnos del camino para poder progresar, como si la vida fuera una carrera en la que sólo hay un ganador. Están tan atrapados en su propia Rueda del Miedo que quedan atrofiados moral y emocionalmente, y creen que no hay suficiente para todos. La escasez, la carencia y la limitación son conceptos que hacen girar su Rueda del

Miedo. Ellos no comprenden que todos podemos ser ganadores, cada uno a su manera. La vida no consiste en llegar, ver y vencer, sino en tratar de ser lo mejor posible y en la aceptación de que nuestra excelencia está en constante expansión y perfeccionándose a medida que vamos cambiando y creciendo.

¿Cómo podemos distinguir un rival disfrazado de un verdadero mentor? Cuando pedimos algo específico o un consejo a un rival disfrazado, éste no nos hace caso, o cambia de tema o, peor aún, nos da una respuesta que conduce a error. La intuición nos dice que no deberíamos fiarnos de ellos, y tenemos razón. Nos sonríen mientras planean nuestra destrucción. Quieren saberlo todo de lo que nosotros estamos haciendo, pero no comparten ninguno de sus planes. Además, estos envidiosos competidores no resisten la tentación de deslizar una observación maliciosa o despreciativa cuando hacen un comentario «útil».

Los rivales disfrazados dicen cosas como:

- Me alegra que me dejaras echar un vistazo a las notas para tu presentación. Tienes que aprovechar toda la ayuda que puedas. Bien, veo que has dado en el blanco en una serie de puntos en los que el jefe siempre insiste. Pero te irá mejor si lo sorprendes con un par de ideas realmente innovadoras. En tu lugar, yo volvería a elaborar esto totalmente, créeme.

- Déjame decirte una cosa, simplemente como amiga. Ese vestido no te va. Hay personas a las que les queda bien un estilo así, extremado, pero a ti te sentaría mejor algo más discreto. ¿Por qué llamar la atención?

- Venga, un trago más no te hará daño. ¡La noche es joven! Si ahora te sueltas un poco, estarás más relajado para la entrevista que tienes por la mañana. Apuesto a que en el instituto eras el empollón de la clase. ¡Ja ja! Seguro que eras de los que «simplemente decían no», y nunca volvías tarde a casa, ¿eh? ¡Aflójate, hombre!

- No importa cómo conseguí mi último ascenso, lo importante es ayudarte a ti a prosperar. Así que deja de hacerme preguntas sobre mí. ¿Qué has estado haciendo últimamente?

Ejemplo de un rival disfrazado en acción: el profesor de redacción de Georgia de su curso de Educación de Adultos

Una tarde, después de clase, el profesor llamó a Georgia a su mesa y le dijo: «Me alegro de que me hayas dicho que te publicaron una carta en el periódico, pero no te lo tomes como una señal de que podrías convertirte en escritora profesional. Lo que haces está bien, pero estamos hablando de un mundo difícil. Yo lo sé muy bien. Me han rechazado varias veces, como a todos. Créeme: no tiene sentido que aliente tus esperanzas. Quiero decir que esto podría ser para ti un bonito pasatiempo, pero no dejes tu trabajo.»

Georgia estaba abatida y durante un tiempo dejó de escribir a causa de los comentarios de su profesor. Más tarde se inscribió en uno de mis seminarios y empezó a enfrentarse al miedo. Se dio cuenta de que cada vez que quería presentar un trabajo con el fin de comenzar una carrera profesional como escritora, veía literalmente la cara de su profesor y oía sus palabras. Como él era profesor, y tenía más experiencia, Georgia pensaba que sabía más. Pero el profesor estaba evidentemente celoso del talento de Georgia. Y esos celos se convertían en un consejo que, lejos de ayudarla, le era perjudicial.

Los rivales disfrazados son expertos en esa clase de consejos. Y si nos enfrentamos a ellos de alguna manera, quizá pidiéndoles más información o preguntándoles cómo se formaron esa opinión, los rivales no nos prestan atención, o nos preguntan por qué no confiamos en ellos, dando a entender que somos personas inseguras.

Lo mejor que podemos hacer con los rivales disfrazados de nuestra vida es evitarlos. Y si eso no nos resulta posible, lo que debemos hacer es no escucharlos. Son personas siniestras a quienes no vale la pena tener en cuenta. La única manera de que cambien es que un día se despierten y se pregunten por qué no tienen amigos de verdad. No se los puede obligar a cambiar. Tendrán que hacerlo por sí solos.

¿Quiénes son sus rivales? Son una amenaza. Debe apartarlos de su camino porque intentarán destruirle.

Espejos retrovisores

Son las personas que mencionan un tema cuando ya lo hemos superado, supuestamente para que nos demos cuenta de cuánto hemos avanzado.

Lo último que necesitamos es que nos recuerden las conductas autodestructivas producto de nuestra Rueda del Miedo que tanto nos hemos esforzado por dejar atrás. Sin embargo, cuando aparece un «espejo retrovisor» en nuestra vida, los episodios que hemos procesado y superado serán mencionados una y otra vez.

No me refiero a aquellos momentos en que con la ayuda de nuestro mejor amigo o nuestro terapeuta procesamos el pasado o lo utilizamos para felicitarnos por todos los cambios conseguidos. Muchas veces debemos mirar atrás para darnos cuenta de los progresos que hemos hecho. Pero, por el contrario, los espejos retrovisores sabotean nuestro crecimiento impidiéndonos olvidar nuestros errores. Al traer constantemente el pasado al presente siguen reuniendo pruebas para demostrar que nuestros peores miedos respecto a nosotros mismos son verdaderos. Evocan recuerdos que nos debilitan y que hacen que nos preguntemos si podremos seguir adelante con nuestra transformación. ¿Qué los lleva a actuar de esa manera? Ellos perciben que estamos evolucionando emocionalmente y temen —a menudo con razón— que los dejemos atrás. Si es posible, debemos ayudarlos a avanzar con nosotros. Pero, no debemos permitir que nos hagan retroceder.

Los espejos retrovisores dicen cosas como:

- ¿Has vuelto a saber algo de John? ¿Cuánto tiempo hace que rompisteis? ¡Aún no puedo creer que estuvieras liada con alguien como él!

- Jamás olvidaré el día que no pudiste entrar en el equipo de animadoras y yo sí. Mira que eras feúcha, con esas gafas puntiagudas, y no sabías ni mover las piernas. Claro que tú formabas parte del grupo de debate, y yo no. Pero los tíos no mueven ni un dedo por ligarse a una fea. Vaya mierda el insti, ¿verdad?

- ¿Recuerdas el apodo que tenías en la escuela? ¡Enano! Creo que fuiste el primer tipo de menos de un metro ochenta que entró en la hermandad.

- ¡Enhorabuena, flamante socio! ¡Vaya, si alguna vez supieran que cateaste tres veces el examen final, probablemente te quitarían la licencia de abogado! ¡Ja!

- ¿Vas a ir este año a la barbacoa del Día del Trabajo en casa de Julie? ¿Recuerdas cómo te emborrachaste el año pasado? Creo que incluso vomitaste en sus geranios. Julie sí que sabe organizar fiestas.

Ejemplo de un espejo retrovisor en acción: mi amigo Ken

Después de empezar a trabajar en serio en mi desarrollo personal, me enfrenté al hecho de que había confiado demasiado en el alcohol para soportar gran parte del sufrimiento. Ya era hora de dejarlo. Ésa fue una etapa difícil para mí, sobre todo cuando empecé a recordar las situaciones incómodas en las que me había metido. Después de dejarlo, algunas mañanas me miraba en el espejo y me resultaba muy difícil lidiar con mis remordimientos, pero mi amigo Ken empeoraba aún más las cosas. Delante de otras personas, sacaba a relucir constantemente episodios de mi vida de los que yo no estaba demasiado orgullosa. Él no quería olvidarlos. Sé que le parecían divertidos, pero yo estaba tratando de cambiar, y el hecho de que me los recordara me hacía sentir que no aprobaba mi nueva manera de ser. También me hacía sentir vergüenza por la forma en que solía comportarme, y eso me hacía dudar de mi capacidad para mantenerme sobria y seguir con mi nueva manera de pensar. Estoy segura de que, al compartir detalles íntimos que sólo podían saber los buenos amigos, estaba intentando demostrar lo importante que era él en mi vida, pero no se daba cuenta de que lo mismo que hacía para estar cerca de mí en realidad estaba provocando que me alejara. Sus constantes referencias al pasado sacaban a relucir mi Rueda del Miedo, y me llevaban a revivir episodios que me hacían sentir despreciable precisamente cuando estaba aprendiendo a dominar mi miedo y a aceptarme a mí misma.

Con el tiempo me di cuenta de lo que ocurría y dejé de verme con Ken. Fue duro. Él había sido uno de mis mejores amigos, y sin embargo ya no se comportaba como tal. Me empujaba al pasado.

Ahora comprendo que lo hacía para mantenerme a su lado porque tenía miedo de que yo lo abandonara a medida que cambiaba, pero en aquel momento, ni él ni yo contábamos con las herramientas necesarias para hablar de lo que estaba ocurriendo. Sencillamente evitábamos el tema y, finalmente, dejamos de hablarnos. Estoy segura de que él me consideró una ingrata y una engreída. Al mismo tiempo, yo pensaba que él era inmaduro y desconsiderado. Ninguno de los dos tenía razón. El miedo que Ken tenía de perderme era lo que dictaba su conducta, y eso provocaba en mí el miedo de ser una perdedora. Una vez más, el miedo había ganado, poniendo fin a nuestra amistad.

¿Tiene en su vida a alguien a quien le resulte difícil aceptar y apoyar su naturaleza innata? ¿Alguien que sigue repitiendo historias del pasado que usted preferiría dejar atrás? Identifique a las personas que siguen hablándole como si fuera el mismo de hace cinco, diez, veinte años... o tal vez sólo un año.

El resultado no tiene por qué ser el mismo que con Ken. Tal vez sus espejos retrovisores sean personas con quienes quiera seguir relacionándose. En ese caso, la próxima vez que esa persona cuente algo de nuestro pasado, podemos decirle cortésmente: «Caramba, de eso ya hace mucho tiempo. Deja que te cuente algo que me ocurrió ayer», y hacernos con el control de la conversación.

EJERCICIO CAZAMIEDOS

- Haga una lista de las personas de su vida que pertenezcan a cada una de las siguientes categorías: saboteadores de sueños, amigos quejosos, marionetistas, rivales disfrazados y espejos retrovisores.

- ¿Tiene que mantener relación con alguna de estas personas por cuestiones familiares o de trabajo? En ese caso, debe utilizar las técnicas que aparecen en este capítulo para tratar con esas personas. De lo contrario, pregúntese si está dispuesto a dejar que la relación siga siendo la misma. Esto no significa discutir o dar explicaciones, sino, simplemente, no seguir adelante. Si quiere mantener la relación indique de qué manera diferente abordará el siguiente encuentro. (Un buen lugar donde mirar es en la lista proactiva de la Rueda de la Libertad.) Recuerde que no tiene que perder el tiempo tratando de cambiar la conducta de estas personas. Ésa sería una tarea frustrante y definitivamente inútil. Usted sólo puede cambiar su respuesta a su conducta.

- Elija una conducta proactiva con que contar cada vez que se encuentre con alguna persona perteneciente a esos grupos. Podría ser alejarse, sonreír, o decir: «Qué interesante» y luego cambiar de tema, o escuchar en silencio mientras recuerda que esa persona no lo apoya.

- ¿Cómo y con quién muestra usted las características de un adicto al miedo?

- Escoja una relación que le gustaría cambiar y preste atención a su conducta cada vez que ve a esa persona.

Decida conscientemente tomar medidas de acuerdo
con su Rueda de la Libertad.

Ahora sabemos quiénes son nuestros adictos al miedo.
Acerquémonos a las personas que apreciamos, los seres queridos que nos ayudan a nosotros del mismo modo que nosotros los ayudamos a ellos en el permanente desafío de burlar
al miedo y vivir en libertad.

Capítulo Cinco

SU EQUIPO DE CAZAMIEDOS

Pedir ayuda a las personas adecuadas en el momento adecuado nos ayuda a reunir el coraje necesario para mostrar al mundo quiénes somos. Aun así, cuando intentamos relacionarnos con los demás —tanto con las personas importantes para nosotros como con aquellos que esperamos llegar a conocer— evitamos revelar abiertamente quiénes somos. Por supuesto, tener dudas con respecto al hecho de confiar no siempre es malo, como hemos visto en el capítulo 4 al hacer la lista de adictos al miedo que, voluntariamente o no, coartan nuestra naturaleza innata al convencernos de que deberíamos tener miedo de dejarnos guiar por nuestra pasión. Pero, como dijo la poeta Maya Angelou: «Nadie, absolutamente nadie, puede lograrlo solo.» Y tiene mucha razón.

Una cuestión central del programa *Vivir sin miedo* es el identificar a las personas de su vida que no sólo quieren lo mejor para usted de corazón sino que, además, tienen la generosidad y la comprensión necesarias para proporcionarle amor y apoyo incondicionales. Por supuesto, esto funciona en ambos sentidos. Nunca debemos olvidar que las relaciones son caminos de dos direcciones. Lo bello de vivir sin miedo es que, a medida que domine su propio miedo, se hallará en mejores condiciones de estar por las personas que le importan cuando sean ellos quienes necesiten ayuda. Y no perderá su propio sentido de la identidad cuando les tienda la mano.

Voy a referirme a todas las personas clave de su vida como «amigos», aunque algunas puedan estar relacionadas con nosotros por lazos de sangre o de matrimonio. En otras palabras, algunos miembros de la familia son amigos, y otros no. Recordemos a los padres marionetistas que conocimos en el capítulo 4. Son un ejemplo perfecto de familiares que no se comportan como amigos. De manera similar, podríamos tener un hermano que es amigo nuestro y otro que no lo es. Por otra parte, podemos tener un amigo que es para nosotros más querido que cualquier miembro de la familia.

Todas las personas que usted identifica como amigos son miembros indispensables de lo que yo llamo el equipo de cazamiedos. A diferencia de los adictos al miedo de los que hablamos en el capítulo 4, los miembros de este equipo no encajan en categorías bien definidas. Juegan diferentes roles en diferentes momentos. Sin embargo, lo que les une es el entusiasmo por quién es usted y por quién puede llegar a ser, y una permanente alegría por su prosperidad emocional. Y usted, por supuesto, corresponde a su entusiasmo y alegría.

Es valioso identificar al menos tres o, mejor aún, de cinco a siete personas como miembros de su equipo de cazamiedos. No es necesario que se conozcan entre ellos. Lo importante es que todos sean aptos porque están deseosos y en condiciones de apoyarnos en diversos sentidos, y viceversa. Eso es sumamente importante porque, como descubrió Meredith la noche en que Phil la abandonó, ser dependiente de una sola relación no es saludable. Nadie puede satisfacer todas sus necesidades permanentemente, ni siquiera un cónyuge a quien considere su auténtica alma gemela. Por ejemplo, seguramente se producirán ciertos desafíos y cambios en su vida que requerirán la aportación de alguien que posea la sabiduría de la experiencia en ese tema. Su madre, si tiene una buena relación con ella, puede estar en mejores condiciones que su cónyuge para ayudarla a enfrentarse a los cambios físicos de su primer embarazo. Su hermana, gerente de una empresa, puede estar en mejores condiciones que su hermano recién licenciado para enseñarle a tener visión para los negocios. Tal vez no sea necesario decir todo esto, pero he conocido a demasiados clientes que han confiado en una sola persona para conseguir apoyo en todos los aspectos, o que han solicitado consejo y consuelo de la persona que no correspondía en esa situación.

Por eso usted necesita un equipo de cazamiedos, y no una sola persona importante. El equipo es esencial para su crecimiento y éxito. A propósito, las personas que ya conocen el éxito, en el sentido de que son destacadas o incluso famosas, necesitan recurrir a los miembros de su equipo de cazamiedos tanto como cualquiera. Uno puede encontrarse realmente solo en la cumbre. Los demás pueden verle como una especie de icono, no como un ser humano con flaquezas y necesidades. No pueden creer —en realidad, no quieren creer— que tenga miedo como cualquier otra persona. La persona famosa puede tener muchos admiradores, pero nadie a quien recurrir realmente. Todos quieren que sea fuerte; tienen miedo de ver su vulnerabilidad. No debemos permitir que nos ocurra algo así. Encuentre personas que sepan que, a pesar de sus logros y su posición, tiene una Rueda del Miedo, igual que cualquier otro.

EJERCICIO CAZAMIEDOS

Para ayudar a identificar a los miembros de su equipo de cazamiedos haga los siguientes ejercicios:

- Prepare una lista de amigos y familiares íntimos.

- ¿Cuáles son sus actuales relaciones con ellos? ¿Distantes? ¿Íntimas? ¿Por obligación («Tengo que ir a verles»)?

- ¿En qué aspectos de la vida lo apoyan? ¿En su profesión? ¿En sus relaciones? ¿En el ocio? ¿En la educación de los hijos? Anótelo junto a cada nombre. Algunas personas pueden apoyarlo en todos los aspectos, pero eso no es frecuente. La mayoría lo apoyará en una o dos cuestiones. Su mejor amigo, o incluso su cónyuge, no tiene por qué adivinar todo lo que usted necesita.

- Defina la amistad. ¿Qué significa para usted?

- ¿Qué cualidades de la amistad encarnan los miembros de su familia y sus amigos? ¿Son cariñosos? ¿Compasivos? ¿Bromistas? ¿No lo juzgan?

- ¿Encarna usted esas mismas cualidades?

- ¿Qué clase de amigo es usted? ¿Qué cualidades de la amistad encarna usted?

- ¿Cómo colabora con quienes llama amigos?

- ¿En qué aspectos de la vida pueden contar ellos con su apoyo?

- ¿Cuáles son para usted las áreas de la amistad que suponen un desafío?

- ¿Qué le gustaría cambiar de sus relaciones?

Los equipos de cazamiedos en acción

Cuando empezamos a identificar a los miembros de nuestro equipo de cazamiedos es importantísimo recordar que habrá miembros centrales que son el núcleo del grupo, mientras que otros miembros van y vienen, según lo que esté sucediendo en nuestra vida. Yo tengo nueve personas con las que cuento regularmente para que me ayuden a vencer el miedo, aunque recurro a muchas otras personas en situaciones determinadas. Por ejemplo, mi grupo de apoyo de escritoras está formado por Carol, Chellie, Linda y Victoria. Puedo recurrir a ellas dos veces por mes, aunque Victoria pertenece a mi grupo, además de al grupo de escritoras.

Éstos son los miembros de mi equipo principal:

1) Marta, mi mejor amiga
2) Cindy, mi hermana mayor
3) Linda, mi hermana menor
4) Greg, un amigo y colega
5) Kimberly, una amiga
6) Victoria, una amiga y miembro de mi grupo de apoyo de escritura
7) David, un amigo y colega
8) Bonnie, una amiga y colega
9) Ras, un amigo

La lista de Meredith, la otrora esposa complaciente que conocimos en el capítulo 1, es ahora como sigue:

1) Lucy, su hija adolescente
2) Nigel, su nuevo pretendiente
3) Barbara, una amiga
4) Judy, una amiga y amante de las antigüedades

5) Ralph, su hermano
6) Cathy, la hermana de su ex esposo
7) Tracy, una amiga

Nigel, Judy y Tracy son amigos que Meredith hizo después de haber comenzado el proceso de vivir sin miedo. Conoció a Nigel en un mercadillo de su barrio, donde lo vio inspeccionando una vasija que, en su opinión, valía mucho menos de lo que decía la etiqueta. Con su recién descubierta naturaleza valerosa, se acercó a él y le ofreció su opinión de experta. A él le encantó la franqueza de Meredith y la pasión que evidentemente sentía por su trabajo como anticuaria. El resto es historia. En cuanto a Judy, es una estimada clienta de la tienda de Meredith que se convirtió en gran amiga suya. Y Tracy es miembro de un grupo *on-line* de apoyo a mujeres que se quedan solas repentinamente al que Meredith se unió. Tracy y Meredith se comunican regularmente a través del correo electrónico y han hecho planes para conocerse personalmente cuando Meredith vaya a la búsqueda de antigüedades por la zona en que vive Tracy.

Lucy, Ralph, Cathy y Barbara formaban parte de la vida de Meredith cuando ella todavía estaba aferrada a su Rueda del Miedo, pero nunca los había consultado realmente a la hora de tomar decisiones ni para compartir sus sueños. Antes de divorciarse, en los momentos en que no estaba aferrada a Phil, las únicas personas con las que solía relacionarse eran sus «amigos quejosos». Lo único que hacían, por supuesto, era reafirmar su miedo. Barbara, higienista dental del consultorio en el que Meredith había trabajado como recepcionista a tiempo parcial, era entonces una de esas personas. Mientras almorzaban en una cafetería cercana al consultorio, las dos mujeres no paraban de quejarse de lo tirano que era el dentista para el que trabajaban y de que los pacientes eran muy difíciles. A Barbara y a Meredith también les gustaba lamentarse de que sus esposos y sus hijos no supieran valorarlas. Barbara, una humorista nata, hacía reír amargamente a Meredith con sus relatos acerca de cómo se dejaba pisotear. Huelga decir que ni Barbara ni Meredith se sentían mejor después de sus charlas. Luego, cuando Meredith dejó el trabajo y abrió su tienda de antigüedades, conservó la amistad de Barbara reuniéndose con ella de vez en cuando para almorzar. Pero dejó de ser un buen público para las «anécdotas del día» de Barbara. Cada vez que ella se quejaba, Meredith cambiaba de tema y proponía algo positivo, ya fuera un auténtico cumplido para su amiga («Ese corte de pelo te sienta muy bien. ¿Dónde te lo han hecho?»), como un reconocimiento de sí misma («Hoy me he puesto en contacto con un par de diseñadores de páginas web para que me hicieran el presupuesto de una página para mi tienda.»). Meredith intentó la misma táctica con todos sus amigos quejosos, pero Barbara fue la única que respondió positivamente. Le recordé a Meredith que no es posible cambiar a la gente, porque la gente sólo cambia si quiere hacerlo, no porque la presionen. Y, en realidad, a los únicos a quienes podemos cambiar es a nosotros mismos. Conforme nos vamos alineando en mayor medida con las conductas proactivas y autoafirmativas de nuestra Rueda de la Libertad, las personas que nos rodean responderán positiva o negativamente a nuestra transformación. Nosotros no podemos elegir su reacción ni forzarla. Y quienes responden negativamente, por lo general dejarán de estar interesados en ser amigos nuestros. A sus ojos habremos cambiado, y probablemente no para mejor. Mientras crecemos debemos estar dispuestos a permitir que las amistades que necesitan avanzar lo hagan y aceptar a otras en nuestra vida. Valoré a Meredith por ser abierta con Barbara, y le aconsejé que se concentrara en disfrutar de su renovada relación. Barbara había empezado a hacer cambios audaces en su propia vida, entre otros la búsqueda de un trabajo con un jefe más razonable.

Lucy, Ralph y Cathy no habían sido amigos quejosos de Meredith. Sencillamente habían estado en la periferia emocional de la vida de Meredith. Después de empezar a vivir sin miedo, se sintió mucho más unida a todos ellos a medida que les fue permitiendo que la animaran. Esto ocurre con frecuencia. Invite a los demás a participar en su proceso. Probablemente se sorprenderá de ver lo encantados que se sienten de compartir nuestro audaz viaje.

Para ayudarle a reunir a su grupo de seguidores echemos un vistazo a los papeles que pueden jugar los miembros de su equipo de cazamiedos. Por supuesto, si esos miembros están familiarizados con los principios del programa *Vivir sin miedo*, mejor aún. Usted será capaz de comunicarse más eficaz y profundamente si todos hablan el mismo lenguaje. Y no debe desalentarse si su actual equipo cuenta con menos de tres miembros. Para formar un equipo poderoso hace falta tener la voluntad de identificar lo que necesitamos, además de una mente abierta para incluir a personas a las que nunca imaginamos en esa función. Le propongo un reto: que aproveche cualquier oportunidad para relacionarse con un posible miembro de su equipo de cazamiedos.

Amigos y partidarios

Hay momentos de la vida en que necesitamos contar con animadores. Necesitamos amor y apoyo incondicionales. Necesitamos oír que las personas que nos conocen y se preocupan por nosotros dicen: «Puedes afrontar esta situación porque tú eres tú. Pon toda la carne en el asador. Y recuerda

que yo siempre te querré, ocurra lo que ocurra.» En otras palabras, como fervientes admiradores deportivos, los amigos
partidarios nos alentarán porque creen en nosotros, pero no
nos abandonarán si sufrimos un revés. No son inconstantes.
Tanto si ganamos como si perdemos, ellos son nuestro mejor
estimulante. Siempre están preparados para animarnos a seguir adelante. Y cuando ganamos un campeonato, se vuelven
locos de alegría.

Recuerde que sus padres pueden desempeñar bien este
papel o no. La idea de que los padres (o los abuelos, si a eso
vamos) son automáticamente capaces de brindar a sus hijos
amor sin condiciones es una falacia. Esto no significa que sus
padres o abuelos no puedan ser miembros de su equipo de
cazamiedos. Pueden ser un recurso inmejorable para algunas
de las formas de ayuda que estudiaremos en este capítulo.
Pero no debe cometer el error de recurrir a ellos cuando necesita partidarios si ellos no pueden desempeñar ese papel.
En realidad, este principio vale para todos los miembros de
nuestro equipo de cazamiedos. Identifique las formas en que
le ayudan a dominar el miedo y no espere de ellos más de lo
que pueden dar.

Las personas que desempeñan bien el papel de partidarios
ofrecen un entorno seguro para que pueda experimentar el
ser usted mismo. Le ensalzan cuando más lo necesita, pero jamás le dan un falso aliento. Por eso confía en ellos cuando le
dicen cuáles son sus virtudes. Le fortalecen, le recuerdan que
tiene talento, le dan espacio para cambiar y crecer y no se
disgustan porque en el ciclo de la amistad llegue ese momento en que necesite menos apoyo que en otros tiempos, o sea
menos accesible, o ambas cosas. Tal vez le han visto en los
peores momentos, pero de todas maneras le quieren. También le han visto en el mejor momento, y le ayudan a cele-
brarlo sin miedo a que le consideren egocéntrico.

Mi hermana Cindy me vio en mi peor momento. Después de morir mis padres, teníamos motivos suficientes para detestarnos mutuamente. Ella intentó asumir el papel de madre, pero nadie podía reemplazar a mamá. Los intentos de Cindy por ayudarme me molestaban. Sin embargo, ella siempre estaba a mi lado, ocurriera lo que ocurriese. Cada vez que yo me saboteaba a mí misma, ella me compraba un libro, o me enviaba una tarjeta, o me llamaba para saber si podía hacer algo. Con su apoyo constante, finalmente logré darme cuenta de que ella creía realmente en mí, y al mismo tiempo empecé a pensar que yo podía hacer lo mismo. Los amigos partidarios creen en nosotros cuando no creemos en nosotros mismos. Ése es el mayor regalo de todos.

También puede desahogarse con sus amigos partidarios ante una situación difícil o un bloqueo, y ellos le ayudarán a recordar que está preparado, dispuesto y que es capaz de superar la situación y ser fiel a sí mismo. Mientras le escuchan, usted tendrá tiempo de procesar los miedos que le han estado frenando. Y le darán la respuesta que necesita para ayudarle a ver con mayor claridad cualquier situación de su vida.

Sus partidarios estarán orgullosos de usted con cada pequeño paso que dé y le ayudarán a levantarse cada vez que se caiga. Y no olvide que habitualmente ellos necesitan que les pida ayuda: no son adivinos. Si en algún momento yo siento que vuelvo a deslizarme hacia mi Rueda del Miedo —es decir, que dudo de mi propia valía— recurro a Marta, una de mis partidarias más leales, y le pregunto si tiene tiempo de refrescarme la memoria acerca de quién soy realmente. Si tiene tiempo, le cuento lo que siento en ese momento y luego le explico qué clase de apoyo necesito. Nos hemos entrenado mutuamente para preguntar qué clase de apoyo nos hace falta, en lugar de dar por sentado que la otra lo sabe. Cuando surgen en mí sentimientos de falta de valía, por lo general significa que estoy olvidando que lo que hago tiene un valor y un propósito. En esos momentos sencillamente le pido que me recuerde que soy buena en lo que hago. Entonces ella me dice que elija una de las muchas cartas de agradecimiento que he recibido —las conservo todas— y que se la lea en voz alta. O me recuerda alguna ocasión en que, durante uno de mis talleres, alguien se ha puesto de pie y ha agradecido públicamente al programa *Vivir sin miedo* que su vida haya cambiado para bien. O repite un discurso mío que hizo que los asistentes reconocieran sus miedos y encontraran una salida. Marta sigue incansablemente hasta que yo le digo que me siento mejor: hasta que vuelvo a estar en mi Rueda de la Libertad.

Hacia el final de la conversación, Marta ya ha conseguido que me ría. Después de hablar con ella me siento renovada y puedo afrontar el día sabiendo que mis dudas no son la verdad acerca de quien soy. Y en el proceso me ha ayudado a encontrar nuevos argumentos que lo demuestran, y ésa es la principal razón por la que el apoyo es importante. El apoyo nos da el coraje de confiar en nosotros más rápidamente que si sólo contáramos con nosotros mismos. Cuando estamos en nuestra Rueda del Miedo nos resulta difícil recordarnos a nosotros mismos cuáles son nuestros compromisos. Otras personas lo harán. Ellos son el vínculo que nos devuelve a nuestro propio ser. Es verdad que extender la mano supone estar dispuesto a ser vulnerable, pero también nos permite practicar el arte de confiar en las personas que más nos aman.

En el caso de Meredith, su hija de catorce años demostró ser una partidaria nata. Lucy, que tenía doce años cuando sus padres pusieron fin a su matrimonio, realmente llegó a la adultez cuando se convirtió en animadora personal de su madre. Ver a Meredith crecer y cambiar había sido una fuente de inspiración para Lucy en el momento en que se acercaba a la adolescencia. Meredith, a su vez, había desarrollado un gran respeto por el juicio y la madurez de Lucy. En un momento en el que muchas de las amigas de Lucy se rebelaban contra sus padres, Lucy y Meredith forjaban una relación basada en el respeto y la admiración. Por eso Meredith confió en Lucy cuando ésta adoptó la conducta de amiga partidaria. Éstas son algunas de las maneras en que Lucy alentaba a su madre:

- Lucy ahorró el dinero que ganaba cuidando niños, y compró una gargantilla chapada en oro con la inscripción «La mejor mamá», y se lo regaló a Meredith el día en que firmó el contrato de arrendamiento del local para la tienda de antigüedades que pensaba abrir.

- Lucy adoptó la costumbre de comprar tarjetas con mensajes como: «¿Qué cosa harías si supieras que no iba a salir mal?», y se las regalaba a su madre cada vez que ésta necesitaba consuelo y estímulo.

- Lucy escribió un ensayo para la clase de lengua titulado «Mi madre es mi modelo de conducta» y luego lo hizo enmarcar y se lo regaló a Meredith para su cumpleaños.

- Una tarde, Meredith llegó a casa desolada. Un cliente furioso había protestado por tener que esperar mientras ella hablaba por teléfono con su casero acerca de un lavabo inundado. Lucy le dijo: «Nada de eso tenía que ver contigo. Tú eres absolutamente genial llevando tu negocio. ¿Quién sabe de dónde salió ese individuo? Seguramente le grita a todo el mundo. ¡Podría aprender un par de cosas acerca de esa Rueda del Miedo de la que siempre me hablas! Y también de la

Rueda de la Libertad. De todas maneras, hablemos de tus planes para el año próximo, como hacíamos anoche. ¿Realmente vas a abrir un nuevo local? ¡Eso es increíblemente fantástico! ¡Todos los chicos están celosos porque tengo una madre genial!»

EJERCICIO CAZAMIEDOS

¿Recuerda cuando dije que Marta y yo nos «entrenábamos» mutuamente para ser unas buenas amigas partidarias? Usted puede hacer lo mismo para establecer relaciones recíprocas que ponen a todos los implicados en un estado de ánimo dinámico y audaz. El secreto consiste en aprender el lenguaje adecuado para dar apoyo:

- Dar órdenes no sirve cuando alguien sufre dolor emocional. Sin embargo, la gente a menudo hace precisamente eso. «Reacciona», podría decir alguien. «Supéralo. Anímate. Recomponte. Deja de llorar.» La gente no puede eliminar voluntariamente los sentimientos negativos. Si pudiera, lo haría. Entonces no existiría el miedo, ni la depresión, ni la pena. La persona que busca apoyo necesita consuelo, no sermones. Usted y sus amigos partidarios pueden practicar diciendo cosas como: «Te escucho. Lamento que estés sufriendo [preocupado, confundido, abrumado, que dudes de tu capacidad]. ¿Qué necesitas? ¿Cómo puedo ayudarte? ¿Quieres que te recuerde lo valioso [inteligente, increíble] que eres?»

- Evite quitarle importancia a los sentimientos de la otra persona. Usted sabe —y en realidad esa persona también— que los sentimientos son pasajeros. Eso no los hace menos desagradables en aquel momento. Así que no diga: «Mañana será otro día. Has sacado las cosas de quicio. Realmente estás exagerando.» En lugar de eso, diga: «Me halaga que te sientas cómodo hablando conmigo cuando estás así. Estoy aquí para ayudarte.»

- No compare el sufrimiento de la persona con el de otros, diciendo por ejemplo: «Hay mucha gente que está peor que tú.» Una persona que ha perdido la visión de un ojo no se sentirá mejor porque le recuerden que hay personas totalmente ciegas. Lo mismo vale para las heridas y las necesidades emocionales. Deje que la persona sienta el sufrimiento. Acepte ese sufrimiento. Es la única manera de apropiárnoslo y dominarlo. De manera similar, evite salir con historias de su propia vida, o con historias que le han contado. Cuando le dice a alguien: «Sé muy bien lo que quieres decir. Cuando mi tía Ida se separó, se sintió totalmente perdida», lo único que logra es que se corte la comunicación y convertirse en un amigo quejoso en lugar de funcionar como partidario. En lugar de eso, utilice expresiones sencillas que permitan a la persona seguir hablando: «¿De veras? Vaya. Oh. ¿Qué ocurrió entonces?»

- Pregúntele a la persona si quiere conocer su opinión. No se ofenda si no le interesa. A menudo, cuando los sentimientos son recientes, la persona no está en condiciones de escuchar consejos. Y nunca, jamás, ni siquiera en broma, alimente el miedo de esa persona sugiriéndole que se tome la revancha con una frase como «Si yo fuera tú...». Decir cosas del tipo «¡Qué imbécil! ¡Yo, en tu lugar, lo estrangularía!» resulta destructivo, no de ayuda. En lugar de eso, diga: «Es evidente que eso te hizo daño. ¿Por qué no hablamos de los momentos en que la gente te ha valorado?»

• Y si la persona está preparada y dispuesta a actuar, pregúntele: «¿Cuál es tu verdadero compromiso?» Esto le permitirá recordar las cosas importantes de su vida, y volver a conectarse con ellas. El trabajo que a usted le corresponde es el de recordarle a la persona que es un ser magnífico, ya sea con su sola presencia o verbalmente, si ella está en condiciones de escuchar. Darle la oportunidad de recordar las cosas importantes le permite tener la libertad de ir más allá del miedo con mayor facilidad gracias a su apoyo.

A medida que nuestros partidarios y nosotros progresamos en el lenguaje del apoyo, nos «pescamos» mutuamente cuando de nuestros labios salen frases negativas. Marta y yo todavía lo hacemos y casi siempre terminamos riéndonos... lo que, por supuesto, ayuda a curar las heridas.

El Consejo de Sabios

Por supuesto, a veces usted necesita algo más que aliento. Necesita la posibilidad de ver las cosas objetivamente. Es entonces cuando debe recurrir a los miembros de su equipo de cazamiedos, que pueden actuar como un Consejo de Sabios. Se trata de un papel muy delicado. Meredith, por ejemplo, no confió en Lucy como consejera cuando trazaba un plan de empresa para ampliar su negocio con un segundo local. Lo que hizo fue llamar a su hermano Ralph, que es un empresario muy próspero. Ralph resultó ser el interlocutor ideal y una fuente de buenas ideas, a pesar de que él se enfrentaba a sus propios problemas porque dos valiosos empleados suyos se habían ido a trabajar para la competencia. La Rueda del Miedo de Ralph se había reactivado con ese episodio, pero a pesar de sus dificultades fue capaz de pensar objetivamente en la situación de Meredith. Eso es lo que distingue a los que tienen la capacidad de actuar como miembros de su Consejo de Sabios. Un miembro de un Consejo de Sabios que siente un miedo esencial hacia el fracaso no permite que eso empañe su juicio cuando tiene que ayudarnos a distinguir los pros y los contras de un nuevo trabajo. Puede jugar el papel de abogado del diablo de una manera constructiva, escuchándole mientras usted analiza los posibles resultados de lo que quiere hacer, y luego alentándole para que valore cómo afrontará las posibles consecuencias.

El motivo de que las personas que forman su Consejo de Sabios sean capaces de pensar en sus planes sin mezclar en ellos sus miedos es que ellos cuentan con una buena dosis de paz, libertad y equilibrio en su vida. Están lo suficientemente crecidos en el aspecto emocional para hallarse en condiciones de desearnos lo mejor. Y si tenemos éxito, son sinceros cuando dicen: «¡Me alegro mucho por ti!»

Tal vez quiera buscar ayuda profesional para formar su Consejo de Sabios. Igual que haría que un cirujano le practicara una apendicectomía, puede contratar a un profesional para que le ayude a perder peso, a hacer un cambio de profesión, a afrontar un fracaso matrimonial o a superar una adicción. El dinero que asigne a las sesiones con un nutricionista titulado, un entrenador personal, un terapeuta o un trabajador social es dinero bien gastado. Y, por lo general, existen distintas escalas de precios que se adaptan a nuestras necesidades.

Consulte el listín telefónico o un buscador de Internet, y preste atención a los comentarios de otras personas. Las recomendaciones de un cliente satisfecho siguen siendo un buen referente. Pero no olvide que el asesor que logró maravillas con su tía Sally tal vez a usted no le sirva. Elegir a un asesor o a un terapeuta es una decisión muy íntima. Si alguna vez siente que le presionan para que lo haga, absténgase. Las empresas y los profesionales dignos de crédito querrán que usted se tome el tiempo necesario para decidir, y que lo haga porque quiere.

Otra buena fuente de referencias son las asociaciones de profesionales. Vaya a la biblioteca pública de su zona y pida las guías de cada asociación. Localice su área de interés y póngase en contacto con la asociación más apropiada. Los representantes de esas asociaciones estarán encantados de brindarle la información que usted desea.

No puedo decirle qué técnicas utilizan los distintos profesionales. Usted mismo tendrá que evaluar a los posibles asesores. Y asegúrese de preguntarles por su especialidad, su experiencia y su formación. Muchos estarán dispuestos a mantener una entrevista sin cargo para que usted decida si le conviene. Hágale caso a su intuición. Confíe en ella. Si se siente intimidado o asustado, entonces esa persona —al margen de los títulos que tenga colgados en la pared— no es la adecuada. Si quiere un asesor personal, consiga uno que le ponga «deberes», lo que para usted será importante. No olvide entrar en *http:// www.FearlessLiving.org*, donde indicamos numerosas opciones. Y recuerde darse a sí mismo y al profesional el tiempo necesario para que el cambio pueda producirse.

Ya se trate de profesionales o de amigos, la función de su Consejo de Sabios consiste en ayudarlo a considerar las cosas detenidamente. Cuando mi clienta Leslie estaba pensando en pasar de una empresa pequeña a una corporación enorme, llamó a un colega exitoso que no tenía motivos para sentirse amenazado por ella. Gary le dijo: «Comprendo tu indecisión. Ganarías mucho más dinero, pero tendrías que renunciar a la autonomía que tienes en la empresa más pequeña. Ésta es una decisión muy personal. Tienes que pensar en tu capacidad de ser creativa, de elaborar y dirigir nuevos proyectos, si es eso lo que te importa. Mucha gente cambiaría para ganar más dinero, pero si acabas sintiéndote desdichada porque alguien te dirige, ¿valdría la pena cambiar por unos ingresos más elevados?

»¿O quieres ganar más dinero porque el tiempo libre es lo que más te importa? Piensa también que tendrás que dirigir un grupo de trabajo más numeroso, y realmente podrías hacer una buena aportación a esa empresa. Se trata de hacer balance. Toma papel y lápiz. Haz varias columnas. Date el tiempo necesario para reflexionar. Y, a propósito, según mi experiencia, cuando la decisión que tomas está de acuerdo con tus intereses personales, todo encaja. Sigue adelante sencillamente porque estás haciendo lo que realmente va contigo.»

Leslie hizo su tarea y volvió a quedar con Gary para evaluar los datos que había reunido. El resultado final fue que el reto de la corporación le parecía apasionante precisamente porque no sabía si podría superarlo. El miedo se había convertido en excitación gracias a la guía del miembro de su Consejo de Sabios.

Los miembros de su Consejo de Sabios plantean preguntas abiertas y permiten que usted mismo encuentre las respuestas, además de ayudarlo a analizar las alternativas sin compararlas con lo que a ellos les gusta o con lo que ellos harían. Dejan a un lado sus propios miedos, se liberan de sus opiniones y de sus compromisos personales, y lo escuchan a usted. Son lo suficientemente sabios para saber que usted es el único que puede decidir. Cada vez que usted recurre a su

Consejo de Sabios pone en marcha su Rueda de la Libertad y está en condiciones de darse permiso para asumir riesgos.

EJERCICIO CAZAMIEDOS

Para obtener el máximo provecho de su encuentro con un miembro de su Consejo de Sabios debe estar preparado:

- Haga una lista por escrito de las preocupaciones que tenga con respecto a un riesgo que está pensando en correr. Si es posible, póngase unos días de plazo, de manera que los diferentes aspectos de la posible aventura vayan surgiendo. Tratar de completar una lista de una sola vez no es tan efectivo como dejar que el tema quede en el fondo de su mente y permitir que aflore de manera espontánea. Tenga a mano un bloc de notas para poder registrar sus pensamientos cada vez que surjan. Incluso le sugiero que lo tenga en la mesilla de noche, por si alguna idea lo despierta mientras duerme.

- Considere el tiempo que dedica a su Consejo de Sabios como una cita profesional. Recuerdo a una clienta, una joven de veintitantos años, que aprendió a usar a su madre como miembro de su Consejo de Sabios. Cada vez que Chloe, la hija, se enfrentaba a un nuevo y atemorizante desafío de adulta, llamaba a su madre y le pedía una «consulta». Dedicaban al tema en cuestión entre quince minutos y media hora, ya fuera en persona o por teléfono. Cuando la sesión terminaba, y si el tiempo lo permitía, Chloe y su madre almorzaban juntas y se dedicaban a hablar de otros temas. «Era como darle a un interruptor. Funcionaba de maravilla.»

- No confíe sólo en su memoria. Tome notas y/o grabe lo que le dice el miembro de su Consejo de Sabios.

- Tenga en cuenta que su Consejo de Sabios no tiene que tomar las decisiones por usted. Usted es responsable de su propia vida y de sus propias decisiones. No recurra a los miembros de su Consejo de Sabios para que le saquen las castañas del fuego. Después de cada sesión tómese un tiempo a solas para escribir sus conclusiones, además de cualquier pregunta nueva que pueda surgir.

La voz de la experiencia

Digamos que ha sido alentado por sus amigos partidarios, que ha evaluado la situación con su Consejo de Sabios y que ha tomado la valiente decisión de correr el riesgo de intentar algo nuevo. Tanto si va a cambiar de carrera como a tener un bebé, decidir una operación, mudarse a Alaska o divorciarse, tal vez quiera contar con la guía de la voz de la experiencia. Usted ha superado el momento en que debe elegir su nuevo sendero sin miedo. Ya está en ese sendero. Y a veces, a lo largo del camino, tendrá dudas y sentirá miedo. Es entonces cuando la tranquilidad que proporcionan las personas que han recorrido un camino similar y encontrado dificultades similares puede resultar inestimable. Meredith, por ejemplo, no podía recurrir a su hija Lucy, su partidaria preferida, para que la ayudara con las cuestiones específicas del divorcio. Su hermano Ralph, el empresario, tampoco era experto en esa situación porque estaba felizmente casado. Es verdad que tanto Lucy como Ralph eran comprensivos, pero cuando se trataba de proporcionar una ayuda concreta —tanto emocional como práctica—, Meredith contaba con Cathy, la hermana de su ex esposo. Cathy podía comprender a Meredith cuando le contaba que tenía recuerdos dolorosos y recurrentes de épocas más felices, cuando ella y Phil eran jóvenes. Cathy asesoró a Meredith acerca de cómo conseguir un teléfono y una tarjeta de crédito a su nombre después de dieciocho años como «señora de». Cathy hacía que Meredith riera a carcajadas a pesar de sus lágrimas cuando le contaba cómo había sobrevivido a la dura prueba de dejar a los niños en casa de su ex y ser recibida por la flamante Otra. «No eres la única —le decía Cathy—, ni estás loca. Eso es lo que se siente. Y lo superarás, como lo superé yo. Y serás mejor gracias a esto.»

También es posible encontrar la voz de la experiencia en grupos de apoyo organizados, tanto reales como virtuales. Grupos de apoyo como Alcohólicos Anónimos, Obesos Anónimos, Padres Solos y la Asociación Nacional de Mujeres Empresarias pueden representar una ayuda inapreciable para recorrer el camino. Existen cientos de grupos más, incluidos los que se basan en la fe o la etnia, las organizaciones de personas solas, y otras asociaciones de hombres o de mujeres. Cuando me embarqué en este nuevo aspecto de mi carrera, me uní a un grupo de escritoras. Mucha gente encuentra solaz y consejo en Internet ante diversas pruebas y crisis, desde la pérdida de un trabajo o de un ser querido hasta la llegada de un segundo bebé o los cuidados de familiares ancianos. Los profesionales retirados también representan la voz de la experiencia. Ellos ya han llegado al final de la carrera a la que nosotros aspiramos, y por eso son ejemplos que nos inspiran e instruyen acerca de lo que supone actuar desde la rueda de la libertad. Recuerde que si su equipo habitual de cazamiedos no cuenta con un miembro que tenga la experiencia que necesita en una situación determinada, debe buscar en otra parte.

EJERCICIO CAZAMIEDOS

El objetivo de buscar la voz de la experiencia consiste en darnos luz verde aun cuando también recibamos amables advertencias acerca de cómo salir airosos de las situaciones que puedan presentarse. Lo que sin duda no necesitamos son agoreros. Como hemos visto, Cathy pudo dar a Meredith un gran apoyo emocional con relación al divorcio porque sentía que había logrado un resultado positivo tras su propio divorcio, a pesar de las pruebas a las que se había enfrentado. Si Meredith hubiera recurrido a una persona amargada y derrotada a causa del divorcio, sólo habría logrado disminuir sus posibilidades de dominar el miedo. Para asegurarse de que elige la voz de la experiencia que le ayudará a decir «¡Sí!» al riesgo que está a punto de asumir, utilice la siguiente prueba de fuego:

- Pregunte a su voz de la experiencia si volvería a hacerlo. Por ejemplo: «Si tuvieras que hacer todo de nuevo, ¿volverías a [divorciarte] [hacer reparar el motor, pedir un crédito para montar tu propia empresa, tener un bebé después de los cuarenta, renegociar tu hipoteca]?»

Si la respuesta requiere de muchas explicaciones, está usted ante un adicto al miedo. Las personas a las que les encanta contar los detalles escabrosos, incluso si el resultado fue aparentemente bueno, siguen aferradas a su Rueda del Miedo. Aquella amiga que bajó de las nubes tras ser sustituida por otra mujer más joven, pero que sigue explicando una y otra vez lo canalla que es su ex marido, no le servirá de ayuda. El individuo cuyo hombro está totalmente curado, pero que le encanta decir que tuvo unos dolores espantosos después de la operación no es la persona a la que tiene que escuchar. Sin duda, es fantástico saber más de lo que nos espera, pero en este momento su necesidad más acuciante es oír que se halla en el camino correcto. Necesita un amigo divorciado que dé más importancia a los buenos momentos y que lo anime, o una persona que le diga que pronto olvidará el dolor posterior a la operación y que luego se alegrará de volver a estar en forma. Lo que usted busca son votos de confianza, no cuentos de terror.

Sociedades Poderosas

Las Sociedades Poderosas son relaciones de su equipo de cazamiedos que suponen un compromiso a largo plazo. Pueden desempeñar muchos de los papeles que ya hemos analizado, pero la dimensión que se añade en este caso es que al menos algún aspecto de sus vidas está dedicado a un objetivo o empresa conjuntos. Sus socios poderosos pueden ser su cónyuge, su socio, su agente, su administrador: cualquier persona con la que forme un equipo, por lo general legalmente y con un contrato firmado, durante un período prolongado. El compromiso es indispensable. Los acuerdos y los límites deben ser discutidos en detalle, lo mismo que los roles y las responsabilidades. Los cumplidos se dan abundantemente y se reciben con gratitud. Los socios poderosos también se ayudan mutuamente a enfrentarse a los miedos sin perjudicarse. Eso puede suponer un desafío. El secreto consiste en que los socios poderosos preguntan antes de brindar consejo. Entonces el otro tiene la posibilidad de aceptar si está dispuesto a recibirlo.

Si tiene un socio que comprende que para que la relación prospere ambos deben prosperar, es necesario que lo mime. Con él puede formar un equipo para vivir sin miedo, animándose el uno al otro consciente y activamente, de modo que unidos son más fuertes que separados. Juntos pueden lograr más cosas, económica y emocionalmente, de lo que podría hacer cada uno por sí solo. Se esfuerzan juntos, poniendo al miedo en su lugar y disfrutando de su libertad.

El que las sociedades tan ideales como las que acabo de describir sean poco frecuentes se debe a que la mayoría de la gente entabla relaciones basadas en el miedo. Ambas personas buscan aprobación desesperadamente, aunque resulta difícil confiar cuando ninguno de los dos socios está dispuesto a entregarse plenamente. Ofrecemos una fachada falsa en un intento por sentirnos seguros en lugar de arriesgarnos a alcanzar una auténtica intimidad revelando la verdad de nuestras imperfecciones.

Es triste que mucha gente pueda abrirle su corazón a un desconocido durante un viaje en avión o pagarle a un terapeuta para que les escuche, pero que le resulte insoportable dirigirse a sus socios y contarles que están asustados o se sienten solos. Sin embargo, ¿cómo podemos conocer el verdadero amor, la amistad y el apoyo si no nos atrevemos a mostrarnos a los demás? Si no revelamos nuestro propio ser, ¿no estaremos siempre preguntándonos si nuestro socio o compañero nos quiere realmente? Cuanto más nos ocultemos, más inseguros nos volveremos, siempre a la espera de que la otra persona descubra precisamente aquello que intentamos ocultar. Las Sociedades Poderosas anulan esa tendencia. Cuando nuestro compromiso es con esa sociedad, tenemos permiso para ser nosotros mismos, sabiendo que la otra persona está allí para ayudarnos a serlo aún más... y viceversa.

Sam y Jacob son un ejemplo de sociedad perfecta. En 1997 pusieron en marcha una web *incubator* en Nueva York, y tres años más tarde estaban en la cresta de la ola. Cuando surgió la oportunidad de adquirir otra empresa, Jacob se echó a temblar. Le dijo a Sam que no quería terminar trabajando veinticuatro horas durante los siete días de la semana. Sam escuchó a Jacob sin interrumpirlo. Después de pensarlo durante unos minutos, Sam dijo: «Si decidimos adquirir nuestra competidora, tendremos que trabajar más horas. ¿Queremos hacerlo? Sé lo importante que es la pesca para tu bienestar, de modo que podríamos llegar a un acuerdo. Si tú dejas de ir a pescar durante un mes, mientras integramos el sistema de ellos al nuestro, no tendré inconveniente si quieres tomarte un fin de semana largo para ir a tu lugar de pesca preferido. Y durante las vacaciones de este año, te agradecería que me echaras una mano para que pudiera pasar unos días con mi familia en Seattle. ¿Quieres que lo intentemos?»

Como demostraron Sam y Jacob, las Sociedades Poderosas funcionan porque cada uno aprecia el esfuerzo que hace el otro y respeta sus necesidades. Con el apoyo mutuo es más sencillo salir de la Rueda del Miedo y avanzar hacia la Rueda de la Libertad. Ambos nos beneficiamos. Un socio comercial podría decir algo como: «No quiero que sientas que estás obligado a seguir adelante si este negocio ya no te entusiasma. Me doy cuenta de que deseas emprender nuevos proyectos. Revisemos a fondo los números y elaboremos un plan para que puedas hacer un cambio. O te compro tu parte del negocio, o encontramos un nuevo inversor, o ya surgirá alguna otra cosa. Me comprometo a hacer lo necesario para que los dos tengamos éxito.» Un esposo podría decir: «Si quieres ofrecerte como voluntaria y leer para los ciegos, me parece fantástico. Los niños y yo estaremos bien las tardes que tú salgas. Será nuestro momento especial.» Una esposa podría decir algo como: «Claro que te echaré de menos si pasas un mes en Maine en ese encuentro de verano para artistas, pero no puedes perdértelo, cariño. Es lo que necesitas para exponer tus pinturas. Es precisamente la oportunidad que estabas esperando.»

Ejercicio cazamiedos

Si está a punto de formar una sociedad, ponga el acuerdo por escrito. Puede incluir una cláusula que diga que más adelante, si las circunstancias cambian, podrá renegociarse. Pero no se avergüence de ponerlo todo por escrito, aunque esté locamente enamorado. Sobre todo si está locamente enamorado. Muchos matrimonios se han roto, o al menos se han visto perjudicados, por ocultarse cosas. Si el tema es tan poco importante como quién tirará la basura, o tan crucial como si los niños serán educados en la religión del padre o en la de la madre, asegúrese de hablarlo claramente. Por supuesto, lo mismo vale para las sociedades comerciales. Cualquier clase de Sociedad Poderosa funciona tan bien como el contrato que exista entre ambas partes. Cuando eso está claro, no cabe duda de que las posibilidades de vivir sin miedo juntos son muy buenas.

Ha descubierto cómo encajan sus amigos en su vida, y cómo ayudarse. Para ampliar su equipo de cazamiedos, le propongo que haga de la siguiente tarea una constante: póngase en contacto con una persona con la que le gustaría restablecer sus vínculos, agradézcale su apoyo a un miembro de su equipo de cazamiedos y busque a un nuevo partidario potencial. Así, su equipo de cazamiedos siempre tendrá individuos afectuosos que lo apoyen y que piensen que usted es el mejor.

Ahora que tiene formada su red de amigos, y que ellos están preparados para ayudarlo, puede empezar el trabajo verdaderamente profundo que supone el programa *Vivir sin miedo*. En primer lugar, eliminaremos las expectativas que le han hecho pensar que no es lo suficientemente bueno.

Segunda Parte

EL PROGRAMA *VIVIR SIN MIEDO*

A la larga, evitar el peligro no es más seguro que la exposición directa. La vida es una aventura osada o no es nada.

HELEN KELLER

Capítulo Seis

SIN EXPECTATIVAS

Una tarde de enero, en la ciudad sureña que era entonces mi nuevo hogar, me estaba preparando para salir con Daniel. Nos habíamos enamorado locamente el mes de marzo anterior, durante unas idílicas vacaciones primaverales en Florida. Tras regresar yo a la Universidad de Minnesota para terminar mi segundo curso y él a la universidad sureña en la que cursaba el último año, mantuvimos un romance a distancia. Nuestras cuentas de teléfono llegaban a los seiscientos dólares al mes, y él me agasajaba con un continuo torrente de flores que me entregaban a domicilio, además de hacerme algunas visitas por sorpresa. Cuando llegó el verano, acordamos que yo cambiaría de facultad y me mudaría para estar con él. Alquilé un apartamento y me instalé en él, pero en realidad yo esperaba que el cuento de hadas terminara en matrimonio: me sentiría segura gracias al amor de Daniel, jamás sería abandonada ni volvería a tener miedo.

Sin embargo, las cosas no salieron exactamente como yo pensaba. Mientras me arreglaba el pelo y elegía un traje bonito, decidí hablar con Daniel de lo decepcionada que me sentía por no haberlo visto con demasiada frecuencia desde mi llegada, seis meses antes. Le había hablado del tema varias veces, pero no lograba que me entendiera, y estaba molesta.

Al fin y al cabo, yo había dejado una universidad que me gustaba y me había mudado a muchos kilómetros de distancia de mis hermanas. Sin duda, los estudios le exigían a Daniel mucha dedicación, pero ¿acaso no me había trasladado por él? Me merecía que él hiciera un esfuerzo extra.

Lo que yo no sabía era que Daniel tenía otros planes para esa noche. Después de la cena, durante la cual le solté mi discurso acerca de que no recibía demasiada atención, terminamos en nuestro bar preferido, donde tomamos unas copas con algunos amigos. Bromeé acerca de los sudores que me habían entrado un par de semanas antes, cuando Daniel y yo habíamos estado mirando anillos de compromiso. Daniel eligió ese momento para hacerme saber que todo había terminado entre nosotros.

«Sí —dijo mientras asentía con la cabeza—, a mí me ocurrió lo mismo. Es una suerte que no hayamos comprado el anillo. Porque de hecho creo que ya no te amo.»

Sentí que mi cuerpo se paralizaba. No podía respirar. Volvía a tener catorce años, estaba otra vez en Michigan aquel lluvioso día de junio en que los disparos de mi padre me habían infundido la pavorosa idea de que no merecía estar viva. Era una perdedora. No valía nada. No era digna de ser amada. Había sido públicamente despreciada por el hombre que se suponía que debía alejar el dolor y el miedo de mi vida. No podía ser que aquello estuviera ocurriendo.

Entonces, el desprecio hacia mí misma dio paso a la rabia. ¡Otra vez no! ¿Acaso no había soportado demasiado? ¿Cómo se atrevía? Él conocía mi pasado. ¿No podía entender que yo estaba haciendo las cosas lo mejor que podía después de pasar por lo que había pasado? ¿No podía hacer él un esfuerzo, después de que yo hubiese arrancado mis raíces, dicho adiós a mi familia y le hubiera seguido con la promesa de que siempre estaríamos juntos? Mi parálisis inicial se aflojó. El miedo me empujó más allá del límite de mi frágil control y reaccioné desatando una tormenta de hostilidad hacia Daniel y arrojando un zapato que hizo añicos el espejo de detrás de la barra. El propietario consideró que yo debía marcharme para seguridad de los otros clientes. El «gorila» del bar me llevó hasta la puerta. Daniel no se movió para acompañarme. En lugar de eso, le pidió a su compañero de cuarto que me llevara a casa.

Sola en mi apartamento, me paseaba de un lado a otro como un gato enjaulado. Decidí que tenía que irme de la ciudad. Tal vez eso le haría daño a Daniel. Pensé que no podía quedarme a esperar más rechazos y humillaciones, tenía que lograr que me echara de menos. ¿Qué podía llevarme? Fui de un lado a otro del apartamento, recogiendo lo que tenía a mano y metiéndolo en la maleta: dulces y tiritas, cerillas y un cojín, un casete y algunos lápices. Preparé un poco de chocolate caliente. Limpié la mesa. Me senté delante del teléfono. Carecía de objetivo y de equilibrio; los estaba perdiendo.

Dejé innumerables mensajes en el contestador automático de Daniel, pero no respondió. Más tarde, cuando marqué su número, la línea comunicaba. Llamé a la operadora para que solucionara el problema, pero me dijo que el teléfono estaba descolgado. No podía creer que me estuviera ocurriendo algo así. No con Daniel. No después de haber renunciado a tantas cosas para estar con él. ¿Por qué no me llamaba? En medio de aquel silencio, con mi taza de chocolate frío, me negaba a aceptar la realidad de que aquel hombre que antes no podía soportar estar lejos de mí, hubiera dejado de quererme.

Entonces, el miedo de no valer nada salió de nuevo a la superficie. Evidentemente, no debería haberme sorprendido que él me abandonara. Estoy segura de que me lo merecía.

Llamé a mis hermanas para tratar de hablar con alguien, con quien fuera. Les dije lo mal que me había portado, pero colgué cuando ellas empezaron con su letanía de que pensara positivamente. Ambas estaban reaccionando instintivamente como miembros de lo que más tarde, al desarrollar mi programa *Vivir sin miedo*, yo identificaría como mi equipo de cazamiedos. Pero en ese momento no estaba abierta a su amor y ayuda. No era el apoyo de unas amigas partidarias lo que yo tenía en mente, sino el castigo. Quería desesperadamente que alguien se lamentara conmigo, no que me ayudara. Entonces pensé aterrorizada que Daniel se había ido para siempre, lo cual era una prueba más de que yo era despreciable. Llegué a la conclusión de que si me quitaba la vida, Daniel se arrepentiría toda la vida de la decisión que había tomado. Alarmada por mis propios pensamientos, corrí al teléfono.

—Línea directa de asistencia al suicida. Soy Nancy. ¿Quieres decirme tu nombre, por favor? —respondió una voz optimista.

—Rhonda.

—Hola, Rhonda. Gracias por llamar.

Le dije a la encantadora mujer que quería matarme, y provoqué así lo que sin duda era la rutina habitual de preguntas y respuestas. Le di mi número de teléfono, una dirección falsa y detalles superficiales de mis problemas de relación. Entonces Nancy pasó a leer —o eso pareció— un guión pensado para mantener a los locos como yo alejados de la ventana del décimo piso. Todo lo que dijo me molestó. Su enlatada retórica y su tono nauseabundo sólo lograron hacerme sentir más sola. Terminé la llamada diciéndole a la voluntaria que, después de haberla escuchado, aún estaba más convencida de que quería matarme.

En busca de comprensión recurrí a mi última esperanza, Woody, mi mejor amigo del mes. Lo llamé y le conté que me había tomado unas píldoras. Me di cuenta de que había dicho una tontería cuando él respondió que llegaría enseguida. Pensé que tendría que tomarme las píldoras o confesarle a Woody que lo que le había dicho no era verdad. Las mentiras me resultaban insoportables. Daniel era un mentiroso. Yo no iba a ser como él. En mi confusión, cumplir con mi palabra estaba por encima del riesgo que corría mi vida. No tenía nada raro a mano, pero revisé el botiquín y mi bolso y me tragué todas las píldoras que se compran sin receta que tenía: un frasco entero de aspirinas, lo que quedaba de Tylenol, algunos antiácidos, mis vitaminas, un paquete de Midol e incluso las pastillas de calcio.

Antes de salir, Woody había llamado al teléfono de emergencias. Para mi desesperación, él y la ambulancia llegaron al mismo tiempo. Yo habría preferido estar desmayada en ese momento, pero no tuve tanta suerte.

Después del drama en la sala de emergencias, donde me obligaron a beber algo que olía a huevos podridos para que vomitara, me desperté en la zona de Psiquiatría. Cuando uno llega allí, no tiene que explicar simplemente que estaba enfadada con su novio y luego marcharse. Estuve «en observación» durante unos días. Después de eso, el terapeuta que me asignaron me dijo con absoluta sinceridad: «Aquí no tienes amigos de verdad, ni familia, ni apoyo. Regresa a Minnesota.»

No era eso lo que yo quería oír. ¿Cómo podía ser tan frío? No era éste el tratamiento que esperaba de un terapeuta profesional. Pero en el fondo sabía que tenía razón.

La mayoría de nosotros esperamos que ciertas cosas ocurran de determinada manera. Hemos hecho planes. Lo hemos visualizado. Tal vez incluso hemos encendido velas en la iglesia para asegurarnos. Queremos hacer más, tener más y ser más. No sólo queremos tenerlo todo, también pensamos que lo conseguiremos. Obligamos a nuestra familia y amigos a saltar a la palestra cuando esperamos de ellos tanto como de nosotros mismos. Y cuando hemos hecho todo lo que «deberíamos», hemos «pagado nuestras deudas» y «nos hemos esforzado», queremos resultados garantizados. ¿Acaso no hemos trabajado duramente? ¿No nos hemos ganado nuestro pequeño lugar bajo el sol, o un gran lugar, según lo que creamos que merecemos? La decepción es inevitable si las cosas no resultan exactamente como las habíamos planeado, que es lo que suele suceder. Y en esos casos se confirman nuestros peores miedos. Esperamos ser amados para siempre. Nos abandonan y surge el miedo de ser indignos de amor. Esperamos obtener el aumento de sueldo que pedimos, pero no lo conseguimos. Entonces nos domina el temor de ser unos incompetentes. Esperamos ser recompensados con el respeto y el aprecio de nuestros hijos, después de todo lo que hemos hecho por ellos. Pero ellos hacen su vida y se olvidan de llamarnos por nuestro cumpleaños. Cada expectativa incumplida confirma nuestros peores miedos. Nuestros actos están ensombrecidos por nuestras expectativas frustradas. El miedo de ser rechazados nos atenaza. Al final, las expectativas alimentan el miedo y el descontento. Y nuestras expectativas no cumplidas son el catalizador que nos permite expresar la ira, la autocompasión y el victimismo que surgen de nuestros miedos.

Si me amaras, sabrías qué necesito

Ésta es la razón por la que las expectativas pueden atrofiar nuestro crecimiento y potencial. También es por eso por lo que pueden envenenar nuestras relaciones, tanto las personales como las profesionales. Cuando esperamos algo de otra persona pero nunca manifestamos esa expectativa le estamos pidiendo a esa persona que nos lea el pensamiento. Es evidente que la otra persona casi nunca podrá adivinar qué es lo que esperamos. Será difícil que actúe según la suposición «correcta». Wayne, por ejemplo, esperaba que su esposa fuera exactamente igual a la muchacha que se había casado con su querido papá. Su madre había sido la consumada ama de casa, la típica mujer que está detrás del hombre. Sin embargo, Lynn, la esposa de Wayne, había reanudado los estudios, tal como había pensado hacer cuando sus hijos más pequeños hubieran cumplido los diez años. Él lo había sabido desde que se casó con ella, y un año antes de que empezara a estudiar ya presumía de esposa delante de sus amigos. Sin embargo, le disgustaba que Lynn no tuviera la cena en la mesa a la hora de siempre. Le dolía que ella enviara sus camisas a la lavandería en lugar de lavarlas y plancharlas en casa. Y se enfadaba cuando ella se pasaba la noche estudiando en lugar de acurrucarse a su lado en el sillón para mirar la televisión.

Pero nunca le dijo nada. Sencillamente, esperaba que ella supiera qué era lo que él necesitaba para sentirse querido. El hecho de que no lo supiera o, peor aún, que a él le pareciera que ella pasaba por alto adrede sus necesidades y deseos puso en marcha la Rueda del Miedo de Wayne. Tenía miedo de ser rechazado y terminó sintiéndose profundamente incapaz. Su padre había conseguido ser la clase de esposo que merecía una esposa devota. Vaya, pensó Wayne, ¿acaso no estaba a la altura de su padre? Decidió evitar sentirse rechazado adoptando «medidas preventivas». En la cama le daba la espalda a Lynn. Cuando ella le hablaba, fingía que no la oía. Regresaba a casa tarde y no le decía dónde había estado. Al fin y al cabo, razonaba, Lynn no podría rechazarlo si él la rechazaba antes. Y con la retorcida lógica común a las personas que se encuentran en la Rueda del Miedo, Wayne también pensaba que, dándole a Lynn una dosis de su propia medicina, le demostraría que ella había herido sus sentimientos al no deducir correctamente cómo quería ser amado. Sin embargo, lo único que ocurrió fue que, como consecuencia de la actitud de él, Lynn se volvió aún más inaccesible. El día después de que Lynn durmiera por primera vez en el sofá y no en la cama con él, Wayne fue a verme para que lo ayudara. Un colega le había hablado de mi trabajo, y Wayne me explicó que deseaba tener «el coraje necesario para un divorcio sin miedo».

Después de escucharlo, mi intuición y mi experiencia me convencieron de que Wayne quería desesperadamente arreglar las cosas con Lynn. Comenzamos identificando su Rueda del Miedo: el miedo a ser rechazado, seguido por el miedo a sentirse incompetente. Acto seguido pasamos a identificar su Rueda de la Libertad. Al principio, pensando como la mayoría de la gente que su Rueda de la Libertad sería el polo opuesto a su Rueda del Miedo, Wayne eligió «amoroso» como su naturaleza innata. Sin embargo, sus cinco héroes eran Jack Nicklaus, uno de los más grandes golfistas de la historia; su profesora más admirada de la universidad, una mujer que había dedicado su vida a decodificar el ADN; el músico de jazz Duke Ellington; el famoso jugador de béisbol Babe Ruth, y el legendario domador de fieras Gunther Gable Williams. Eligió «concentrado» como la naturaleza innata de Nicklaus, del profesor y de Ruth; «creativo» para Ellington, y «valiente» para Williams. Luego dijo: «Bien pensado, Ellington y Williams también eran bastante concentrados.»

Lo que ocurrió después ya lo sabemos. Le revelé a Wayne que su naturaleza innata no era «amoroso» sino «concentrado». Se sonrojó.

«Bueno, tal vez en otros tiempos —dijo—. Cuando iba a la escuela secundaria estaba decidido a ser un profesional del golf. Pero precisamente antes de graduarme (yo estaba en Princeton), unos tíos fueron al campus a reclutar gente, y uno de ellos me engatusó mencionando un salario millonario por un puesto en un banco de inversiones. Me dijo que no le importaba cuál era mi especialidad. Mi promedio general era de 3,9 y yo era "buen material". A los veintiún años tuve miedo de dejar pasar la oportunidad. Acepté el trabajo con la esperanza de quedar cautivado por la excitación del mundo de las altas finanzas internacionales.

»Bueno, resultó que había mucho trabajo duro, y por lo general bastante tedioso. Sin embargo, me acostumbré al dinero y al estilo de vida acorde con el trabajo en un banco, aunque nunca puse en ello demasiado entusiasmo. Una vez, hace un par de años, pensé en participar en una liga de aficionados para divertirme, pero durante el fin de semana los niños siempre tenían alguna actividad que yo no me quería perder. Así que pensé: bien, mi familia será mi vida. Pero, como le dije, eso tampoco está funcionando.»

Tal como demuestra la historia de Wayne, las expectativas no expresadas, poco realistas y que no llegan a cumplirse pueden llevarnos a hacer cosas como elegir el camino equivocado y castigar a las personas que queremos. Eso resulta desgarrador. Destruye los sueños y destruye el matrimonio. Mantiene a la gente aferrada a la Rueda del Miedo. Y lo peor de todo es que ninguna de las personas implicadas tiene una idea clara de qué es lo que salió mal. Cuando las cosas no salen como queremos, sencillamente nos quedamos perplejos y nos sentimos impotentes. Cuando nuestras expectativas son un factor primordial en nuestra forma de pensar, hablar y escuchar, la decepción se convierte en un estilo de vida. Las expectativas parecen cambiar con cada situación individual, aunque al final sólo consisten en nuestro miedo manifestándose en infinidad de maneras. Y las expectativas hacen que todo nos parezca una cuestión personal. Pero nadie nos hace nada a nosotros. Nosotros reaccionamos a nuestra propia Rueda del Miedo.

EJERCICIO CAZAMIEDOS

El lenguaje negativo es un signo evidente de que las expectativas poco realistas o no expresadas le están impidiendo vivir sin miedo. Le di a Wayne una lista de palabras usadas muy comúnmente por la gente cuando una situación o una relación está cargada de expectativas. Tal vez usted las haya utilizado para describirse a sí mismo o a otras personas. Cuanto más frecuente es su presencia, más probable es que las expectativas hagan girar sin control la Rueda del Miedo. Pregúntese si alguna de estas palabras determina sus actos cotidianos o refuerza su sistema de creencias. Estas palabras le darán una idea clara de la frecuencia con que usted espera que las cosas sean diferentes.

Usted:

niega	culpabiliza	se merece...	posterga
espera	se defiende	vacila	sufre
se reafirma	finge	se compromete	supone
resuelve	se queja	juzga	lucha
controla	lloriquea	se aísla	compara
manipula	evita la	desea	se preocupa
oculta	confrontación	condena	

Se siente:

amargado	con derecho a...	impotente	relegado
molesto	confundido	irresponsable	indiferente
decepcionado	ambiguo	perfeccionista	víctima
centrado en	insatisfecho	irritado	incoherente
su persona	culpable	resentido	autocompasivo

Las palabras que Wayne eligió para definir sus acciones resultaron ser «se reafirma», «culpabiliza», «se merece...», «se compromete» y «compara». Las que eligió para los sentimientos fueron «amargado», «decepcionado», «con derecho a...», «insatisfecho» e «ignorado». Le pedí que escribiera estas palabras con el fin de empezar a aceptarlas sin vergüenza. Quiero que usted haga lo mismo. Durante los tres próximos días escriba cualquiera de las palabras que piensa o dice con relación a las expectativas.

Después de eso, escriba las palabras que acuden a su mente cada vez que sospecha que las expectativas poco realistas o no expresadas hacen girar su Rueda del Miedo. ¿Cuál de las palabras de la lista surge en usted con mayor frecuencia? ¿Hay alguna que le haga sentir vergüenza o le produzca alguna incomodidad? Quizá notó que ya ha dejado a un lado algunas que en otro momento eran comunes para usted. Eso es fantástico. Tenga siempre conciencia de sus progresos. ¿Alguna de estas palabras le recuerda a determinados amigos? En ese caso, la gente con la que se rodea puede estar contribuyendo a su miedo. Anote las palabras que ejercen más poder sobre usted y las que usted quiere dejar atrás. Ahora que está usted adquiriendo una mayor conciencia, le pido que se mantenga alerta, porque las expectativas son una apertura para descubrir y transformar su Rueda del Miedo. Una vez que determinemos cómo las expectativas están influyendo en nuestra vida, podremos colocarnos en la Rueda de la Libertad, donde sólo queda una cosa: usted. ¡Un ser poderoso y sin miedo!

Eso fue precisamente lo que le ocurrió a Wayne. Le enseñé que el paso siguiente, después de identificar las palabras relativas a las expectativas, consiste en mirar una vez más la lista de cien conductas proactivas y reafirmadoras e identificar aquellas que podrían funcionar en su situación actual.

Wayne eligió «Hacer algo amable por otra persona», «Estar dispuesto a equivocarse», «Eliminar contratos poco explícitos» y «Practicar el arte de la conversación». Él hizo realmente todas esas cosas cuando, como yo le enseñé, le expresó sus expectativas a Lynn usando frases en las que hablaba de él, y no de ella. («Me siento olvidado cuando tengo que sentarme a mirar la televisión solo», en lugar de «Te olvidas de mí casi todas las noches mientras estudias».) Esto abrió el canal de comunicación. Wayne y Lynn terminaron hablando con franqueza de sus problemas, al principio casi todos los días y luego aproximadamente una vez por semana. El resultado fue que cuando Wayne verbalizó sus expectativas fue capaz de empezar a apreciar auténticamente a Lynn por su dinamismo y entusiasmo. Ella, por su parte, se tomó con más calma sus hábitos de estudio nocturno, y cada vez que podía estudiaba durante el día, mientras Wayne estaba en el trabajo. Pasar las tardes junto a Wayne volvió a convertirse en un placer. El paso siguiente fue que Wayne contrató a un instructor de golf de primera con la intención de participar en un torneo local. También se pusieron de acuerdo en que cuando Lynn tuviera vacaciones en la facultad se irían a Cancún sin los niños. Al volver, Wayne vino a verme y me dijo: «Usted tenía razón. En cuanto tuve un objetivo, alcancé mi faceta de la integridad: la confianza. Cada vez juego mejor al golf; después de todo no soy tan malo. Y ahí no acaba todo. Mi creatividad despertó al improvisar con una banda de jazz en México. Yo solía tocar el saxo, y aunque me he olvidado un poco, no he perdido mi habilidad. Ahora estoy practicando de nuevo, para divertirme. Y después está el tema de la intimidad. No hace falta que le diga que mi relación con Lynn es mucho más íntima ahora que soy sincero conmigo mismo después de tantos años.»

El juego de la culpabilidad

Una de las mayores tentaciones a las que nos enfrentamos cuando tenemos expectativas es culpar a los demás. Wayne había estado culpando a Lynn de los problemas de su matrimonio. Y yo solía encontrar una manera de culpar a los demás de casi todo. ¿Por qué querría enfrentarme a mis propios problemas cuando, a mi modo de ver, ya había sufrido lo suficiente? Para empezar, mi padre «debería» haberme amado. Eso es lo que se supone que hacen los padres. Mi madre «debería» estar viva todavía porque se lo merecía. Y Daniel «debería» haber estado esperándome en el hospital, pidiéndome que lo perdonara. Se supone que el amor y la lealtad son eso, ¿no? Pero Daniel había enviado a su compañero de cuarto a buscarme al hospital para dejarme en la puerta de mi apartamento, donde tuve que enfrentarme a los destrozos que había causado en mi arrebato antes de ir al hospital. En lugar de buscar las respuestas en mi propio interior, parecía más fácil culpar a mi padre, a las armas o a Daniel. Si ellos eran los malos, yo no tendría que serlo.

Una antigua clienta llamada Jennifer es un buen ejemplo de cómo funciona esta falsa lógica. Aunque estaba entusiasmada por haber conseguido el ascenso por el que tanto se había esforzado, Jennifer se encontraba ahora en terreno desconocido. En su nuevo puesto carecía de aliados, no estaba segura de cómo se hacían las cosas y se sentía fuera de lugar en su papel de «alto cargo». El primer día de trabajo, su jefe le transmitió las normas básicas y le dio una lista de las expectativas que tenía con respecto a su desempeño. Aquella lista no era cualquier cosa: Jennifer esperaba que él la orientara durante su adaptación, pero pasaron las semanas y él no le ofreció ayuda. Jennifer tampoco se la pidió. Como resultado, se sintió excluida y sin apoyo. Empezó a dudar que ese trabajo fuera adecuado para ella, y culpaba a su jefe de los aprietos en que se hallaba.

«¿Cómo voy a saber lo que debo hacer si él no me lo dice? —me preguntó cuando vino a verme, al poco de aterrizar en el nuevo trabajo—. Quiere que lo averigüe todo por mi cuenta. Creo que no le gusto y quiere que fracase.»

Como Jennifer no había comunicado sus expectativas, se había formado una opinión motivada por el miedo. Cuando nos sentimos incómodos porque no se cumplen nuestras expectativas, el miedo nos hace pensar cosas como: «No saben lo que hacen», «Esto no es para ti», «No deberías haber aceptado el trabajo», «El dinero no compensa tanta hostilidad», «¿En qué pensabas?» o «Deberías haberlo previsto». Las expectativas de Jennifer se habían vuelto contra ella, y se habían convertido en un diálogo interno negativo. Acabó acumulando montones de pruebas que demostraban por qué sus compañeros no eran tan eficientes como los anteriores y por qué estaban saboteando sus esfuerzos por mejorar métodos caducos. Ella tenía una idea de cómo «debía» comportarse un jefe, y estaba ofendida porque el suyo «no sabía ser jefe, y ni siquiera había intentado darme algún consejo». Como él estaba en una posición de autoridad, era un chivo expiatorio fácil.

Aunque Jennifer ya había hecho grandes progresos en lo que se refiere a vivir sin miedo y eso le había permitido en primer lugar conseguir este nuevo trabajo, las expectativas surgieron cuando ella corrió el riesgo de ocupar un cargo en la dirección. Eso es frecuente. Cada vez que uno entra en un territorio desconocido, la Rueda del Miedo echa a rodar. Cuando Jennifer aceptó su nuevo trabajo, el miedo de que la consideraran estúpida y su sensación de ser débil entraron en acción. Mientras giraba en su Rueda del Miedo, no podía pensar en nada, salvo en las expectativas que tenía con respecto a sí misma y a cómo debía ser ese trabajo. La parte buena es que cuando usted empieza a identificar las expectativas que ponen en marcha su Rueda del Miedo, está en condiciones de llevar a cabo acciones proactivas y autoafirmadoras que lo ayudan a subirse a su Rueda de la Libertad. La vida es un proceso de cambio continuo, y en todos los niveles de crecimiento se plantean desafíos. Siempre surgirá el miedo, pero cada vez le resultará más fácil eliminar la clase de expectativas que le impiden dominar el miedo.

EJERCICIO CAZAMIEDOS

Le pedí a Jennifer que respondiera a las siguientes preguntas, lo que para ella resultó muy impactante. Quiero que lo haga usted también.

- Mencione una situación determinada. En esa situación:
  ¿Qué espera de usted mismo?
  ¿Qué espera de los demás?

Al principio, Jennifer lo pasó mal respondiendo. Quería negar su parte de responsabilidad reaccionando con rabia y culpando a los demás. Cuando actuamos por reacción, esperamos lo imposible.

¿Actúa usted por reacción? Responda a las siguientes preguntas:

1) ¿Las palabras «debería» o «tendría que» forman parte de su vocabulario o de sus criterios para tomar decisiones?

2) ¿Hace cosas por los demás porque tiene que hacerlas?

3) ¿El mal humor de alguien puede deprimirlo?

4) Cuando lo critican, ¿adopta una actitud defensiva?

5) ¿Busca la aprobación de los demás antes de hacer algo?

6) Cuando alguien le grita, ¿responde usted a gritos automáticamente?

Si respondió afirmativamente a alguna de estas preguntas, usted actúa por reacción. Cuanto más numerosas son las respuestas afirmativas, mayor es la frecuencia de la conducta reactiva o, lo que es lo mismo, más expectativas ha puesto en usted mismo o en los demás. La mayor parte de la gente cree que está haciendo una elección cuando en realidad sólo está reaccionando. Eso es lo que Jennifer pensaba.

Cuando usted crea argumentos contra usted mismo (o contra otros) hace falta valor para admitir que tal vez exista otro punto de vista. Es necesario tener un compromiso con la verdad para afrontar la realidad del miedo. Jennifer no es la única que se niega a reconocer de entrada sus expectativas. Parecían tan razonables... podía justificarlas una por una. Casi todos lo hacemos. Le expliqué que sus expectativas no la hacían parecer confundida o estúpida, sino humana. Todos queremos que las cosas sean de determinada manera. Nadie está totalmente libre de caer en el juego de la culpabilidad.

Jennifer confesó que ella había esperado adaptarse con mayor rapidez y sentirse confiada y competente ahora que lo había «logrado». Esperaba que su equipo recibiera bien sus nuevas ideas y trabajara a un ritmo de producción más elevado.

Pensaba que su asistente sería sin duda amistoso y eficiente, que sus amigos la apoyarían, que su padre finalmente la respetaría y que su nuevo jefe sería tal como ella había soñado.

Tuve la impresión de que Jennifer sencillamente quería ser comprendida, respetada y amada. Más o menos lo que todos queremos. Por irónico que parezca, cuando su Rueda del Miedo echó a rodar, sus expectativas la apartaron de las experiencias positivas que podría haber contribuido a promover. Todo parecía confuso y exagerado. Se sentía como si lo hubiera estropeado todo desde el principio. Ahora sabía que estaba reaccionando al hecho de sentirse estúpida e impotente. ¿Era demasiado tarde? Claro que no.

Le expliqué a Jennifer que se había olvidado de exponer las «Reglas de Jennifer» antes de asumir su nuevo cargo para evitar una conducta poco eficiente por parte de sus compañeros. Se echó a reír. Ya hablando en serio, le dije que debía ser honesta consigo misma. Se dio cuenta de que estaba quitándose de encima la responsabilidad (allí donde tenía la posibilidad de cambiar las cosas) y adjudicándosela a otras personas o circunstancias (sobre las que no tenía ningún control). Llegó a comprender su problema básico: su miedo a sentirse impotente y ser considerada estúpida había creado sus expectativas y limitado su éxito. ¿Quién decía que tendría un asistente eficiente? ¿Quién decía que tenía que saberlo todo? Con respecto a su asistente, si ella quería que las cosas se hicieran de una manera determinada, lo más indicado era que se lo comunicara. Todos los que trabajaban con Jennifer tenían sus propias expectativas. Si lo mezclamos todo, tendremos una buena receta para el desastre. No es de extrañar que tanta gente se sienta frustrada en su trabajo. Las expectativas siempre reunirán pruebas a nuestro favor y en contra de los demás. Sin una clara comunicación y un auténtico compromiso hacia nuestra propia responsabilidad, no existe la posibilidad de mejora.

Los deberes que le encomendé a Jennifer fueron que eliminara todos los contratos tácitos que tuviera con los demás y que comunicara sus necesidades, carencias y deseos claramente. Los contratos tácitos son aquellos acuerdos que hemos hecho con otras personas de los que éstas no saben nada. Los contratos tácitos más obvios de Jennifer eran los que tenía con su asistente y con su jefe.

Cuando Jennifer comprendió que no era responsabilidad de nadie el saber lo que ella necesitaba, los conflictos disminuyeron. Y cuando surgieron resultó más fácil resolverlos. Debido a su miedo de parecer estúpida, también había pretendido saberlo todo. En esos casos, resulta difícil aprender algo. Antes de avanzar, tuvo que admitir dónde se encontraba.

Jennifer pasó a la Rueda de la Libertad haciéndose responsable de su estado de ánimo. Repasó la lista de acciones provocadas por las expectativas e identificó «espera», «culpabiliza», «se queja», «juzga», «supone» y «se preocupa» como las maneras temerosas en que se comportaba. Luego escogió «decepcionada», «con derecho a...», «impotente», «resentida» e «ignorada» para referirse a lo que sentía. Estudió la lista de las cien conductas proactivas y autoafirmadoras. Encontró algunas que funcionaban en esta situación aunque no estaban en la lista que ella había escrito en su tarjeta plastificada. Eso podría ocurrirle también a usted, en cualquier situación determinada. Jennifer escogió «Decir "no sé" si no sabe», «Ser honesto», «Iniciar una conversación», «Pedir algo que quiere», «Arriesgarse a sentirse incómodo», y «Hacer preguntas». Al día siguiente, en su trabajo, sacó a colación el tema de sus responsabilidades diciéndole a su jefe:

—Desearía hacer un buen trabajo para usted y para la empresa. ¿Podríamos concretar una hora para que pueda hacerle algunas preguntas respecto a las indicaciones que me facilitó?

Para su sorpresa, el jefe respondió:

—¡Por supuesto! Tengo una hora disponible entre las tres y las cuatro. ¿Le parece bien?

Jennifer estuvo de acuerdo y apareció puntualmente con una lista escrita de preguntas. Tras hacer unos breves comentarios sobre el tiempo y servirse café, Jennifer y su jefe iniciaron un intercambio muy productivo. Él resultó ser un buen maestro, y era evidente que disfrutaba compartiendo su experiencia con Jennifer.

—Muchísimas gracias —le dijo Jennifer cuando faltaba poco para las cuatro—. Ahora estoy más segura de que puedo hacer lo necesario.

—Ha sido un placer —repuso su jefe—. Francamente, hasta que empezamos a conversar no me había dado cuenta de cuántos aspectos del trabajo son específicos de esta empresa. Sencillamente di por sentado que usted comprendía la jerga. Ya sabe, tal vez debería hacer una lista de términos y acrónimos para entregar a la gente nueva.

—¡Qué buena idea! —respondió Jennifer.

—Se la debo a usted —le dijo con una sonrisa—. Me sabe mal pensar en cuánta gente se ha esforzado para entender los secretos del trabajo porque tenían miedo de acercarse y admitir que necesitaban ayuda. Si en algún momento tiene más preguntas, hágalas sin problema. Hace falta tener coraje y seguridad en uno mismo para pedir ayuda. Admiro su actitud. Oh, a propósito, mañana empieza una persona nueva en su departamento. ¿Querrá hacerse cargo de ella, por favor?

Cuando Jennifer hacía depender su éxito de las conductas de su jefe, estaba evitando inconscientemente ejercer el control sobre su propia profesión. Al decidir recuperar ese control reclamando ayuda, eligió actuar sin miedo. Un año después, Jennifer fue ascendida otra vez debido a su actitud proactiva y a su empuje.

¿Cuándo fue la última vez que culpó a alguien de algo? ¿Pensó que tenía «derecho» a culpar a esa persona? ¿Tenía motivos que lo justificaran? ¿Otras personas coincidieron con usted? Si usted es como la mayoría de la gente, se le ocurrirán varios ejemplos. Tal vez su esposa hizo algo que le molestó. Tal vez su mejor amigo lo defraudó. Tal vez no está seguro de que usted culpabilice a los demás. Una buena señal es saber si la frase «Si al menos...» forma parte de su vocabulario. También debe tener en cuenta que, con el fin de culpar a alguien, usted debe de haber tenido la expectativa de que esa persona «debería» haber hecho algo de otra manera. Lamentablemente, las expectativas siempre le harán sentir que no tiene el control y que se halla en la Rueda del Miedo. Eso está garantizado. Cuando usted supone que los demás le pueden leer el pensamiento y saber qué necesita, los está preparando para una futura culpabilización. La verdad es que nadie más es responsable. El único responsable es usted.

«Deseo, espero y confío...»

Tras ir a buscarme al hospital y llevarme a casa, el amigo de Daniel me deseó suerte y se marchó. Yo giré el picaporte y abrí la puerta. La escena me dejó helada. Parecía como si un ladrón hubiera registrado todos los cajones, armarios y rincones en busca de algún tesoro escondido. Aquello era un absoluto caos. Había bolas de algodón en el plato de los caramelos. La encimera y la mesa estaban llenas de harina y cacao en polvo. Las hormigas iban desde la puerta de la calle hasta el cubo de basura de la cocina. Mi provisión de medicamentos de urgencia estaba esparcida por el suelo, como si hubiera decidido operar a alguien en el vestíbulo. Comprendí la gravedad de la situación: había perdido el control. Tuve miedo de haberme vuelto como mi padre. Me obligué a no pensar en eso.

Tuve que ordenar el caos que yo misma había armado, y eso me destrozó el corazón. Si Daniel no lo había ordenado por mí, significaba que en realidad no le importaba. Me sentí abandonada y traicionada. Al menos podría haberme ahorrado ese mal momento. Yo anhelaba con desesperación que me consideraran una persona especial, extraordinaria, y esta escena me decía que no lo era.

Allí, en medio de mi apartamento devastado, me di cuenta de que algo iba muy mal. Me atormentaba pensando en lo poco que valía como persona. La depresión me consumía. Incapaz de actuar, recurrí a una amiga cuyos padres aceptaron alojarme. Me metí en la cama de la habitación de invitados y allí me quedé durante tres meses, esperando que Daniel llamara para hacer las paces. Yo había abrigado la esperanza de que él me amara eternamente, aunque yo actuara de una manera poco amorosa. Había abrigado la esperanza de que él me salvara, aunque yo misma no pudiera hacerlo. Había abrigado la esperanza de que el amor durara, aunque yo no sabía qué era el amor. Grité: «¿Qué ocurre conmigo? ¿Por qué no es mi turno?» En lo más íntimo de mi ser temía que nunca fuera a llegar mi turno de ser feliz. A mi madre nunca le llegó; ¿por qué habría de llegarme a mí?

Me había convertido en prisionera del «deseo, espero y confío», un auténtico trío de expectativas. El deseo, primera etapa de este mecanismo para evitar la realidad, supone un pensamiento inmaduro y mágico que recuerda al de un niño que sopla las velas del pastel de cumpleaños y cree realmente que el deseo que pide en silencio se hará realidad. La espera, la segunda etapa, se produce cuando nos cruzamos de brazos y pensamos que nuestros deseos se cumplirán aunque no hagamos absolutamente nada para que eso ocurra. La esperanza confiada, la última etapa, es una manera desesperada y dolorosa de súplica interior que nos golpea cuando debemos admitir ante nosotros mismos que el tiempo se nos escapa y que nuestro deseo no logra ningún resultado. Y mientras abrigamos esperanzas, seguimos esperando.

Incluso después de todo lo sucedido con Daniel, mantuve viva la esperanza de una reconciliación. Aquellos tres meses que me quedé en la cama no constituyeron una acción proactiva, créame. Los pasé confiando en que Daniel me llamara. Cada vez que sonaba el teléfono, yo daba un salto. Cada vez que llamaban a la puerta, yo me arreglaba el pelo, por si acaso. Por supuesto, Daniel no llamó ni me visitó, pero eso no me impidió confiar en que entraría en razón. Me decía a mí misma que esperaría el tiempo necesario para que él recordara que me amaba. Era la clásica víctima.

EJERCICIO CAZAMIEDOS

- ¿En qué aspectos de su vida sigue deseando, esperando, abrigando esperanzas?

- Elija un área principal en la que ha estado esperando que las cosas cambiaran mágicamente.

- Imagine cómo puede cambiar completamente las cosas. Los miembros de su equipo cazamiedos son fantásticos para esta tarea.

- Nombre tres cosas que tenga ganas de hacer y que le permitan avanzar. Asegúrese de remitirse a su lista de conductas proactivas y reafirmadoras de su naturaleza. Tal vez sean tan sencillas como escribir una nota a alguien o hacer una llamada telefónica. Recuerde: es mejor empezar en algún punto. Si de esa manera se siente incómodo, pida ayuda.

• Haga una lista de los beneficios de dar esos pasos.

• Elija una de las cosas que quiera hacer en las próximas veinticuatro horas, y hágala.

Ninguna garantía

Estaba esperando que llegara mi turno para el amor. No tenía en cuenta el hecho de que el mundo no nos debe nada. Eso es lo contrario de lo que cuentan todas las historias con final feliz con las que hemos crecido y que nos hemos creído. Tenemos tendencia a resistirnos a la realidad de que no existen garantías aunque tengamos el deseo secreto de ser considerados especiales o extraordinarios. En mis seminarios, éste es un concepto que provoca los avances más sorprendentes. Mucha gente daría cualquier cosa por ser liberada de su sufrimiento por un admirador secreto que supiera apreciar cuánto vale. Eso es aplicable tanto a las relaciones como a la profesión. La verdad es que somos únicos en la medida en que aceptamos nuestra naturaleza innata y expresamos nuestra faceta de la integridad en la Rueda de la Libertad. Sin embargo, para algunos de nosotros el abrumador deseo de ser considerados extraordinarios nos aparta realmente del amor que anhelamos y nos impide realizar el trabajo necesario para ser libres. Cada vez que queremos que nos consideren extraordinarios, queremos un tratamiento especial. Nos creemos superiores a los demás. Creemos que nos merecemos algo más, y sentimos decididamente que tenemos ese derecho.

EJERCICIO CAZAMIEDOS

¿Ha tenido alguna vez pensamientos como éstos?:

> Tengo derecho a recibir más dinero porque he dedicado mi vida a este trabajo.
>
> Merezco tener amor en mi vida porque he dado mucho a los demás.
>
> Me he ganado el éxito porque me lo he trabajado mucho.
>
> Ahora, con todo lo que he pasado, la vida debería ser más fácil. ¿Aún no he pagado mis deudas?

¿Le son familiares estos pensamientos? ¿Qué otra cosa pensó al leerlos? ¿Reconoce si sus padres o sus abuelos tenían alguna de estas creencias? Algunos de mis clientes me han dicho que cuando se concentran en este ejercicio casi pueden oír cómo las voces del pasado se hacen eco de los miedos que se transmiten de generación en generación.

Cuando creemos que nos hemos ganado, que nos merecemos o que tenemos derecho a las cosas, podemos llevarnos una gran sorpresa. El derecho a algo es una expectativa muy seductora. Produce la sensación de que lo que deseamos debería ser verdad. Si no lo fuera, significaría que la vida o Dios no son justos. ¿Cuándo fue la última vez que se sintió con derecho a algo? Por lo general, las personas que creen tener derecho esperan que la vida se acerque a ellas. Quieren tener éxito para demostrar que son extraordinariamente inteligentes y dotadas. De lo contrario, sencillamente serían como cualquiera. La mayoría de nosotros fantaseamos con la idea de que alguien notará que somos especiales, como le ocurrió a Lana Turner cuando fue descubierta por un agente mientras bebía una leche malteada en el Schwab's Drugstore. Y si no sucede algo parecido, nos sentimos decepcionados. Nuestras propias expectativas nos preparan para la caída.

Para complicar aún más las cosas, protegemos lo que esperamos. Lo más probable es que defendamos nuestras expectativas y luchemos por ellas. Aunque esto signifique perder, las expectativas por lo general nos dicen que es mejor demostrar que tenemos razón que cambiar de idea. Las expectativas nos mueven, nos motivan y con demasiada frecuencia nos destruyen. Nos ponen al borde del fracaso incluso cuando pensamos que estamos haciendo las cosas «correctamente». Cuantas más expectativas tenemos, más decepción nos aseguramos. Las expectativas mantienen en movimiento la Rueda del Miedo.

Eliminar las expectativas

Dicho con sencillez, no podemos vivir sin miedo si seguimos confiando en que las cosas salgan tal como nosotros esperamos. Si usted intenta asumir un riesgo —un trabajo nuevo, una relación nueva, una manera diferente de hacer algo— y piensa que existe un solo resultado aceptable, se sentirá muy abatido si las cosas no salen como esperaba. No sólo eso, sino que no estará abierto a que suceda algo mejor. Si está decidido a ser el dictador de su propia historia, echará de menos la emoción de los encuentros fortuitos, la excitación del giro inesperado que toma una historia, el arrebato de alegría que producen las sorpresas agradables. Peor aún, cuando haya sorpresas desagradables —y casi siempre las hay, como habrá comprobado cualquier persona mayor de diez años— emprenderá una rápida retirada y se justificará diciéndose: «¿Lo ves? Nunca tendría que haber corrido el riesgo. Eso de ahí fuera da miedo. Nunca se sabe lo que puede ocurrir.»

No, nunca se sabe. Y así es aunque desperdicie toda una vida tratando de estar a salvo. También debería renunciar a la idea de que puede predecir el futuro. Hasta que se deshaga de las expectativas, seguirá en su Rueda del Miedo, no en la Rueda de la Libertad. Sin embargo, dado que las expectativas gozan de tanta aceptación y parecen tan seguras y justificadas, aprender a no apoyarse en ellas requiere mucha fuerza de voluntad. Lo sé muy bien. Cuando rompí el espejo del bar, no lo hice sólo porque había esperado que Daniel estuviera conmigo para siempre, sino porque sentía que tenía derecho a su amor por haberme mudado a más de mil kilómetros para estar con él. Cuando pensé en quitarme la vida reaccioné exageradamente porque no quería que me consideraran una mentirosa. Cuando salí del hospital culpé a Daniel por no cuidarme para no tener que enfrentarme a mi miedo a no valer nada. En el fondo, yo tenía miedo de que mi padre tuviera razón: sencillamente, no merecía ser amada. Mi Rueda del Miedo me había convencido de que cuanto más actuara, más necesitaría que me cuidaran. Por lo tanto, razonaba, Daniel tendría que cuidarme.

Sin embargo, dejarme sola con mi confusión fue lo mejor que Daniel podría haber hecho por mí. No me gustó, pero que se negara a considerar mis problemas como propios no me dejó más alternativa que hacerme cargo de ellos definitivamente. Tenía que asumir la responsabilidad de mi propia vida. Me vi obligada a comprender que mis expectativas nunca podrían cumplirse. No era asunto de los demás hacerme feliz. Dependía de mí. ¿Iba a seguir siendo una víctima o me haría responsable del lío en que se había convertido mi vida?

Finalmente llegué a comprender que Daniel no me había mentido. El terapeuta tampoco. En el pasado, si yo podía acusar a alguien de haber mentido salía del atolladero. Así era cómo reaccionaba a causa del miedo. Es verdad que Daniel me había dicho que siempre me amaría, pero ¿era culpa suya que las cosas no hubieran funcionado? Nadie puede cumplir absolutamente siempre. Es sencillamente imposible. Basar nuestra vida en las promesas de los demás nos coloca en la posición de víctima. Esperamos entonces que los demás antepongan nuestras necesidades, deseos y anhelos a los de ellos aunque cambien las circunstancias. La gente suele decir la verdad, aunque muchas veces se hace una promesa basándose en una situación determinada. Luego las circunstancias cambian y la promesa no puede mantenerse.

Daniel se cansó de sentirse agobiado por mis expectativas imposibles de cumplir. Yo estaba cansada de obligarme a ser perfecta. Daniel estaba cansado de mantener promesas que ya no le parecían posibles, aunque lo hubieran sido en otros tiempos. Estábamos reaccionando a causa del miedo. Ambos apelábamos a nuestras expectativas como si éstas demostraran que teníamos razón. Daniel rompió conmigo de la mejor manera que supo. Es verdad que hacerlo delante de otras personas pudo parecer cruel, pero imagino que pensó que yo no perdería el control en público. Sin embargo lo perdí, porque confiaba en que él nunca me dejaría. Mi Rueda del Miedo produjo la expectativa que seguía interponiéndose en nuestro camino hacia el amor que los dos buscábamos.

¿Significa eso dejar a un lado nuestras obligaciones? No, pero muchos de nosotros permanecemos en situaciones o relaciones desdichadas sólo porque alguna vez pensamos que necesitábamos hacerlo. Las expectativas limitan nuestra visión y nos conducen a la condena, al juicio, la frustración y la decepción. Las expectativas nos separan de nuestra verdad y del amor que podría sanarnos.

EJERCICIO CAZAMIEDOS

Recuerde que su viaje hacia una vida sin miedo es un proceso. Aunque los cambios comienzan de inmediato, le llevará tiempo librarse de todas sus expectativas. Comencemos rompiendo el influjo que esas expectativas tienen sobre usted.

Revise diariamente el listado de palabras relacionadas con las expectativas. Observe cuáles siguen siendo indicadores de su Rueda del Miedo.

Ahora ha llegado el momento de enumerar todas sus expectativas no cumplidas. Quiero que haga una lista de todas las personas y todas las cosas que le pasen por la mente, al margen de lo insignificante o ridículo que pueda parecer. Escriba hasta que no se le ocurra nada más.

Como punto de partida, empiece llenando los espacios en blanco:

Mis padres esperaban que yo_____ .
Mis hermanos pensaban que yo debía _____ .
Mis maestros creían_____ .
Mis abuelos querían _____ .
Mi jefe cree que yo debo _____ .
Mi cónyuge necesita que yo _____ .
Mis amigos esperan que yo _____ .
Mis hijos siempre quieren_____ .
Yo espero poder _____ .
Creo que yo debería ser más_____ .
En mi profesión debería _____ .
Debería tratar mi cuerpo _____ .
Nunca he terminado _____ .
He trabajado duramente y me merezco _____ .
La gente cree que soy _____ .

Durante las vacaciones, mi papel es_____ .

Estoy en deuda con mi comunidad porque _____ .

Quiero que mis amigos_____ .

¿Por qué mi cónyuge no puede _____?

_____me debe un favor.

Me merezco _____ .

Me siento culpable porque no hice/dije_____ .

El motivo de mi cansancio es _____ .

Cuando yo _____ me sentiré feliz al fin.

Si eso ocurriera, yo podría _____ .

Si yo fuera una buena persona, podría _____ .

Mi mayor decepción es_____ .

Mi iglesia piensa que yo debería _____ .

Dios espera que yo _____ .

Convertir las expectativas en intenciones

Una vez haya identificado sus expectativas, existen muchas más posibilidades de alcanzar la libertad. Voy a enseñarle cómo hacerlo considerando sus expectativas como lo que yo llamo «intenciones». Las expectativas son lo que creemos que debería ocurrir como consecuencia de lo que hacemos, decimos o planificamos. Por ejemplo: «Espero obtener un aumento de sueldo y un ascenso si trabajo duramente y hago nuevos negocios para la compañía.» Por otra parte, las intenciones son nuestro enfoque con respecto a la vida basado en nuestra naturaleza innata y en nuestra expresión de la integridad. Por ejemplo: «Mi intención es reconocer mi talento para crear presentaciones de ventas persuasivas y disfrutar del proceso cotidiano de ponerlo en práctica en mi trabajo.» Lo maravilloso es que cuando actuamos basándonos en la intención y no en la expectativa, es más probable que logremos resultados positivos, como un aumento de sueldo o un ascenso. Trabajar obstinadamente y con firme decisión sólo porque queremos lograr determinado resultado no es tan productivo ni poderoso como trabajar porque sentimos orgullo y placer por lo que hacemos.

De manera similar, cuando abordamos nuestras relaciones con intención en lugar de expectativas, incrementamos las posibilidades del deleite y el apoyo mutuos. La expectativa hizo que Wayne —el cliente que fue a verme pensando que quería divorciarse de Lynn— dijera: «Espero que Lynn haga el papel de esposa de la misma manera que lo hizo mi madre.» La intención le permitió decir: «Mi intención es que mi prioridad sea concentrarme en tener un propósito en la vida. También tengo la intención de permitir que la confianza que adquiero a raíz de ese propósito me guíe mientras Lynn y yo descubrimos la manera de redefinir los roles de esposa y esposo para que se adapten a nosotros y a la pareja.»

La intención supone vivir a propósito y con un propósito de una manera proactiva, responsable e intuitiva. Cuando usted tiene una intención, borra la palabra «debería» de su vocabulario. Existe un compromiso con el proceso y no con los resultados. Más que los pequeños detalles de la vida que dictan cada una de sus decisiones, las elecciones son más coherentes con su naturaleza innata. Cuando la intención forma parte de su manera de funcionar, abandona la idea de que nuestro pasado determina nuestro futuro. La intención supone vivir en el presente, eligiendo activamente el futuro y siendo consciente de que en cada momento su estado de ánimo depende de usted mismo. Su humor ya no depende de cómo le tratan otras personas, ni de la opinión que tienen de usted. El juicio sobre una situación o sobre cómo «debería» ser otra persona, y, de hecho, como «debería» ser uno, deja de producirse. Usted aprende a aceptar lo que ocurre realmente y a abordarlo. De la misma manera que su Rueda del Miedo utiliza la expectativa como lubricante para que siga girando sin control, su Rueda de la Libertad utiliza la intención para mantenerle centrado en sus compromisos. La intención es el camino para cambiar su objetivo del miedo a la libertad.

EJERCICIO CAZAMIEDOS

- Para vivir con un propósito gracias a la intención, siga la pista de las conductas proactivas que está eligiendo para avanzar en su Rueda de la Libertad. Ponga por escrito un mínimo de tres por día y siga hasta cinco.

- Anote las acciones autoafirmadoras de su Rueda de la Libertad que ocurren en su vida de manera cotidiana. También en este caso escriba al menos tres hasta llegar a cinco.

No se desanime si al principio no realiza todas las acciones proactivas y anota menos de tres conductas autoafirmadoras por semana. Uno solo es mejor que ninguno. Dos es mejor que uno. De modo que cada vez que los detecte, escríbalos. Lo importante es aumentar su conciencia de manera que pueda llegar a elegir con intención.

Una separación impecable

Diecisiete años después de que Daniel pusiera fin a nuestra relación, tuve que enfrentarme al hecho de que otro hombre me dejara. Esta vez fue Carl, que había sido mi esposo durante siete años. Corría otra vez el mes de enero. Mientras estábamos en la consulta del terapeuta, tratando de reconciliarnos, me di cuenta con gran dolor de que, pese a sus palabras, ya no me amaba como antes y quería terminar nuestra relación. Quise pasar por alto esa convicción y me puse a buscar frenéticamente pruebas de lo contrario. Él le estaba diciendo al terapeuta que no quería divorciarse, y le prometía trabajar por nuestro matrimonio. El hecho de que sostuviera mi mano mientras yo lloraba, sin duda significaba que me amaba. Pensé en mis expectativas acerca de lo que debía ser el matrimonio: un vínculo para siempre.

Me tomé en serio esas palabras. Y estoy segura de que él también. Me dije que le explicaría a Carl serenamente que no era esto lo que yo esperaba, y por supuesto él tomaría conciencia y se daría cuenta de lo equivocado que estaba. Sencillamente apelaría a su sentido común, y entonces él haría un nuevo esfuerzo con toda seguridad. Aunque sea una profesional que intelectualmente comprenda que este método no funciona, necesitaba desesperadamente creer que lo haría. Al fin y al cabo soy humana. Pero me resultaba difícil olvidar la conducta que Carl había tenido en los últimos meses. Cuando salimos de la consulta del terapeuta supe que tenía que afrontar que otro hombre a quien amaba se estaba alejando. Una vez más sentí que no valía.

Mi Rueda del Miedo me hizo pensar que el fin de nuestra relación era culpa mía. Esta vez tomé conscientemente la decisión de no creerlo. Gracias al programa *Vivir sin miedo* había aprendido que no se trataba de encontrar a alguien a quien culpar de mis sentimientos de falta de valía, y eso me incluía a mí. Seguiría cargando con esos sentimientos tanto si mi esposo se quedaba como si se marchaba: mi sensación de no valer y el miedo de ser una perdedora eran míos y sólo míos.

No estoy diciendo que librarme de mi Rueda del Miedo fuera fácil. Un divorcio es un acontecimiento importante y desgarrador en la vida de cualquiera, y mi caso no fue una excepción. Tenía la necesidad de demostrar que Carl estaba equivocado y que yo tenía razón. Pensé en volver a contactar con mis antiguos amigos quejosos y convencerlos de que Carl había cometido un error. Pero sabía que más me valía no rendirme al miedo. No quería concluir así mi relación. Esta vez no iba a dejarme dominar por mis expectativas inconscientes y basadas en el miedo. No iba a negar lo que ocurría entre nosotros. No iba a esconder la cabeza bajo el ala, como había hecho con Daniel. No iba a castigar a Carl ni a mí misma por nuestra situación. No hubo peleas ni palabras cargadas de odio. Ni manipulación ni culpabilidad. Sólo una profunda sensación de pérdida. Y sí, yo tenía el corazón destrozado. Sin embargo, la rabia y la negación que habían caracterizado mi ruptura con Daniel no existían. Esta vez sólo había una tristeza abrumadora.

Había llegado el momento de llorar el final del matrimonio. Era evidente que yo no iba a manejar esta separación igual que la de Daniel. Con Daniel yo tenía expectativas, y las expectativas hacen que la Rueda del Miedo gire sin parar. Nuestras quejas, nuestras excusas y la manera en que nos castigamos surgen de las expectativas. Esta vez viviría con intención.

La libertad en responsabilidad

Cuando vivimos con intención, la responsabilidad es primordial. Nuestra vida está en nuestras manos y en las de nadie más. Mi vida no era responsabilidad de Daniel, ni de Carl, ni de mi padre. No era responsabilidad de nadie más que mía. A veces resulta difícil aceptar esta verdad. Es mucho más fácil culpar a otro, aunque eso es un síntoma de que existen expectativas. Y puedo asegurar que había días en que rogaba que hubiera otra mujer para poder acusar a Carl y tener motivos suficientes para hacerle la vida imposible como represalia por mi sufrimiento, pero fue en vano. Hemos aprendido que culpar a los demás es sencillamente desperdiciar tiempo, energía y creatividad, que nos lleva al arrepentimiento y al rencor, a perder nuestro poder, nuestra capacidad de elección y nuestro coraje para brillar. Recuerde: si es el miedo quien decide cómo va a reaccionar y las expectativas le dominan, entonces en modo alguno está viviendo su vida.

Aquella tarde de enero, ante el hombre al que había prometido amar para siempre, comprendí que mi felicidad futura se vería determinada por mis intenciones. El hecho de que no fuéramos a estar juntos no significaba que tuviera que arrepentirme de haberme casado con él. Aquellos siete años fueron decisivos en mi transformación personal. Además, no nos divorciábamos porque nos odiáramos (el odio siempre es una tapadera del miedo). Carl se marchaba porque en algún punto nuestros caminos habían tomado rumbos diferentes. Nadie puede saber cómo había ocurrido, pero así había sido, y ahora yo estaba preparada para afrontar el dolor, la angustia y la decepción que, a veces, me parecían insoportables. No esquivaría mis sentimientos sino que llegaría a su esencia misma. Sabía que si no estaba dispuesta a sentir el dolor de mi divorcio a medida que lo experimentaba, ese dolor se instalaría en mi corazón y haría su aparición cada vez que yo intentara amar otra vez. Se convertiría en una reacción inconsciente a la intimidad. De hecho, mi dolor de ese momento hacía precisamente eso: despertaba aquellos miedos de mi pasado que nunca habían sanado. Y eso no me gustaba. Yo quería desarrollar mi potencial. Quería volver a amar. Quería ser libre.

Para recuperarme de mi divorcio, así como de los viejos sentimientos negativos que crecían en mi interior, tuve también que aceptar la situación tal como era, y no como esperaba que fuera. Cuando Carl se marchó, se apoderaron de mí todos mis miedos a ser una perdedora y el sentimiento de que no valía. Sabía que dependía de mí aceptar que sólo eran sentimientos, y no hechos, para poder aceptarlos y desapegarme de ellos. Supe que ya no intentaría evitar sentir que no valía. Tenía que aceptar que eso era lo que sentía, no lo que era. El milagro consiste en que cuando nos permitimos tener sentimientos negativos (pero no actuar basándonos en ellos), éstos siguen su curso naturalmente: acaban por perder fuerza a medida que los aceptamos y elegimos sanarlos realizando acciones proactivas y que nos reafirman. Por lo tanto, aprendemos que cuando negamos nuestros sentimientos nos alejamos a nosotros mismos de nuestra naturaleza innata.

Tuve que estar dispuesta a experimentar los mismos sentimientos que había evitado cuando Daniel me dejó, cuando mi padre me abandonó y cuando había intentado huir de mí misma a través del alcohol y de mis intentos de suicidio. Si usted se permite experimentar y aceptar sus sentimientos, dejará de juzgarse a sí mismo, algo que la Rueda del Miedo necesita para seguir girando. De lo contrario, lo único que estará haciendo es escapar de usted mismo y de los sentimientos que le definen como humano.

Durante mi divorcio lloré, reí, me lamenté, lloré un poco más y me desahogué mucho. Pedí ayuda y amor. Acepté mis sentimientos y los experimenté. Surgieron uno tras otro. Depresión. Rechazo. Estupidez. Resentimiento. Abandono. Estaba dispuesta a experimentarlos todos. Pero lo más importante es que era absolutamente consciente de que no tenían ningún poder sobre mí, a menos que yo me permitiera creer que esos sentimientos me representaban. Cuando surgía mi sentimiento de falta de valía, en lugar de decir con un suspiro: «Oh, no, otra vez no —me decía—: Bueno, ahora me encuentro en una nueva situación. Aquí está otra vez la vieja y conocida falta de valía.» Mientras el doloroso proceso de mi divorcio seguía su curso, volví a experimentarla, pero resolví tomar medidas basadas en mi Rueda de la Libertad, en mi naturaleza innata. Sabía que ésa era la manera en que yo podría aceptarme a mí misma. Al margen de lo que ocurriera, no perdía de vista mis compromisos y vivía con intención.

Las intenciones le convierten en alguien único

Las personas que viven con un propósito no están interesadas en sobresalir entre la multitud. Es algo que puede ocurrir, pero no es ésa la razón por la que hacen lo que hacen. Cuando usted vive con intención, su objetivo primordial es el proceso más que el resultado final. Las personas que actúan movidas por las expectativas persiguen su meta ocurra lo que ocurra y al margen de lo frustrante que resulte o de hasta qué punto deje de ser coherente con su Rueda de la Libertad. Alcanzar la meta se convierte en su prioridad porque piensan que eso determina su valía.

Lo mismo se aplica a las personas que intentan ser extraordinarias. Recordemos a mi hermana Linda, la profesora de matemáticas que había soñado con trabajar en la NASA. Sus expectativas se interpusieron en su camino. Se sentía frustrada e imaginaba que jamás contribuiría a cambiar el mundo, así que ¿qué sentido tenía dedicarse a la enseñanza? Contaba con multitud de pruebas que avalaban su postura. Todos hemos oído historias de lo duro que es el ambiente en las aulas y lo modesto que es el salario. Así que decidió decorar su casa y comprarse unos peces. Entonces la llamaron de una escuela que tenía una emergencia, y le preguntaron si durante dos meses podía hacer una suplencia de matemáticas en una escuela secundaria. Estaban desesperados, y Linda pensó que el dinero le vendría bien. Así que empezó a enseñar. Y fue entonces cuando todo cambió. De repente, en lugar de esperar que ocurriera algo grande y así poder ayudar a cambiar el mundo, empezó a comprometerse con el trabajo que tenía en ese momento. Linda es una profesora de matemáticas excelente, y tiene la sorprendente habilidad de ayudar a los alumnos menos aventajados a aprender con facilidad. Se trata de un trabajo corriente, pero comprendió que ese trabajo corriente era precisamente lo que la hacía sentirse especial. Ella contribuyó sin pensar en recibir nada a cambio. En lugar de eso, su recompensa fue ver que un niño entendía un concepto que el día anterior le había sonado a chino. Al asumir mi hermana Linda que era una persona normal, se liberó de su miedo y empezó a contribuir de una manera extraordinaria. Tenía una intención.

Lo que le ocurrió a Linda es lo que sucede cuando uno está dispuesto a poseer el poder de lo corriente. Sí, he dicho corriente. Como todos compartimos muchas cualidades, en cierta medida todos somos corrientes. Es nuestra capacidad de ser nosotros mismos lo que permite que brille nuestra singularidad. Para vivir con intención y ser nosotros mismos, debemos ser corrientes. Sé que ésa es la única manera en que he conseguido lo que tengo. Antes de poseer el carácter de corriente me mantuve alejada del éxito, mientras evaluaba qué aspecto debía tener y dónde debía llegar. Nada era suficientemente bueno ni perfectamente bueno. Y no quería realizar un trabajo de baja categoría para tener éxito. Es esa misma actitud de querer ser extraordinario lo que les impide a algunos trabajar sirviendo hamburguesas aunque necesiten desesperadamente el dinero. Esas personas prefieren morirse de hambre antes que trabajar en algo que consideran por debajo de su nivel. Pero de eso se trata: no hay un trabajo mejor que otro. Eso sólo está en nuestra mente. Yo trabajé de camarera durante más de quince años, y debo decir que ese trabajo me lo enseñó todo acerca de cómo administrar mi propio negocio. No estaba por debajo de mi nivel. Me proporcionó la experiencia necesaria para desarrollar una empresa floreciente y la confianza para hablar ante una multitud. Debemos romper con nuestra adicción a lo extraordinario y ponernos en contacto con el poder de ser corrientes.

Ejercicio cazamiedos: el lenguaje de la intención

El lenguaje que utilizamos influye en la manera en que somos percibidos por el mundo. Revela lo que pensamos y lo que creemos. Cuando vivimos con expectativas descubrimos que el lenguaje que utilizamos nos debilita. Por el contrario, cuando vivimos con intención las palabras que pronunciamos nos fortalecen a nosotros y al mundo en general. Nuestro vocabulario determina si nos aceptamos a nosotros mismos, si creemos en lo que somos y si hacemos lo que decimos. Es la suma de nuestros pensamientos conscientes y nuestros pensamientos inconscientes.

A continuación le indico algunas palabras de intención que me gustaría que incorporara a su vocabulario de una manera regular para reemplazar a las de expectativas basadas en el miedo. Repare en la frecuencia con que se fortalece usted mismo. Preste también atención a las palabras que suenan de manera constante en su equipo de cazamiedos.

- En la medida de lo posible elimine de su vocabulario todas las frases que comiencen con «Se supone que debo», «Debería» y «Es necesario que haga...». Limitan su pensamiento y le quitan la responsabilidad. Reemplácelas con las palabras de intención y responsabilidad «Elijo», «Quiero», y «Decido».

- Reduzca el uso de «pero». A menudo expresamos un sentimiento o pensamiento y luego le agregamos la palabra «pero». Estoy segura de que todos hemos oído la frase *pero* invalida la afirmación que la precede». Un ejemplo es: «Te quiero, pero...» Todos sabemos lo que significa «pero». Reemplácela con «y» y con «aunque»: son palabras que implican intención.

- En lugar de hablar del futuro o del pasado, que se basan en el miedo, y que es donde radican la comparación y la competencia, hable con la mayor frecuencia posible del presente basado en la libertad. La vida ocurre en el momento presente.

- Niéguese a ser dirigido desde fuera. Eso significa que su vida la deciden sus reacciones ante el mundo exterior y no usted desde su interior, donde la intuición y la intención son las fuerzas que determinan su futuro. Utilizar «ellos creen» o «ellos dicen» pone el poder en manos de individuos fuera de su radio de acción. En lugar de eso diga «creo» o «pienso».

- Deje de decir «no puedo». Esas dos palabras surgen de su Rueda del Miedo. Sustitúyalas por «puedo», o «podría», o «podré», palabras que le dan libertad para creer en posibilidades y resultados ilimitados.

- Hable de compromisos cuando está tomando una decisión. La intención utiliza su naturaleza innata y su faceta de la integridad como la base de cualquier compromiso. Sin compromiso, los límites emocionales son imposibles, el «sí» y el «no» tienen poco poder y la integridad es difícil de alcanzar. «Me comprometo a...» permite dar a conocer nuestras intenciones.

- Basta de preguntar «¿Qué es lo que está mal?». Ahora pregunte: «¿Cuál es la oportunidad de esta situación?» Esto permite pensar creativamente. También nos enseña a cambiar de perspectiva a la hora de mirar el mundo y a pasar de un punto de vista negativo y basado en el miedo a uno positivo, proactivo y poderoso.

- «Difícil», «duro», o «problema» son palabras que provocan que la situación parezca de inmediato agotadora, demasiado abrumadora e imposible de superar. Reemplace esas palabras con «desafío» o «reto». Los retos ofrecen una oportunidad de solución, inspiración y guía. Es más fácil afrontar un «desafío» que un «problema».

- Se acabaron los «imposibles». Si ésa es la palabra que escogemos, es porque sólo nos basamos en un limitado sistema de filtrado basado en el miedo. Sin embargo, todos hemos oído hablar de milagros relacionados con la salud o situaciones económicas, y es ahí donde la intención entra en juego. «Posible» abre nuestra mente a la posibilidad de ver las cosas de otra manera, y es allí donde se halla la oportunidad.

Una vez que modifique su lenguaje instalará firmemente su intención, y eso hará que su sistema de filtrado deje de estar basado en el miedo para funcionar en libertad. Las falsas percepciones quedan eliminadas y la verdad y la integridad alimentan sus intenciones.

Intención sin miedo

Cuando me divorcié, hice una elección. No quería exponerme al rechazo del modo en que lo había hecho con Daniel. Quería actuar de una manera consciente y avanzar gracias al amor. Recordemos que cuando nos metemos en un lío o corremos un riesgo fuera de nuestra zona de comodidad, la Rueda del Miedo entra en acción instantáneamente. Existe para mantenernos a salvo, de modo que hará lo que sea necesario para alertarnos de cualquier peligro que se interponga en nuestro camino. Cuando vivimos en nuestra Rueda de la Libertad, la Rueda del Miedo se pone en marcha cada vez que nos arriesgamos, pero la diferencia consiste en que ya no nos causará ansiedad, preocupación y duda. Será reconocida por su esencia: el miedo. No tendrá ningún poder. Estaremos en condiciones de considerarla el propósito más elevado del miedo, una señal de que estamos creciendo, arriesgándonos y cambiando. Carl y yo somos amigos, y eso se debe a nuestro compromiso de honrar nuestro matrimonio poniéndole fin con intención. Es bueno saber que lo que existe entre dos personas es el amor y no un cúmulo de excusas y lamentos.

¿Cómo es entonces un día basado en la intención? Nuestro mejor amigo olvida nuestro cumpleaños. Le queremos igualmente. El paquete con los documentos que necesitábamos para la presentación no llega. Lo resolvemos. Perdemos las llaves del coche, y en lugar de malgastar nuestra energía haciéndonos reproches, llamamos al concesionario y le pedimos otro juego de llaves. Todo esto puede parecer sencillo, pero ¿con qué frecuencia percances y decepciones como éstos nos arruinan el día? Sin expectativas, la ira, el resentimiento, la frustración y los celos no pueden prosperar.

Vivir con intención mediante la aceptación, la responsabilidad, la elección proactiva y estar dispuestos a ser corrientes dejará a un lado el miedo y permitirá que la intuición se manifieste. Todas estas habilidades nos enseñan a estar centrados en nosotros mismos y a tener conciencia de quiénes empezamos a ser. Eso es poderoso. Eso cambia la vida.

Cuando se vive con intención no existen garantías, salvo una. La intención nos proporciona el don de estar centrados en nosotros mismos, de ser capaces de recuperarnos ocurra lo que ocurra, de confiar en las cualidades del ser que hemos reivindicado como propias mediante la comprensión de la Rueda de la Libertad. Incluso con intención puede que el amor no dure eternamente, pero llegamos a comprender que cuando dejamos de juzgar parece haber a nuestro alrededor más amor del que habíamos imaginado. El éxito ya no es un producto que se deriva de lo que hacemos sino de lo que somos.

EJERCICIO CAZAMIEDOS

¿Cómo puede ser consciente de sus intenciones? Contar con una Declaración de Intenciones resulta útil, y puede agregarla a su tarjeta plastificada para usarla con facilidad. Tal como hemos descubierto, la intención es el sistema operativo de nuestra Rueda de la Libertad. Hace que nuestra naturaleza innata y nuestra faceta de la integridad estén por encima de todo, tanto en nuestra mente como en nuestras acciones.

Su declaración de intenciones es similar a hacer un plan de futuro, aunque no en relación con sus objetivos personales, su carrera o su vida familiar, sino más bien con respecto a «cómo» se desenvolverá usted en la vida. Utilizando su Rueda de la Libertad como base, su declaración de intenciones es sencilla y fácil de recordar. Sencillamente, rellene los espacios en blanco.

Me comprometo a vivir mi vida utilizando [su naturaleza innata] _____ como base para mis decisiones y mis criterios de éxito. Me comprometo a expresar [su naturaleza innata] _____ cada día más. De esa manera estoy ampliando mi capacidad de aceptar y expresar [su faceta de la integridad] _____ en mi vida. Cuando soy fiel a mí mismo/a, los demás tienen el permiso de hacer lo mismo. Cuando vivo en mi Rueda de la Libertad, soy libre para desarrollar mi potencial y vivir sin miedo.

Pronuncie y lea su declaración de intenciones diariamente y asegúrese de incluirla entre sus conductas proactivas. Llévela consigo y repítala tan a menudo como sea necesario. Otra buena manera de hacerla suya es utilizarla como protector de pantalla, o escribirla en un papel y colocarla en algún lugar cómodo y fácil de ver; tal vez en el espejo del baño, o en un marco sobre su escritorio, o dentro de su agenda. Su declaración de intenciones le recuerda qué es lo importante cuando el miedo hace su aparición. Vuelve a centrarlo en la verdad de quién es usted, dándole el permiso de creer en sí mismo y de brillar.

Usted ha aprendido a vivir con intención, un poderoso camino proactivo basado en su Rueda de la Libertad. Ahora sigamos rompiendo el dominio que la Rueda del Miedo ejerce sobre usted. En el capítulo siguiente descubrirá cómo evitar que los miedos del pasado determinen su futuro.

Capítulo Siete

SIN EXCUSAS

Kara acudió a mí diciéndome, como tantas otras personas, que en su vida no había nada que funcionara ostensiblemente mal. Según las convenciones sociales, Kara era una mujer de éxito. «Soy mi propia jefa: tengo la franquicia de una compañía de servicios postales —me contó—. Gano bastante dinero. Mi hijo mayor, Mickey, es el gerente adjunto de la tienda. Estudia administración de empresas. Las menores, dos niñas, todavía están en el instituto, pero trabajan en la tienda los domingos y durante las vacaciones. Susan quiere ser fisioterapeuta y Shannon se está preparando para ingresar en una universidad de prestigio y estudiar Medicina.

»La gente nos envidia. Lo sé. No dependemos de nadie, tenemos los medios suficientes para disfrutar de una vida confortable y, en general, nos llevamos bien. Pero cuando fui a una de sus conferencias, y usted explicó lo que significaba vivir sin miedo y la posibilidad que cada uno tiene de expresar su naturaleza innata, sentí que me estaba hablando a mí. No es que haya algo que vaya mal, pero tengo la sensación de que algo no anda del todo bien. Y no tengo ni idea de qué es.»

Claramente, el personaje que Kara mostraba al mundo era el del súmmum de la mujer trabajadora y el de madre modelo. Yo sospechaba que detrás de ese personaje había una mujer con miedo que tenía una excusa para justificar por qué no trataba de realizar un sueño oculto. Conversamos un rato, y finalmente dijo: «Estoy muy contenta de que Shannon quiera estudiar Medicina. Eso era lo que yo quería cuando tenía su edad. Yo era una verdadera estrella del esquí en el instituto y todos los representantes de las mejores universidades querían darme becas. Yo me proponía hacerme un nombre por mí misma y convertirme en deportista profesional. Pero durante un entrenamiento me destrocé una rodilla. Todo: el ligamento cruzado anterior, el lateral interno, los meniscos... Ahora existe la posibilidad de una reconstrucción artroscópica. En esa época, en cambio, te abrían y hacían una especie de remiendo. Pero no volvías a ser el mismo.

»Yo provenía de una familia numerosa; éramos ocho hermanos, y mis padres no podían pagarme la universidad, y mucho menos la carrera de Medicina. Yo tenía buenas calificaciones, pero no podía aspirar a una beca si no estaba en condiciones de esquiar. Así que me hice a la idea de que la Medicina no era para mí. Por supuesto, me sentí fatal. No solamente porque no iba a conseguir la beca. Me resultaba insoportable quedar apartada definitivamente. Amaba ese deporte. Tuve la sensación de que algo en mí había muerto.

»Traté de contarle a mi madre cómo me sentía, pero ella se limitó a decir: "Hay mucha gente que está mucho peor que tú. Piensa en los tetrapléjicos." Y mi padre no era muy hablador precisamente. Trabajaba mucho y yo sabía que nos quería, pero pensaba que un hombre no debía mostrar sus sentimientos. Una vez me pescó llorando después de que me operaran, y la mirada que me lanzó fue suficiente para que dejara de llorar al instante. También estaba mi hermano mayor. Empleaba métodos de lo más sutiles para hacerme sentir que tenía bien merecido lo que me había pasado. Yo siempre había sido la que estaba dotada para los deportes. Así que sentí que estaba siendo castigada.

»En fin, moderé mis expectativas. Asistí a una universidad pública durante dos años y obtuve el diploma de Administración. Conocí a mi ex marido en una de mis clases de Administración de Empresas y congeniamos enseguida. Nos divorciamos cuando nuestro hijo menor tenía apenas tres años. Fue duro educar a mis hijos sola, pero así son las cosas. He tratado de salir con otros hombres, pero resulta difícil con los niños y todo lo demás. De todos modos, no lo paso tan mal. Y ahora, a los cuarenta y siete años, probablemente sea demasiado tarde para cambiar algo. He pensado en volver a la universidad y estudiar algo relacionado con la Medicina, pero ¿de dónde saco el tiempo? La tienda me absorbe mucho, y necesito ampliar aún más mi clientela para que mis hijos puedan ir a la universidad. Además, algún día se independizarán y yo tendré que arreglármelas sola, así que estoy ahorrando para cuando me jubile.

»Es gracioso. ¿Sabe?, no estoy ansiosa por retirarme. El problema de la rodilla me ha impedido ser muy activa físicamente (hace años que dejé de estar en forma) y a estas alturas me cuesta mucho esquiar. Se me han formado unos pequeños cartílagos en las articulaciones, así que padezco cierto dolor todo el tiempo. Me encantaría viajar a Europa cuando me retire, pero no podría darme el gusto de recorrer a pie ciudades como París o Roma.

»Tengo tanto por lo que estar agradecida que me siento culpable por querer más. Pero supongo que nunca podré dejar de preguntarme cómo habrían ido las cosas si hubiera caído de otra manera al bajar aquella montaña. En mi fuero interno siempre he albergado el temor de que ese día la verdadera Kara desapareció y que desde entonces no he hecho otra cosa que ir tirando.»

Dejar que el pasado prediga el futuro

La excusa de Kara para no ser fiel a su naturaleza innata no era una invención de su imaginación: era cierto que había sufrido una grave lesión en la rodilla. Era cierto que eso le había impuesto algunas limitaciones. Y era cierto que la había afectado a la hora de hacer ciertas elecciones. La gran mayoría de las excusas son así, y ésa es justamente la razón por la cual adquieren tanta fuerza y nos impiden progresar. Usted puede alegar que su padre era un alcohólico agresivo, o que creció en una familia pobre, o que es disléxico, o que nunca pudo costearse la formación que lo habría convertido en violinista profesional, o que se crió en una base militar y nunca tuvo la oportunidad de hacer amigos. Yo podía alegar (y de hecho solía hacerlo) que quedé huérfana a los catorce años después de haber sido testigo de la muerte por asesinato y suicidio de mis padres. Sea cual sea la excusa, siempre tiene que ver con algo que realmente ocurrió. En ese sentido, la excusa es verdad. Pero el problema es que sólo es verdad con respecto a la forma en que moldeó su vida en el pasado.

Lo único que le impide ir más allá de su excusa es que su Rueda del Miedo le está haciendo creer que alguna nueva versión de lo que fuese que sucedió en el pasado, volverá a ocurrir. Esto hace desaparecer cualquier vestigio de responsabilidad, compromiso o poder personales. Las excusas también le dan permiso para no hacer caso de sus propios valores, creencias y compromisos, dejando a un lado todo sentido de integridad personal. Probablemente usted no exprese el miedo de ese modo, pero eso es lo que está sucediendo. En mi caso, mi excusa era que no había logrado salvar a mi madre, y el miedo de no ser lo suficientemente válida me convencía de que en el futuro volvería a fracasar. Estaba segura de ello. Ésa era mi excusa para no asumir ningún riesgo. Yo era la reina de la supervivencia, pero es que en aquel entonces yo tenía una tonelada de pruebas que corroboraban aquella excusa realmente buena para no prosperar, y nadie tuvo el coraje, la conciencia o el permiso para hacérmelo notar. No tenía un equipo de cazamiedos. Había logrado mantener a todo el mundo a raya. Y estaba segura de que no era responsable del modo en que se estaba desenvolviendo mi vida.

En el caso de Kara, el miedo que la bloqueaba era que si perseguía un sueño, ocurriría algo —igual que entonces— que bastaría para que no se realizara. La lección que había interiorizado tras aquel accidente que truncó su proyecto de estudiar Medicina y la privó del placer de esquiar, era que resultaba muy peligroso tener grandes sueños y que es terriblemente doloroso que algo que uno no puede controlar desbarate esos sueños. A partir de esa experiencia, ella llegó a la conclusión —bien que subconscientemente— de que sólo se sentiría decepcionada si asumía algún riesgo. Y aquello se convirtió en una profecía autocumplida. La Rueda del Miedo estaba en movimiento.

Las excusas nos dispensan de desarrollar nuestro potencial. Kara usaba su excusa para justificarlo todo, desde su problema de sobrepeso hasta su vaga insatisfacción por su vida pasando por su incapacidad para encontrar tiempo y seguir estudiando y su dificultad para imaginar una jubilación placentera. Las excusas pueden nacer de nuestras esperanzas frustradas. La Rueda del Miedo inducía a Kara a pensar: «No sueñes. No trates de asumir el control. No te entusiasmes con nada. Podrías salir perjudicada una vez más. Podrías terminar desilusionándote otra vez. Será mejor que vayas por el camino seguro. Conténtate con lo que tienes. No es fantástico, pero es mejor que arriesgarse a sufrir.»

El fenómeno que Kara experimentaba es el mismo que hace que las personas tengan miedo de buscar el amor después de haber pasado por un divorcio, o que teman volver a montar a caballo, literal o figuradamente, después de haber sufrido una caída. No obstante, si hemos de vivir plenamente, debemos amar como si nunca nos hubieran lastimado, soñar como si nuestras esperanzas nunca se hubiesen visto frustradas y avanzar hacia el futuro como si la vida nunca nos hubiera hecho sufrir.

Escuchemos las palabras del dramaturgo George Bernard Shaw: «Las personas no se cansan de culpar a sus circunstancias para justificar lo que son. Yo no creo en las circunstancias. Las personas que progresan en este mundo son aquellas que se ponen en pie y buscan las circunstancias que desean y que si no las encuentran, las crean.» Sí. Nada de excusas. La auténtica transformación resulta de aceptar el lugar que uno ocupa en este mundo y tomarlo como punto de partida. Como dijo una vez la gran coreógrafa Agnes DeMille a un grupo de aspirantes a bailarines que se lamentaban de sus limitaciones físicas: «Bailen en el cuerpo que tienen.» Y yo digo: viva la vida que tiene. Desperdiciarla con excusas y lamentaciones equivale a rechazar su naturaleza innata. Y ése es el peor de todos los crímenes.

La medalla de honor

Por supuesto, son muchas las personas que tienen más de una excusa para justificar su miedo a avanzar. Yo las tenía. Era una de los muchos que repiten una y otra vez la letanía del «Si al menos...» o del «Sólo con que...». A medida que pasa el tiempo acumulamos agravios como si nos dieran derecho a adoptar un enfoque exageradamente cauteloso, por lo tanto limitado, de la vida. Si al menos hubiese viajado a Interlochen como solista de aquel coro cuando tenía catorce años..., decía yo. Si al menos algún miembro de mi familia se hubiera ocupado de aconsejarme tras la muerte de mi madre... Si no hubiera crecido en una pequeña población del norte de Michigan donde las oportunidades son tan escasas... Si no hubiese dejado la universidad que tanto me gustaba para seguir a un tío que terminaría por abandonarme... Sólo con que hubiera tenido un bebé... Si al menos...

Compartir nuestro pesar con alguien que nos comprende establece un vínculo muy potente. Esto puede ser saludable, pero también morboso.

¿Cómo se sintió la última vez que compartió sus penas con otra persona? ¿Agobiado, triste, deprimido o aliviado, exaltado, contento? La respuesta le permitirá saber si al hacerlo permite que el miedo siga actuando o se libera del pasado. Preste atención.

Es innegable que mi vida habría sido diferente si alguno, o todos, de mis «Si al menos...» hubieran ocurrido. Sin embargo, ¿habría sido una vida mejor o más brillante que la que estoy viviendo ahora? Nunca lo sabré con certeza, pero creo que la respuesta es que aquellas cosas que deseaba, de hecho habrían sido desvíos, y a decir verdad, estoy exactamente donde se supone que debo estar. Por supuesto, podría lamentarme del amor perdido, de las oportunidades desaprovechadas y del tiempo desperdiciado. Sin embargo, puede que no haya habido tal amor perdido, que no haya desaprovechado oportunidades e incluso tal vez no haya perdido un solo minuto de mi vida. Sí, en mi vida hubo amores que no duraron, y sin embargo gracias a cada una de esas relaciones he adquirido la capacidad de amar más intensamente de lo que jamás habría podido imaginar. Sí, es posible que haya desaprovechado oportunidades, pero tal vez no fueran realmente para mí. Sí, podría evocar años aparentemente desperdiciados, y sin embargo durante ese tiempo aprendí a curar mi dolor, a superar el miedo y a amarme a mí misma y a los demás sin reproches. Eso me dio el coraje necesario para vivir una vida que es mía y de nadie más, y para hacer mi contribución al mundo.

Para reunir ese coraje, tuve que decidirme a abandonar lo que llamo mi «medalla de honor». La mayoría de las personas tiene una. Es un premio simbólico que nos concedemos a nosotros mismos por todo lo que hemos soportado. Representa todas las excusas a las que recurrimos para justificar el modo en que somos o dejamos de ser. Estamos perversamente orgullosos de esta medalla, una especie de condecoración al herido en combate que, según creemos, demuestra nuestro valor para afrontar las inevitables dificultades que la vida nos plantea. La medalla le revela al mundo que hemos sido heridos en combate. Es natural que no nos vaya mejor de lo que nos va. Comparamos los historiales de guerra y verificamos que el mundo exterior es peligroso y que no deberíamos correr riesgos a menos que se nos garantice que las cosas saldrán bien. Nos damos permiso unos a otros para quedarnos a salvo en nuestro refugio en lugar de ser lo suficientemente valientes para seguir avanzando. Nos comprendemos mutuamente. Asentimos con compasión. Se parece mucho a la amistad, pero lo que estamos haciendo es confirmar recíprocamente nuestros miedos.

Así pues, la «medalla de honor» es en realidad una «medalla al miedo» enmascarada. Cuando me hice responsable de mi miedo, tuve la fuerza y la libertad necesarias para superarlo. Cuando decidí dejar de repetir mi letanía de excusas, empecé a concentrarme en lo que puedo hacer ahora, en lugar de lo que ocurrió en el pasado. Eso ha sido lo que ha marcado la diferencia.

EJERCICIO CAZAMIEDOS: EL PERDÓN

Para desembarazarse de su medalla al miedo, usted debe estar dispuesto a superar su pasado, liberarse de quien usted pensaba que debía ser, y perdonar a todo lo que cree que lo ha estado oprimiendo, incluso a usted mismo. Cada vez que apelamos a nuestra medalla utilizando una excusa, mostramos hasta qué punto estamos atados a nuestro miedo, y estamos dejando claro además a qué y a quiénes necesitamos perdonar. Cuando tenemos algo de que arrepentirnos, se impone el perdón.

Una antigua compañera de cuarto de la universidad, Kathryn, me preguntó hace poco si yo realmente he perdonado a mi padre por matar a mi madre y suicidarse. Yo estuve a punto de soltarle mi respuesta habitual: «Sí, por supuesto», pero vacilé. ¿Cómo contesta uno esa pregunta si ha llegado a admitir que no es posible dibujar la respuesta en blanco y negro, sino más bien con todos los matices de gris?

Algo que yo he observado en mí misma y en otras personas es que el perdón no es algo que sucede en un instante. Es un proceso. La primera etapa suele producirse al poco de habernos sentido heridos por la conducta de otra persona. En ese momento, lo que parece perdón no es, por lo general, sino negación. ¿Recuerda que en el funeral de mi padre canté *Thank you*? Yo estaba convencida de que lo había perdonado al instante. Ahora bien, ¿por qué cuando estuve frente a su ataúd no derramé una sola lágrima? Todavía necesitaba un largo proceso de cura, a pesar de que en ese momento yo no era consciente de ello. La negación es un sutil mecanismo temporal que nos permite afrontar la más abominable de las agresiones a nuestras almas. Pero con el tiempo debemos reconocerla y luego liberarnos de ella.

La siguiente etapa del perdón es, en la mayoría de los casos, la ira. La ira es un sentimiento que promueve el que sigamos absortos en nosotros mismos y que nos permite usar el acontecimiento que ocurrió como excusa. «¿Cómo pudo hacerme esto a mí?» «¿Por qué me ha pasado esto justamente a mí?» Nos sentimos como un espectador inocente herido por una bala perdida. «¡La vida no es justa!» Las personas que no pueden superar esta etapa nunca perdonan de verdad y permiten que el miedo gobierne sus vidas. «Si este horrible episodio ocurrió sin que yo tuviera nada que ver, ni por mi culpa [arguye la falsa lógica del miedo], entonces yo no debo de ser una persona que valga la pena. De hecho, tal vez fue culpa mía.» La autocompasión, el resentimiento y la culpa son los sentimientos que más comúnmente expresan el miedo en esta etapa. Y la depresión suele ser ira interiorizada. Es en esa instancia cuando podemos llegar a convencernos de que hemos sido traicionados y heridos en lo más íntimo de nuestro ser por el episodio en cuestión.

La tercera etapa del perdón puede constituir un reto fascinante. Es la aceptación. El hecho ocurrió. La vida no tiene un botón para rebobinar. Tenemos que seguir viviendo. Acumular ira nos envenena a nosotros, no a la otra persona. Lloramos. Nos desahogamos, pero comprendemos que esa persona tiene poder sobre nosotros solamente si seguimos enganchados a los sentimientos del pasado. Dejamos de pensar en las razones y el sentido de lo que ocurrió. Dejamos de buscar culpables. Liberamos a la otra persona o personas y buscamos la manera de superarlo. Aceptamos la situación tal cual es y avanzamos lo mejor que podemos.

Finalmente, llegamos a la cuarta etapa del perdón: la compasión. Uno puede ver el episodio desde el punto de vista de la otra persona. Ahora, tantos años después del homicidio con posterior suicidio de mis padres, puedo considerarlos como quienes eran: dos personas asustadas que no pudieron superar sus propias inseguridades y temores porque no sabían cómo hacerlo, pero que deseaban desesperadamente ser amadas. Como casi todo el mundo. Mi padre no sabía cómo manejar el rechazo de mi madre, de modo que la mató y luego se suicidó porque temía que vivir sin ella le resultara demasiado doloroso. La muerte le pareció la única alternativa. Yo le he perdonado por esa falsa creencia y por su incapacidad de aceptarse a sí mismo. He logrado llegar a esta etapa del perdón porque he tomado conciencia de mi naturaleza innata y he asumido mi integridad, y gracias a ello me he conectado con la vida que me rodea.

He perdonado a mi padre, lo mismo que a mi madre, en el sentido de que lo que ocurrió ya no afecta a mi vida cotidiana. Puedo explicar mi historia en mis charlas, en mis cintas grabadas y en mis libros. He perdonado a mi padre por querer más a mi hermana menor que a mí. Le he perdonado que me rodeara el cuello con las manos y tratara de estrangularme. Le he perdonado que me quitara a mi madre. Le he perdonado que nos dejara a la buena de Dios, sin dinero y sin que nadie se ocupara de nosotras. Le he perdonado su acto egoísta porque ahora sé que tenía miedo. Le he perdonado.

Eso no significa, sin embargo, que yo esté «por encima» de lo ocurrido. La tragedia es una parte esencial de la trama de mi vida. No puedo extirparla a voluntad. Y ahora tampoco querría. Perdonar a mi padre no significa renunciar a los momentos tiernos y agridulces en los que añoro a mi madre. Cuando me comprometí para casarme, hace años, lloré. Me parecía que no estaba nada bien que mi madre no estuviese allí conmigo para ayudarme a escoger mi vestido de novia. Cuando me divorcié, también lloré. ¿Dónde estaba ella en ese momento en que yo estaba sufriendo tanto? ¿He perdonado a mis padres? Sí. Pero eso no significa que algunas veces no los imagine sonriendo y anhele su cariño. No significa que viva todo el tiempo en la cuarta etapa. De hecho, las cuatro etapas están vinculadas entre ellas, y lo que determina en cuál de ellas me encuentro depende de cómo abordo la vida en ese momento.

Ejercicio cazamiedos

Cuando sufro algún trauma u obtengo un triunfo importante —en otras palabras, cuando lo que prevalece en mi vida es el riesgo— es cuando suelo pensar en mis padres, y esos pensamientos despiertan en mí sentimientos hace largo tiempo olvidados: la ira, el sentirme traicionada, el rechazo y la idea de que no valgo. Una vez más debo preguntarme si los he perdonado. Pero, en vez de conformarme simplemente con un sí o un no, me hago las siguientes preguntas:

¿Qué quería yo de la persona, las personas o la situación, que no obtuve?

¿Con cuánta frecuencia pienso en esta situación? ¿Una vez al mes? ¿Todos los días? ¿Cada hora?

Cuando pienso en este episodio, ¿qué sentimientos negativos me inspira? ¿Cuál es la intensidad de la emoción?

¿Qué satisfacción o beneficio me procura el hecho de no perdonar esta situación?

¿Estoy dispuesta a perdonar a las personas implicadas?

¿Estoy dispuesta a perdonarme a mí misma por las opiniones, los malos deseos o cualquier otro sentimiento negativo que me inspiran esta persona o personas, o la situación?

Cuando me hago estas preguntas, puedo ver hasta qué punto me hallo bajo el influjo de mi Rueda del Miedo y evaluar en qué medida mi resistencia a perdonar consume mi energía positiva. Y se pone en evidencia si me hago responsable de las posibles heridas del pasado o todavía sigo perdiendo el tiempo echándole la culpa a alguien. Además, me ayuda a descubrir si hay algo o alguien a quien perdonar. ¿A mí misma? ¿A otra persona? ¿A las circunstancias? Debo recordar que perdonar no significa aprobar el modo en que se actuó o se actúa. El perdón es más bien una oportunidad de liberarme del vínculo negativo que me ata a algo sobre lo que yo, casi con toda seguridad, no tengo el más mínimo control. Estoy eligiendo activamente desterrar el resentimiento del primer plano de la situación y empezar a valorarla por lo que fue o lo que es. Perdonar no significa tolerar la conducta o la situación. El perdón supera el pasado y nos permite liberarnos para vivir el presente. El perdón asimila nuestros pesares y excusas y los transforma en lecciones aprendidas y capacidades adquiridas que nos ayudan a hacernos dueños de nuestro destino.

Si pienso en mis excusas y advierto que todavía entorpecen mi vida, debo seguir trabajando para perdonar. Si me descubro imaginando respuestas inteligentes y pretextos ingeniosos para defender mi postura, debo seguir trabajando para perdonar. Si adopto una actitud negativa con respecto a mis excusas, eso significa que siguen afectando a mi conducta y, por lo tanto, debo seguir trabajando para perdonar.

El perdón nunca es para las otras personas implicadas en la situación o para la situación en sí misma. El perdón es siempre para uno mismo. El perdón nos permite aceptar, liberarnos y hacer las paces con las personas y las circunstancias que en algún momento pueden habernos quitado el sueño. Es la predisposición de olvidarnos de lo que pensamos que debería haber ocurrido y la aceptación de lo que en realidad ocurrió. Sí, he perdonado a mis padres. Pero lo más importante es que me he perdonado a mí misma.

EJERCICIO CAZAMIEDOS: EL «CONTRATO DE PERDÓN»

En los talleres que realizo les pido a mis clientes que utilicen el siguiente Contrato de Perdón. Repetirlo cotidianamente lo ayudará a usted a intensificar su predisposición y compromiso en la tarea de perdonarse y perdonar a los demás. Gran parte de lo que mantiene en funcionamiento a la Rueda del Miedo es la falta de perdón hacia nosotros mismos y que ponemos continuamente en tela de juicio nuestros pensamientos y sentimientos. Le sugiero que convoque como testigo de este acuerdo que usted suscribe consigo mismo a uno de los miembros de su equipo de cazamiedos. De ser necesario, esta persona podrá ayudarlo durante el proceso. El perdón es sanación. Ábrase a la libertad que se desencadena cuando usted está dispuesto a perdonar.

Yo, (su nombre), _____, estoy dispuesto a perdonarme a mí mismo.

Estoy dispuesto a perdonar a cualquier persona o personas que, en mi opinión, me haya herido, perjudicado o traicionado.

Me perdono por todas las veces que postergué o no hice caso de mis propias necesidades, anhelos y deseos.

Perdono cualquier juicio o expectativa poco realista que haya hecho acerca de mí mismo o de otros.

Estoy dispuesto a ver lo bueno que hay en mí y en los demás.

Estoy dispuesto a recuperar mi naturaleza innata a través del perdón.

Estoy dispuesto a asumir mi faceta de la integridad mediante el perdón.

Ya no desperdicio mi precioso tiempo y mi energía quedándome atascado en un estado de ánimo contrario al perdón.

En cambio, estoy dispuesto a perdonar por mi propio bien.

En la medida en que perdono, mi temor desaparece.

En la medida en que perdono, soy libre.

Su firma: _____.
Testigo: _____.
Fecha: _____.

Cuando por fin comprendemos hasta qué punto las excusas han estado controlando nuestra vida, ya no tiene sentido reprocharnos lo que hemos hecho. Más bien es hora de alegrarnos y decir sí a la sanación del dolor que nos han producido nuestros pesares. Ahora podemos liberarnos.

Una Ceremonia de Liberación

A fin de hacerme responsable de mi medalla de honor (en realidad mi medalla al miedo) y al mismo tiempo desembarazarme de su yugo, llevé a cabo una Ceremonia de Liberación. Me resultó tan provechosa que voy a compartir esta experiencia con usted, y después le indicaré algunas pautas para que usted pueda realizar una experiencia similar.

Hace algunos años, empecé a reconocer el poder que mis padres todavía ejercían sobre mí. Habían estado dirigiendo mi vida mucho más tras su muerte que cuando estaban vivos. Yo estaba inmersa en mi Rueda del Miedo, que giraba y giraba, viviendo una y otra vez el temor de no valer nada. Nunca me había desembarazado del sueño de caminar del brazo de mi madre una tarde de domingo, ni del deseo de comprender qué era lo que había ocurrido entre mis padres, ni del terrible dolor que me habían infligido. El día del vigésimo aniversario de su muerte supe que había llegado el momento de liberarme.

Liberarme fue una de las cosas más difíciles que he hecho en mi vida. Como era un riesgo, liberarme despertaba mi temor de no valer nada. Mi pensamiento era que, si me liberaba, eso significaría que la muerte de mis padres había sido en vano. Si me liberaba, ya no podría lucir mi medalla de honor (en realidad, mi medalla al miedo), que me ayudaba a evitar el mal trago de enfrentarme a mis miedos y vivir una vida plena. Mi mayor temor era que esa liberación significara que me olvidaría de mis padres. Interpretaba mi liberación como una traición que, de alguna manera, haría que sus vidas carecieran de sentido.

Si me negaba a liberarme, mi apego demostraría cuánto los quería, ¿verdad? ¿Acaso no estaba dispuesta a sufrir toda la vida para honrarlos? ¿No estaba dispuesta a sacrificar cualquier relación para seguir viviendo inmersa en la culpa y la vergüenza? ¿No estaba dispuesta a poner a mi madre en un pedestal para consagrarla como la víctima inocente de todo lo que había ocurrido? Todo esto me mantenía apegada a ellos, y de alguna manera mi mente me impulsaba a pensar que eso era lo que haría una hija leal. Durante veinte años, no pude liberarme.

El día en que se cumplía el vigésimo aniversario le pedí a Marta que me acompañara hasta un lago enclavado en las colinas que rodean Los Ángeles. Quería estar en un entorno agradable. Para mí, eso significaba árboles, agua y pájaros. Llevé conmigo una olla de cobre, una vara de incienso, papel y un lápiz. Le pedí a Marta que se quedara conmigo y me acompañara: necesitaba un testigo de lo que iba a hacer. Se quedó detrás, a mi derecha, mientras yo comenzaba mi Ceremonia de Liberación.

Primero me senté y escribí una carta en la que volqué todo el dolor que había experimentado durante veinte años. A continuación, corté algunas hojas de papel en tiras y escribí en cada una de esas tiras los pensamientos, sentimientos y comportamientos de los que quería liberarme. Después le escribí una carta de amor a mi madre y, finalmente, una carta de amor y perdón a mi padre. Les hablé de todos los dones que había recibido de ellos. Escribí hasta que las fuerzas me abandonaron. Las lágrimas corrieron por mi rostro durante más de una hora. Exhausta, sonreí. Sabía que lo había registrado todo en aquellos papeles. No había omitido nada, no había olvidado nada, no me había intimidado ante nada.

Llené la olla de cobre con arena y puse en su interior las cartas y las tiras de papel, una por una, y las fui quemando una tras otra mientras repetía en voz alta los sentimientos que albergaba mi corazón. Primero fue la carta de ira, dolor y tristeza. Luego, siguieron todos los pensamientos, sentimientos y comportamientos de los que quería liberarme. Y finalmente las cartas de amor y perdón. Les dije a mi madre y a mi padre que era hora de liberarme y convertirme en quien yo estaba destinada a ser. Aunque me temblaba la voz, hablé imbuida de una verdadera convicción interior. Les dije quién era, y lo que había aprendido gracias a ellos, y también a pesar de ellos. Mientras las cartas se quemaban sentí una profunda agitación en mi interior, señal de que algo se movía en mí, señal de una íntima aceptación. Algo estaba sucediendo. Todavía no podía expresarlo con palabras, pero lo sabía. Por fin me estaba haciendo responsable de mi vida. Mi liberación era lo que mis padres habían querido que hiciera. Ellos no querían que siguiera sufriendo. Querían que viviera. Me amaban. No querían que viviera con miedo.

Tomé la vara de incienso humeante y la hice girar en torno a mí para simbolizar que estaba limpiando el pasado. Luego ahumé las cartas para simbolizar que me liberaba de lo que quedara de mi dolor y que aceptaba sanar mis heridas. Mientras contemplaba las cartas ahora convertidas en cenizas, supe de pronto que tenía que enterrarlas. Con una piedra, cavé un agujero junto al lago y deposité cuidadosamente las cenizas en su interior. Luego las cubrí con un poco de tierra, mientras declaraba: «Te perdono. Me perdono. Estoy dispuesta a liberarme. Acepto el amor en mi vida.» Con los restos de las cartas enterradas, recogí la olla de cobre, ahora vacía, y me despedí. Adiós a la vergüenza y la culpa. Adiós a las recriminaciones y el resentimiento. Adiós a la Rhonda que había vivido con miedo.

Cuando me liberé, me estaba liberando de mi necesidad de comprender, de tener las respuestas y de ser una mártir. Liberarme significaba que estaba dispuesta a aprovechar los dones que había recibido de mis padres mientras estuvieron vivos y aun después de su muerte, y que me desembarazaba de todo aquello que ya no me fortalecía. Liberarme significaba que ya no podía culpar a mi padre o a mi madre por las cosas negativas que me habían sucedido. Liberarme significaba que tenía que hacerme responsable de mí misma. Liberarme significaba que tenía que aceptarme a mí misma con todos mis defectos, imperfecciones y sufrimientos y también con todas mis cualidades, mis talentos y mi capacidad para ser feliz. Liberarme significaba que estaba renunciando a mis excusas. Cuando me liberé, me encontré a mí misma.

Emancípese de sus excusas

Usted también puede perdonar, liberarse y encontrarse a sí mismo. Haga una lista de todas las personas que todavía le hacen sentir ira, frustración y resentimiento, aunque no haya hablado con ellas desde hace días, años o décadas. Incluso aunque ya hayan muerto. Escriba también —si una de sus principales excusas es un acontecimiento determinado, como le pasó a Kara con el accidente que inutilizó su rodilla— los nombres de las personas que manejaron mal la situación y le perjudicaron. Kara, por ejemplo, incluyó a su madre porque le había dicho que tuviera en cuenta que su dolor no era nada comparado con el de otras personas. También incluyó a su padre por darle más importancia a guardar las apariencias, y a su hermano por creer que tenía bien merecido lo que le había pasado. Al principio le costó darse el permiso de incluir en la lista a los miembros de su familia, porque sentía que no estaba bien confesar abiertamente que tenía algo que recriminarles. Yo la tranquilicé, diciéndole que también tendría la oportunidad de agradecerles todo lo bueno que habían hecho por ella. A usted le pasará lo mismo, de manera que no omita a nadie sólo porque hasta ahora nunca se permitió admitir que alberga sentimientos tanto positivos como negativos acerca de la persona en cuestión. Y, si puede, incluya en la lista su propio nombre.

Escoja uno de los nombres que anotó. A ser posible, el de la persona que más influye en usted. No obstante, si siente que eso es demasiado para usted, no pasa nada, escoja otro nombre. No importa por dónde comience, lo que cuenta es su predisposición a empezar.

Escriba dos cartas dirigidas a la persona que escogió. La primera la dedicará a su enfado, su dolor y su rabia. Escríbalo todo. No trate de ser amable. No se guarde nada. En la carta siguiente, escriba todas las razones por las cuales usted quiere a esa persona y todas las lecciones que aprendió de ella. Añada, si puede, su deseo de perdonar a esa persona. Mientras escribe las cartas puede aprovechar, como hice yo, para consignar en otra hoja los pensamientos, sentimientos y comportamientos de los que quiere liberarse.

Escribir esas cartas, esos pensamientos, esos sentimientos y esos comportamientos puede constituir todo un reto, porque durante el proceso uno tiende a revivir antiguas emociones que hasta ese momento había mantenido sepultadas. Revelarlas requiere coraje y fuerza de voluntad. Pero ésas son justamente las cualidades que usted quiere incorporar a su vida de ahora en adelante. Este momento es tan oportuno para comenzar como cualquier otro.

A continuación, busque un lugar seguro en el que pueda quemar las cartas y los demás papeles; puede ser el hogar, un bote lleno de arena o un lugar al aire libre en el que haya sólo arena o piedras. Si usted se encuentra en una zona en la que hay un alto riesgo de incendio o no se siente cómoda quemando los papeles, romperlos tiene el mismo efecto.

Ahora, mientras les prende fuego o los rasga, enuncie en voz alta su intención de liberarse, aun en el caso de que sienta que tal vez no sea capaz de hacerlo. Nombre a la persona y diga que está liberándose de ella. Diga su propio nombre y afirme que se está liberando de esa situación.

Si necesita apoyo, como me ocurrió a mí, pídale a un miembro de su equipo de cazamiedos en quien usted confíe que lo acompañe. Pídale a esa persona que se quede cerca, sentada o de pie, pero sin interferir en lo que usted va a hacer. Él o ella están ahí por si usted necesita consuelo o apoyo. Es usted quien lo decidirá llegado el caso, no la otra persona. Los límites deben establecerse antes de comenzar. Después de completar la tarea, yo le pedí a Marta que me abrazara.

Mientras regresábamos a casa, en el coche, me di cuenta de que necesitaba hablar de todo lo que acababa de pasar. Ella me dio permiso para que le explicara mis sentimientos, lo que me permitió elaborarlos y reconocer el cambio que se estaba operando en mí.

Cuando haya completado su Ceremonia de Liberación, esté atento a los cambios que perciba en usted, aun los más sutiles. Puede que no experimente ningún cambio espectacular. Simplemente confíe en que el proceso está funcionando tanto si el cambio que experimenta es pequeño como si tiene la intensidad de un terremoto o, incluso, aunque no perciba cambio alguno. Kara, por ejemplo, me contó que cuando quemó las cartas sintió una gran serenidad. Nada más. Pero eso ya es un gran salto adelante en el trayecto del miedo a la libertad. Más adelante, Kara aprovechó el recuerdo de su Ceremonia de Liberación para desencadenar nuevos cambios. Yo utilizo ese recuerdo para reforzar mis cambios cada vez que mi Rueda del Miedo amenaza con capturarme.

EJERCICIO CAZAMIEDOS: EL CUADERNO DE BITÁCORA DE SU VIDA

Una vez se ha liberado de sus excusas y de las personas implicadas en ellas, usted está en condiciones de hacerse responsable de su propia vida, plenamente y sin miedo. Se trata de una tarea emocionante, aunque también pueda asustarnos un poco y suponernos un reto. Pero gracias a ella usted comenzará a comprender que, en lugar de perjudicarlo, el miedo puede beneficiarlo. Ya hemos dicho más de una vez que el miedo no desaparecerá. Sin embargo, usted puede aprovechar ese impulso, ese cosquilleo que produce la aprensión, para liberarse de sus cadenas. El psicólogo Mihaly Csikszentmihalyi lo llama «fluido»: la perfecta equidistancia emocional entre el tedio y la angustia. Y Maslow sostiene que, tal como ocurre con un niño psicológicamente sano, uno puede crecer si «ve satisfechas las necesidades básicas de seguridad, pertenencia, amor y respeto, lo que le permite sentirse libre de amenazas, autónomo, curioso y espontáneo y, en consecuencia, dispuesto a explorar lo desconocido».

¿Cómo lograrlo? La técnica que yo he ideado es lo que llamo el «Cuaderno de Bitácora». Cuando usted detalla por escrito todo cuanto ha hecho en el día, el resultado es un cuadro en el que percibirá claramente si está desperdiciando su vida en actividades poco importantes producto del miedo o si tiene la audacia suficiente para aprovechar sabia y ordenadamente su tiempo para llegar a donde usted se ha propuesto llegar. El Cuaderno de Bitácora también le permite saber si está viviendo consciente y proactivamente conforme a los valores y principios que constituyen su naturaleza innata o si está viviendo en un estado constante de emergencia, limitándose a reaccionar ante las situaciones que se le presentan. Le hace ser responsable. Basta de excusas. El modo en que emplea su tiempo define su vida. Contemple su Cuaderno de Bitácora como si fuera el de un desconocido. ¿Qué diría de esa persona? ¿Cuáles son sus prioridades? ¿La familia? ¿El trabajo? ¿Qué es lo que esa persona valora?

El Cuaderno de Bitácora también le mostrará en qué punto su Rueda del Miedo puede hacerle caer en la trampa. ¿Qué cosas ha hecho ese día que sabotean sus intenciones? Excusas como «No tengo suficiente tiempo», «No tengo suficiente energía», e incluso «No tengo suficiente dinero», quedarán expuestas a la luz como lo que son: imposturas. Así, consignadas en negro sobre blanco, lo ayudarán a mejorar sus circunstancias y a hacerse responsable de cómo está empleando su tiempo.

La mayoría de la gente no sabe realmente cómo emplea su tiempo. Creemos saberlo, pero sin embargo son muchos los que desperdician minutos, horas e incluso días, tratando de encontrar el modo de evitar su Rueda del Miedo o procurando resolver el problema de vivir de acuerdo con sus expectativas. Si a eso le sumamos el tiempo que empleamos en quejarnos, en dar excusas y en mortificarnos, no puede extrañarnos que llevemos pocas cosas a buen término.

Debbie es la protagonista de una de las muchas historias que demuestran la eficacia del Cuaderno de Bitácora. Trabajaba en una empresa de telemarketing y su objetivo era hacer doscientas llamadas comerciales por semana. Cuando comenzó a trabajar el programa *Vivir sin miedo*, Debbie se burlaba del Cuaderno de Bitácora. Juraba que ella sabía exactamente cómo empleaba su tiempo. Le pedí que lo llevara durante una semana, y le dije que si efectivamente no le servía para nada no tendría que volver a repetir el ejercicio. Ella aceptó.

Después de la primera semana, Debbie entró en mi oficina con cara larga. Su Cuaderno de Bitácora le había demostrado que no estaba viviendo la vida que ella había imaginado. Sus llamadas telefónicas representaban poco más de la mitad de la meta que se había propuesto alcanzar. Debbie descubrió el poder del Cuaderno de Bitácora, que registra en detalle no sólo todos los esfuerzos inspirados por el miedo, sino también las acciones generadas por la libertad. La cruda verdad era que Debbie, en efecto, hacía sus llamadas telefónicas, pero después de una llamada particularmente buena, o mala, pensaba que se merecía un descanso. Y ese descanso podía durar todo el tiempo que le llevaba recorrer la oficina contando a sus compañeros el resultado de su última llamada porque tenía miedo de que si el resto del mundo no sabía lo que ella había hecho, pensaran que era una vaga. Las horas que pasaba en su Rueda del Miedo le impedían aprovechar sus capacidades y lograr el plus trimestral por ventas conseguidas. Una vez reconoció aquel comportamiento repetitivo, comprendió que comentar sus llamadas le estaba impidiendo rendir de acuerdo con sus objetivos y lograr sus metas. Ahora, Debbie realiza con facilidad trescientas cincuenta llamadas semanales y está batiendo todas las marcas de ventas de la empresa.

Quiero que registre lo que hace en su Cuaderno de Bitácora cada media hora. Puede que usted, como Kara, Debbie, y muchos otros de mis clientes, piense que no tiene tiempo para eso. Mi respuesta es que he visto los resultados en miles de personas, y sé que usted no tiene tiempo para no hacer esto. En realidad, cuando comienzan a llevar su Cuaderno de Bitácora, mis clientes encuentran más tiempo, por lo general entre cuatro y ocho horas por semana. Piense en todo lo que podría hacer en ese lapso. Kara, por ejemplo, tras una pequeña resistencia, empezó a llevar su cuaderno. Nada habría podido hacerla más feliz. Se ha convertido en una verdadera experta en materia de eficiencia emocional. Se ha organizado el tiempo para poder asistir a una escuela nocturna, y el hecho de estar estudiando para auxiliar sanitaria la llena de emoción. Se ha sometido a una operación gracias a la cual su rodilla está muchísimo mejor y ya no le duele como antes. Le ha pedido a uno de sus amigos partidarios que se convierta en su «socio en la salud», y sigue con él un programa regular de caminatas y una dieta razonable. Ahora presta más atención a su arreglo personal y ha comenzado a salir. Dice que se siente más joven que nunca. Y ha decidido no esperar a retirarse para viajar. Ha reservado una plaza para un circuito de tres semanas por Europa; sus hijos se harán cargo de la tienda. Kara ha retomado su vida. Usted también puede lograrlo. Siga estas reglas básicas para llevar su Cuaderno de Bitácora:

- Primero, escriba una lista de lo que usted considera que son sus compromisos, en orden de prioridad. Guárdela.

- Luego, durante una semana y cada media hora, consigne brevemente lo que ha hecho: «Miré la televisión», «Navegué por la Red», «Soñé despierto», «Pasé un rato en la sala de espera del dentista», «Hablé por teléfono con mi madre», «Jugué con los niños», «Me dediqué a la cuenta Wilson». Estas anotaciones son sólo para usted y, en parte, el motivo por el que lo está haciendo es aprender a reconocer si está inmerso en su Rueda del Miedo, así que sea brutalmente honesto. Si se comió una bolsa de patatas fritas después de que su jefe le gritara, anótelo. Si durmió buena parte del fin de semana tras la desmoralizante fiesta para personas solas del viernes, apúntelo. Si pasó la mayor parte de la mañana vagando por la sala de descanso de su empresa en lugar de responder su correo electrónico, apúntelo.

- Una advertencia: durante la primera semana, apuntar lo que uno hace cada media hora puede resultar desalentador. Si le pasa eso, comience consignando el tiempo que emplea en las tareas a las que se está dedicando. Si usted es un profesional, preste atención al modo en que emplea su tiempo cuando hace algo relacionado con su profesión. Si el aspecto importante de su vida son sus relaciones personales, haga lo mismo. Y vaya agregando otros aspectos hasta completar las veinticuatro horas de los siete días de la semana.

- Al cabo de esa primera semana, cree distintas categorías: profesión, relaciones personales, paternidad, familiares, cuidado personal, ejercicio físico, crecimiento personal, ocio, espiritualidad, amistades. Establezca las categorías necesarias para describir su vida. Asigne el tiempo que emplea en los desplazamientos de cada categoría: a la «profesión» si va camino de la oficina, al «ejercicio físico» si está yendo al gimnasio. Si está haciendo dos cosas al mismo tiempo —supongamos que asiste a una fiesta pero al mismo tiempo intercambia tarjetas personales con fines laborales— divida ese tiempo en dos categorías.

• A continuación, detalle cómo empleó su tiempo en cada categoría durante la última semana.

• Ahora, busque su lista de prioridades y compárela con el tiempo que dedicó realmente a aquello que usted considera importante. Si su máxima prioridad es abrir el restaurante con el que siempre soñó pero no hizo nada para alcanzar esa meta, eche una ojeada a su Cuaderno de Bitácora y deduzca si podría comportarse de otro modo, y cómo. ¿Dedicó algún momento de su atareado día a averiguar el precio de los alquileres en la zona de la ciudad en la que le gustaría instalar su restaurante? ¿Hubo algún momento en el que pudo haber calculado qué parte de sus ahorros invertirá en esa iniciativa? ¿Hubo algún momento, por muy breve que fuese, en el que se permitió desarrollar su creatividad imaginando la decoración, el menú y la carta de vinos de sus sueños? Si ese tiempo existió, y usted no lo empleó para acercarse a su meta, lo que ocurrió fue que el miedo se lo impidió y no que no tuvo tiempo. Si ese tiempo existió, y usted lo empleó de forma contraproducente cediendo a la tentación de hacer unas compras en las que gastó parte del dinero destinado a abrir el restaurante, el miedo lo está impulsando a actuar contra usted mismo. Recuerde que mientras usted se limite a decir que está ansioso por abrir el restaurante pero no haga nada al respecto, se sentirá a salvo. No puede fracasar. Pero, por supuesto, tampoco puede tener éxito. Y mientras usted diga que quiere abrir un restaurante pero siga saboteando sus esfuerzos, el fracaso estará asegurado.

Lo mismo vale para cualquier otro aspecto de su vida. ¿Le ha dedicado tiempo a la persona que ama porque darle la máxima prioridad fortalece la relación? ¿O se fue a dormir temprano en lugar de invertir su energía en comunicarse con ella? ¿Ha dedicado tiempo a sus hijos porque una de sus prioridades es ser un padre más comprometido? ¿O dejó a los niños frente al televisor para hacer algo que «tenía» que hacer, como limpiar el cuarto de baño? ¿Se quedó un rato más en la oficina porque una de sus prioridades es ser más eficaz en algo que acaba de aprender? ¿O se marchó a la hora de siempre porque teme secretamente que nunca dominará esa nueva técnica y prefiere no intentarlo antes que descubrir la verdad? ¿Salió a caminar por la mañana temprano porque una de sus prioridades es mantenerse en forma? ¿O acaso «olvidó» programar la alarma de su despertador para que sonara un poco antes de lo habitual? Hágase esta clase de preguntas, y comprobará si está permitiendo que el miedo domine su vida.

• Escoja un aspecto de su vida para trabajarlo. Tal vez quiera que sea el mismo que escogió en el capítulo 1, o quizás haya ahora otro aspecto que le parezca más importante. No importa, cualquier área es válida.

- Comprométase a aumentar el tiempo que dedica a ese aspecto de su vida por lo menos en cinco minutos al día. La lista de comportamientos proactivos de su Rueda de la Libertad es un buen recurso para escoger nuevas acciones a emprender en cualquier aspecto de su vida. La inversión de estos escasos cinco minutos integrará los nuevos comportamientos en su vida cotidiana y le garantizará el éxito. Casi todos examinamos la lista, escogemos cinco aspectos y queremos cambiarlos de la noche a la mañana. Ésa es la mejor manera de fracasar. Nos estamos preparando para sentirnos desbordados. Lo que yo quiero es que usted se programe para triunfar, para integrar esos comportamientos de una manera permanente. Si usted dedica cinco minutos al día a un aspecto de su vida hasta ahora relegado, los cambios que se produzcan durarán toda la vida. Cuando día tras día usted se hace cargo de esos cinco minutos, está adquiriendo la capacidad de lograr lo mismo en cualquier otro aspecto de su vida. Está comenzando a contar con usted mismo.

- Aumente ese tiempo en cinco minutos todas las semanas. Si decide que sean más de cinco minutos, considérelo una ganancia extra.

- Una vez se sienta fuerte en la actividad a la que se ha dedicado especialmente, puede agregar un segundo aspecto. Cuando sienta que domina este segundo aspecto, agregue otro. Agregue un aspecto por vez. Quiero que domine la situación, no que la administre.

- Lleve su Cuaderno de Bitácora durante por lo menos doce semanas. El miedo no se vence sin ser consciente de lo que se hace, y el mejor modo de dar cuenta de sus cambios es el Cuaderno de Bitácora. De este modo, el Cuaderno de Bitácora se convierte en un historial escrito. En él usted encontrará un registro permanente del modo en que ha alterado su vida, de cinco minutos en cinco minutos. Cuando lo relea, su confianza se acrecentará. Sabrá que puede contar con usted mismo.

Vivir con miedo es malgastar el tiempo y la vida. Si usted es sincero consigo mismo, verá que no son pocas las horas del día en las que se puede vivir sin miedo. El miedo le proporciona excusas para hacer esto o ser precavido con aquello antes de que pueda ocuparse de las cosas importantes de la vida. Y si el miedo lo mantiene ocupado, usted nunca podrá dedicarse a las cosas importantes. Por eso, lleve su Cuaderno de Bitácora día tras día y semana tras semana, y estúdielo. Pronto dejará las excusas, recuperará el tiempo perdido y logrará hacerse responsable de cada una de las decisiones de su vida y ser libre.

Cuando haya comenzado a hacerlo, estaremos en condiciones de examinar la forma en que el miedo suele hacer su aparición en su vida cotidiana.

Capítulo Ocho

BASTA DE QUEJAS

Doug se arrellanó en el sofá de mi consultorio y suspiró profundamente. «Voy a intentarlo porque mi amigo Jason me dijo que su programa es fantástico, pero la verdad es que no creo que a mí me sirva —dijo—. Me refiero a que usted llama a esto *Vivir sin miedo*, pero yo no le tengo miedo a nada en particular. Mi única queja es que todas las mujeres que valen la pena ya tienen pareja. Tengo treinta y dos años y siento que he perdido el tren. Conozco a alguien que me atrae y o lleva un anillo de boda o al cabo de dos minutos de conversación me dice que tiene novio.

»De acuerdo, puede que esté exagerando. Muchas veces conozco a alguien y ni siquiera me molesto en iniciar una conversación. Simplemente supongo que alguien tan interesante puede estar disponible. Ya sé que podría leer los anuncios de contactos en el periódico o chatear en la Red, pero todo el mundo sabe que sólo los perdedores hacen esas cosas. Así que ése es mi problema. Como le dije, lo más probable es que esto de hacer algo para no tener miedo no me ayude a encontrar a alguien con quien valga la pena entablar una relación.»

Doug bien podía colgarse un cartel con el eslogan «Temo ser un marginado y no puedo soportar que me rechacen, así que no me atrevo a invitar a una mujer a salir». Como les he dicho a centenares de clientes y asistentes a mis charlas, quejarse es un modo de anunciar nuestros miedos. Doug había reunido las pruebas suficientes para dejar incólumes sus miedos, y solía quejarse para enmascarar su miedo fundamental. Ésa es la razón por la cual las quejas nos llevan a seguir girando en la Rueda del Miedo. Y si nos quejamos es porque esperamos que las cosas sean diferentes. Como vimos en el capítulo 6, las expectativas conducen a la decepción. Esa decepción suele expresarse en forma de quejas. Y quejarnos sólo exacerba el problema, porque nos hace concentrar nuestra atención en las cosas que funcionan mal, en lugar de dedicarnos a dar los pasos apropiados para resolverlos, o para aceptar la situación tal como es y encontrar la paz que añoramos. Judy se queja de que su trabajo de recepcionista es tan agotador que nunca tiene la energía suficiente para asistir a sus clases nocturnas de teatro, actualizar su *book* de fotografías y su currículum o presentarse a una prueba. Lo que hace es transmitir su temor al mundo: la certeza de que, si asume el riesgo de intentar convertirse en actriz profesional, terminará decepcionando no sólo a todos aquellos a quienes aprecia sino también a sí misma. Gene se queja de que su esposa necesita controlarlo todo y de que también sus suegros actúan de esa manera. De hecho, también sus propios padres son así. Está haciendo saber al mundo que tiene miedo de ser un hombre débil. Claudia se queja de que las únicas personas a las que sus profesores prestan atención son los alumnos ricos cuyos padres dotan de fondos a la escuela. Está haciendo público su miedo de ser invisible y de no estar a la altura de las circunstancias. Sharon se queja de que sus hijos adolescentes no saben valorarla y pasan por alto todo lo que ella dice. Está anunciado su miedo a ser insignificante.

Sin embargo, la mayoría de nosotros aceptamos quejarnos como una forma de conversación. En uno de mis seminarios, una paciente me confió que no sabía que había otros temas de conversación aparte de las quejas. Triste, pero cierto. Yo misma era una profesional de la queja. No sólo eso: acostumbraba a quedar con amigos quejosos que se lamentaban conmigo. En realidad, yo era tan experta que desarrollé lo que di en llamar la rutina de mi «relato del día». Hacía reír a todo el mundo entreteniéndoles con lo que resultaba ser una comedia acerca de mi pobre persona. «No vais a creer lo que ocurrió —les decía—. Para empezar, el despertador dejó de funcionar, o algo así. De veras, ayer funcionaba a la perfección, y esta mañana se fundió. ¡Qué mala pata! El día que tengo un desayuno de trabajo con mi jefe, me quedo dormida. De todas maneras, cuando por fin me levanté, las cosas fueron de mal en peor. Mi secador de pelo empezó a lanzar chispas y finalmente se quemó completamente. ¡Fantástico! Definitivamente, el pelo húmedo no es lo que mejor me queda. Después me subí a la balanza y vi que he engordado un kilo y medio. Cuando cumplí los treinta, mi metabolismo empezó a ir a paso de tortuga. ¡Qué injusticia! Tengo una amiga que puede comer como un camionero sin engordar un gramo, pero yo engordo con sólo mirar el chocolate. Así que empecé a revolver el armario mientras decía: "¿Qué demonios me pongo para parecer delgada?", ¿sabéis? Ya me entendéis... Bueno, eso es para poner a cualquiera de muy buen humor, ¿no? Pues entonces...»

¿Le suena? Cuando tenemos un «relato del día», las quejas nos mantienen ocupados. No tenemos que enfrentarnos a los verdaderos temas ni actuar con los demás a un nivel profundo. Lo más probable es que no reparemos en las cosas positivas de la vida. Nuestro día gira en torno a la atención que obtiene nuestro relato. Como todos los quejosos declarados, mis amigos quejosos y yo hallábamos una especie de perverso regocijo en lo que estábamos haciendo. Y mis amigos quejosos confirmaban mi convencimiento de que el motivo de mi queja no tenía solución. Coincidíamos en que en nuestra especialidad no existe ningún trabajo decente. Decíamos con convicción que los hombres tienen trabajos de responsabilidad, que alguna gente tiene suerte, que el jefe no le haría a nadie un cumplido aunque su vida estuviera en juego... Y cuando llegaba el momento de las quejas, yo era la que estaba a la cabeza. Sin embargo, lo que hacía en todo momento era anunciar que sentía que no valía nada.

Quejarse puede convertirse en una costumbre

Lamentablemente, cuando las quejas basadas en el miedo se convierten en una rutina, solemos ampliar el radio de acción a otros campos: el tiempo, el tránsito, la cantidad de gente en los centros comerciales, las colas en los bancos, hacernos viejos... Un quejoso veterano se lamenta de que una tormenta arruinase sus planes de hacer una barbacoa el Cuatro de Julio, como si la lluvia hubiera caído sólo en su jardín: personaliza cada situación irritante y cada contratiempo, demostrándose que es el elegido para los problemas y la mala suerte y convenciéndose de que eso condiciona cada aspecto de su vida. Por lo tanto, no puede correr un riesgo y tener éxito. Hemos oído la descripción de un pesimista como la persona que ve la botella medio vacía, mientras que el optimista ve la misma botella medio llena. El pesimista sencillamente es un quejoso que tiene miedo. «Siempre ocurre algo», dice en tono melodramático y encogiéndose de hombros mientras el avión espera en la pista durante cuarenta y cinco minutos, o cuando la conexión de Internet se interrumpe mientras está descargando un informe de treinta páginas, o cuando las entradas para el gran partido se agotaron, o cuando hay una espera de media hora para conseguir mesa en el restaurante.

Sin embargo, si la persona que se queja estuviera en su Rueda de la Libertad en lugar de estar inmersa en su Rueda del Miedo, leería o dormiría un rato mientras la salida del avión se retrasa. Se recordaría que antes de la aparición de Internet tenía que acercarse a la biblioteca para hacer su investigación. Decidiría ir a un bar para ver el partido. Conversaría con alguien mientras espera la mesa del restaurante. Y si fuera alguien realmente evolucionado, consideraría los acontecimientos aparentemente negativos como oportunidades, no como problemas. Tal vez elegiría sentirse agradecido por ese tiempo muerto en el avión provocado por el retraso. Tal vez se daría cuenta de que debe cambiar a un servidor de Internet más eficiente. Tal vez entablaría conversación con alguien en el bar y terminaría teniendo un nuevo amigo. Tal vez tomaría nota mentalmente de que sería conveniente reservar mesa cuando quisiera volver al restaurante, y así tendría control de un pequeño aspecto de su vida en lugar de seguir en el papel de «víctima».

Debemos notar que la persona evolucionada, la persona que vive libre del miedo, hace algo. Hace elecciones conscientes. Es proactiva en lugar de pasiva. No deja que la vida sea algo que le ocurre a ella. Es ella quien hace que la vida ocurra. No se queja. Obtiene lo mejor de cada momento. Lo ve todo como una oportunidad para aprender algo nuevo, compartir algo con respecto a ella misma o hacer una petición.

Y muchas veces una queja es sólo eso: una petición no satisfecha. Las preguntas que no hemos formulado, los temas que no hemos confrontado y los problemas que nos negamos a afrontar aparecen como quejas. Examine sus quejas. ¿Existe alguna que pudiera quedar solucionada mañana si diera pasos conformes a su Rueda de la Libertad y no a su Rueda del Miedo?

EJERCICIO CAZAMIEDOS

- Lleve un registro de sus quejas durante una semana.

  ¿Cuáles son sus quejas más frecuentes?
  ¿Qué perdería si ya no tuviera ese motivo de queja?
  ¿Qué satisfacción obtiene al seguir quejándose?
  ¿Cuáles parecen no tener solución?
  ¿Cuáles son verdaderas preocupaciones?
  ¿Qué problemas vienen de lejos?
  ¿Cuáles pueden resolverse con facilidad?
  ¿De cuáles puede ocuparse ahora?
  ¿Para cuál necesitará ayuda?

- Observe los sentimientos que experimenta al quejarse. ¿Son los mismos que cuando está en la Rueda del Miedo?

- Reformule sus quejas como retos.
  Por ejemplo, no diga «Mi jefe es un tirano», sino más bien «Necesito encontrar una manera más agradable de trabajar con mi jefe o tengo que encontrar un trabajo nuevo».

- Reformule sus quejas como peticiones.
  Por ejemplo: «Me gustaría aprender a comunicarme mejor contigo. Me gustaría hablar de las diferencias en

nuestra manera de hacer las cosas. ¿Te parece bien que nos reunamos el lunes a las once?»

- ¿Qué tendría su vida de diferente si no se quejara?

Desahogarse es importante

Por supuesto, hay ocasiones en la vida en las que necesitamos hablar sobre una situación realmente preocupante y obtener consuelo y consejo. Es entonces cuando podemos desahogarnos, que es algo muy diferente de quejarse. Reclute a algunos de los miembros de su equipo de cazamiedos como compañeros de desahogo. Todos se beneficiarán. El desahogo, a diferencia de la queja, es un proceso productivo y positivo. El hecho de quejarnos simplemente nos mantiene atados a la queja. Cuando nos desahogamos aceptamos nuestros sentimientos y nos damos la oportunidad de despejar nuestra mente o dejar una expectativa, lo que finalmente nos ayuda a alcanzar una solución.

Es posible que ya tengamos algunos confidentes de confianza con los que sabemos que podemos contar y que también pueden contar con nosotros, aunque formalizar el proceso de validación lo hace aún más efectivo. Después de mis hermanas, Marta es mi compañera de desahogo más importante. Nos hemos preparado mutuamente para escuchar y estar atentas durante el proceso.

Mientras aprendemos el proceso de desahogarnos, es fácil que caigamos en las viejas pautas de la queja, el cotilleo, la indulgencia o la disección del problema. Para encarrilarnos de nuevo debemos recordarnos mutuamente las reglas del desahogo. Enseñar a sus compañeros de desahogo puede requerir cierto esfuerzo, pero vale la pena. Para ayudarnos a no perder de vista el objetivo, Marta y yo tenemos cerca del teléfono una lista impresa de las reglas básicas para el desahogo, sólo como recordatorio. Usted y sus amigos podrían hacer lo mismo.

Reglas del programa *Vivir sin miedo* para el desahogo:

1)   Elija a un compañero de desahogo que le dé apoyo y le merezca confianza.

2)   Explique que necesita desahogarse de algo, y pregunte al compañero elegido si tiene tiempo de hablar con usted. Si la persona está ocupada, respétela y encuentre otro momento que les convenga a los dos. De todos modos, si usted está trastornado en extremo y siente pánico —tal vez acaba de cancelar su boda, o lo han despedido de su trabajo, o le han dado malas noticias respecto a una biopsia—, póngase en contacto con otros miembros de su equipo de cazamiedos hasta que encuentre a alguien que esté en condiciones de ayudarlo a superar el miedo.

3)   Respete el tiempo de los demás poniendo un límite, diciendo algo así como: «Realmente necesito desahogarme. ¿Dispones de quince minutos?» No es el momento de estar de palique o de hacer planes para un acontecimiento futuro. Lo que le está pidiendo a su compañero de desahogo es un tiempo dedicado a ayudarle a superar la dificultad que se le presenta. El límite de tiempo también le recordará que debe expresarse lo más clara y concisamente posible, en lugar de divagar. Sin embargo, a veces tendrá que divagar para aclararse las ideas. Eso también forma parte del proceso de desahogo. Si tiene que divagar, hágalo de una manera consciente. Diga algo así como: «Realmente tuve un día espantoso ¿te importa si intento ordenar mis pensamientos?» Ser libre de

hablar de sus miedos en un entorno que no lo juzgará lo ayuda a librarse de la vergüenza que puede ir asociada. Si su compañero de desahogo tiene tiempo de escucharlo, siga adelante y diga algo así como: «Todo empezó cuando yo estaba pasando lista y ese alumno no respondió. ¡Sinceramente, este chico ha sido un verdadero problema desde el primer día de clase! No sé cómo se lo montan los otros maestros para manejarlo. En general soy buena con los adolescentes, pero éste es tan rebelde que te parecería increíble. He intentado hablar de él con el jefe de estudios. Así que de todas maneras, cuando no respondió, dije: "¿Qué problema tienes?" Bueno, pues fue a contarle al director que yo era desconsiderada y que lo avergonzaba delante de toda la clase. Ahora me he metido en una buena, y no sé cómo manejar la situación.»

4) Explique que necesita un entorno seguro en el cual contar lo sucedido, y que no quiere que el compañero de desahogo le ofrezca soluciones. («Creo que con sólo hablar de esto, podré decidir qué debo hacer. En este momento estoy tan furiosa que no puedo pensar con claridad.») El trabajo de su compañero consiste en escuchar. Punto. Desahogarse no significa encontrar una solución al instante, ni se trata de que le salven o que estén de acuerdo o no con usted. El desahogo es un proceso que le hace reconocer sus sentimientos y transforma los pensamientos negativos en pensamientos expansivos, positivos y que dicen un sí a la vida. El acto mismo de desahogarse elimina la necesidad de recurrir a las conductas autodestructivas de su Rueda del Miedo para aliviar su dolor emocional. El desahogo también le impide hacer demasiado hincapié en el problema y perder el sueño por él. Crea un espacio seguro que lo ayuda a descubrir qué es lo importante para usted, qué es lo que ya no funciona y, a la larga, le revela más cosas sobre quién es usted.

5) Suéltelo todo dentro del tiempo pactado. En otras palabras, si lo que le está causando el conflicto es también lo más embarazoso, no se lo guarde. Si, por ejemplo, realmente usó un tono sarcástico para hablarle al alumno dígaselo a su interlocutor. Ésta es su oportunidad para compartir sus sentimientos, de modo que no se los calle. Sí, es posible que se sienta vulnerable, pero recuerde que usted eligió a esta persona porque se sentía lo suficientemente segura con ella para expresarse abiertamente.

6) Respire.

7) Si necesita que le recuerden que usted se desenvuelve bien y que superará todo esto, pida que lo apoyen. Dígale a su compañero de desahogo qué necesita para superar sus miedos. Algunas veces, cuando nos estamos desahogando, sólo necesitamos que nos digan que no somos tontos, estúpidos o unos perdedores. Otras veces necesitamos recordar con qué estamos comprometidos. Por lo general, Marta y yo terminamos las sesiones de desahogo con lo siguiente: «Dime a qué te has comprometido.» Eso nos remite a nuestra naturaleza innata y a nuestra faceta de la integridad, que siempre es más grande que el problema que nos aqueja. («Eres una maestra maravillosa, generosa e inteligente y has influido en la vida de muchísimos jóvenes. Descubrirás cómo manejar esta situación. Te he visto resolver las cosas infinidad de veces, como cuando aquella madre te increpó delante de todos los miembros de la asociación de padres y maestros. Te mostraste muy serena y racional. Todos aprendimos de ti. Dime otra vez por qué eres maestra. ¿A qué te has comprometido?»)

8) Dele las gracias a su compañero de desahogo por su tiempo y su apoyo. Él acaba de hacerle un regalo. Retribúya-

le diciendo algo tan sencillo como «Gracias por dedicarme tu tiempo. Te lo agradezco sinceramente».

9) Cuando haya terminado, cambie de tema o sencillamente cuelgue el teléfono. Ya es hora de que pase a otra cosa. Esto le indica a su subconsciente que ha procesado sus sentimientos y que ya está en condiciones de dar pasos conformes a su Rueda de la Libertad.

En determinadas situaciones, como un divorcio, una muerte u otros acontecimientos traumáticos, probablemente necesite desahogarse más de una, dos o incluso tres veces. Eso es absolutamente normal. Simplemente tome conciencia del proceso y, si puede, comparta su desahogo con otras personas en lugar de hacerlo sólo con una. El desahogo constante puede ser agotador para sus seres queridos. Si descubre que se desahoga más de lo que querría o más de lo que sus compañeros de desahogo pueden aceptar sin problemas, tal vez lo más adecuado sea buscar consejo profesional. Los terapeutas son compañeros de desahogo perfectos. Se han formado para escuchar y proporcionar el espacio seguro que usted necesita.

Una de las razones para tener compañeros de desahogo en quienes confiar es que ellos le conocen lo suficientemente bien para comprender sus compromisos básicos y no le pedirán cuentas más tarde por sentimientos que, como bien saben, son pasajeros. Si usted dice que odia a su esposo, su compañero de desahogo no se lo recordará cuando el problema haya quedado superado y usted vuelva a amar a su esposo. Marta es fantástica en este sentido. Sabe que no debe tomar al pie de la letra lo que digo durante el proceso de desahogo; me estoy desahogando, y eso significa que todo vale, de modo que no soy necesariamente sensata ni agradable. Sin embargo, cuando estoy en condiciones de compartir lo que realmente ocurre en mi fuero interno, ambas sabemos que lograré dejar atrás más rápidamente la situación difícil. Y entonces recuperaré la sensatez en cualquier momento.

Los compañeros de desahogo también están para valorar nuestros sentimientos. Dado que ellos pueden ser objetivos, pueden recordar el viejo dicho según el cual «No hay mal que cien años dure». Saben que el sufrimiento emocional que usted está experimentando, por terrible que sea en ese momento, no durará para siempre. Pero —y esto es muy importante— no se lo sueltan sin más mientras usted está en pleno arrebato. Le permiten averiguar y procesar los sentimientos que experimenta en el momento sin abrumarlo ni juzgarlo.

Recuerdo a Abigail, una joven cuya mejor amiga se suicidó por un desengaño amoroso. Al enterarse de la noticia, Abigail se culpó a sí misma por no haber captado las señales de desesperación de su amiga la noche anterior a la tragedia. Los temores de Abigail de no ser lo suficientemente válida se cristalizaron en ese momento. Ni siquiera lograba encontrar una palabra lo bastante fuerte para describir su desprecio por sí misma. Le dijo a su madre: «Siempre me sentiré así.»

Su madre, una amiga mía, me explicó que lo único que le dijo a su hija fue: «Adelante. Si quieres, habla de cómo te sientes. O simplemente llora y yo te abrazaré.» Abigail comenzó a sollozar y su madre la meció y la arrulló suavemente. No la contradijo ni desestimó su sufrimiento diciendo: «Eso es una tontería. No te sentirás así para siempre.» Su madre sabía que cuando llegara el momento su hija aceptaría ese sentimiento y que, si no desaparecía por completo, al menos se atenuaría. De hecho, Abigail experimentó ese sentimiento muy intensamente durante muchos años en el aniversario de la muerte de su amiga, como me ocurría a mí en el aniversario de la muerte de mis padres. Pero incluso esa reacción comenzó a suavizarse cuando Abigail escribió un poema sobre sus sentimientos y lo leyó en voz alta en todos los aniversarios. Éste es un ejemplo del hecho de que los sentimientos que surgen del miedo no son la verdad. Abigail no es despreciable, al margen de lo despreciable que el suicidio de su amiga la haya hecho sentir. Abigail se sentía culpable, pero no era culpa suya que su amiga se hubiera quitado la vida. Sí, los sentimientos de Abigail debían ser reconocidos, pero esos sentimientos no expresaban la verdad con respecto a Abigail. Acepte los sentimientos mediante el desahogo, pero no los fortalezca actuando según esos sentimientos. El proceso de sanación de Abigail comenzó cuando su madre le proporcionó el espacio necesario para llorar a su amiga.

Muchas veces todo se reduce a eso: nuestros sentimientos mienten. Estoy hablando de los sentimientos que se derivan de un pensamiento basado en el miedo y, aunque sea triste decirlo, eso significa la mayor parte de nuestros sentimientos. Sin embargo, la mayoría de la gente cree que esos sentimientos inspirados por el miedo definen la clase de persona que son. No es así. Los sentimientos pasan por nosotros lo mismo que un resfriado o un pensamiento. Los sentimientos no resumen la clase de persona que somos. Piense en los sentimientos que experimenta cotidianamente. Ama su trabajo. Detesta su trabajo. Ama a su cónyuge. Detesta a su cónyuge. Quiere montar su propia empresa. Montar su propia empresa supondría demasiado trabajo. Ahora ya sabe a qué me refiero.

Lamentablemente, la gente suele actuar con respecto a los sentimientos que son más fuertes en un momento dado, sean verdad o no. Por eso desahogarnos es tan importante. Nos impide reaccionar movidos por el miedo. Abigail estaba desahogándose con su madre. Si se hubiera guardado esos sentimientos, o si su madre les hubiera restado importancia diciendo: «No deberías sentirte así», entonces Abigail podría haber actuado basándose en el sentimiento de que ella era despreciable. El resultado podría haber sido ponerse a la defensiva, una depresión, aislarse o, peor aún, un intento de suicidio por imitación, que es lo mismo que yo experimenté en el intento por ahuyentar mis sentimientos de falta de valía.

En situaciones menos dramáticas, la gente actúa todos los días basándose en sus sentimientos, aunque sepan que no deberían hacerlo. No pueden evitarlo. Usted se siente solo y marca el número de su ex pareja a altas horas de la noche. Deja por imposible a su cónyuge porque se cansa de discutir. Reacciona ante el último chisme del despacho y toma decisiones de futuro basadas en esos rumores. Escribe a toda velocidad un iracundo correo electrónico a su jefe y se arrepiente en el mismo momento en que lo envía.

La manera de evitar una reacción inadecuada como resultado de los sentimientos es desahogándose. Si usted no tiene el tiempo ni la ocasión de comunicarse con un compañero de desahogo, tendrá que desahogarse solo. Ponga por escrito todos sus sentimientos lo más rápidamente posible, así como todos los comentarios, pensamientos y sentimientos que se le ocurran. Cuando lo haya expresado todo, rompa el papel. Yo prefiero hacerlo en trozos minúsculos. Vuelva a escribir y a romper hasta que deje de sentir las emociones más fuertes. Mediante este proceso habrá hecho una versión comprimida del desahogo utilizándose usted mismo y al trozo de papel como compañero de desahogo. Y siempre puede echar mano del viejo recurso de golpear un cojín o gritar al viento. Complete el proceso escribiendo el siguiente paso proactivo que usted dará, o una declaración positiva y constructiva, o simplemente dese las gracias por tener el coraje de aceptar sus sentimientos en lugar de actuar basándose en ellos.

Para aceptarse tal como es y al mismo tiempo permitirse ser humano, recuerde estos cuatro puntos:

1) Reconozca que experimenta sentimientos. («Estoy furioso por la forma en que el jefe me trató delante de los visitantes de la otra sucursal.»)

2) Concédase un tiempo para procesar los sentimientos. Téngalos en cuenta mediante el proceso del desahogo, pero no actúe basándose en ellos. (No envíe ese correo electrónico iracundo mientras los ánimos están caldeados.)

3) Pregúntese: «¿Cuál es mi compromiso?» («En general me gusta este trabajo y valoro mi reputación en el sector de persona serena que sabe trabajar en equipo.»)

4) Actúe según sus compromisos. (Programe un encuentro durante el que pueda exponer con calma su punto de vista a su jefe y hacer sugerencias acerca de cómo manejar una situación similar en el futuro. Vaya a ver a su jefe con una solución, no con un problema.)

Cuando domine estos cuatro pasos, los sentimientos ya no le dictarán lo que debe hacer. Más bien, el compromiso con su naturaleza innata le permitirá decidir conscientemente quién quiere llegar a ser.

Cómo dejar de sentir pena por usted mismo

Otra manera en que usted y sus compañeros de desahogo pueden ayudarse mutuamente a dejar de quejarse consiste en recordarse amablemente en cualquier conversación —una sesión de desahogo o uno de los momentos en que están conversando— que deben reemplazar la pregunta «¿Por qué?» por «¿Cómo?». La primera lo obliga a permanecer dentro del problema. La pregunta «¿Cómo?» lo hace responsable y lo pone en acción.

Lo que quiero decir es lo siguiente: mientras yo avanzaba dando tumbos por la adolescencia y los primeros años de la edad adulta, después de ver a mi padre matar a mi madre y luego suicidarse, todos los días me preguntaba ¿por qué? ¿Por qué mi padre hizo una cosa tan horrenda? ¿Por qué fui yo la única que estaba presente? ¿Por qué no hice algo para detener a mi padre? ¿Por qué mi padre no me mató a mí? ¿Por qué Dios permitió que mis padres, y sobre todo mi adorada madre, murieran? ¿Por qué nací?

Mientras seguía preguntándome por qué y no encontraba respuesta, quedé aferrada a esa escena congelada en que el estallido del arma me enseñó a temer que no merecía vivir.

Años más tarde, cuando empecé a desarrollar mi programa, mi solución consistió en dejar de preguntar «¿Por qué?» y empezar a preguntar «¿Cómo?». ¿Cómo puedo convertir mi experiencia en una fuerza positiva que me ayude no sólo a mí sino también a los demás? ¿Cómo puedo dejar de obsesionarme por mi sufrimiento y, en lugar de eso, empezar a reconocer todo lo bueno y bello que hay en mi vida? ¿Cómo puedo perdonarme por no ser capaz de salvar a mis padres y aprender a reconocer mis buenas cualidades, mis habilidades y mis logros? ¿Cómo puedo perdonar a mi padre? ¿Cómo puedo olvidar que mis hermanas, aunque quedaran huérfanas, no fueron elegidas para presenciar la horrible muerte de nuestros padres? ¿Cómo puedo utilizar mi tiempo y mi energía en el aquí y el ahora, en lugar de tratar de comprender por qué Dios permitió que ocurriera esa tragedia?

Pasar del «¿Por qué?» al «¿Cómo?» puede brindarle, como me brindó a mí, una vida más productiva y dichosa de lo que jamás imaginó. Aunque sus porqués sean menos dramáticos que los míos, son igualmente capaces de mantenerlo en su

Rueda del Miedo, incapaz de pasar a su Rueda de la Libertad. En mi trabajo con los clientes a lo largo de los años he oído muchos porqués, y todos se reducen a una sola pregunta universal: «¿Por qué yo?»

- ¿Por qué mis padres no me enseñaron lo que es el dinero?

- ¿Por qué no puedo encontrar a alguien que me ame?

- ¿Por qué mis padres se divorciaron?

- ¿Por qué no puedo ser más disciplinado?

- ¿Por qué mis padres no pasaron más tiempo conmigo?

- ¿Por qué mi jefe no me tuvo en cuenta para ese ascenso?

- ¿Por qué no puedo ser más organizado?

Todos estos porqués tienen tanto poder sobre la gente que los plantea como otros porqués más extremos, como «¿Por qué soy ciego?», «¿Por qué quedé parapléjico después del accidente de coche?» o «¿Por qué mi madre era una indigente drogadicta?». La magnitud de la desdicha no es el tema en cuestión. Cuando sentimos que la vida nos ha tratado mal por alguna razón y seguimos tratando de averiguar por qué, lo único que hacemos es perpetuar el miedo de no valer o de ser incompetentes, débiles o creer que no haremos nada en la vida.

La cuestión es que nunca podemos saber realmente por qué. Sin duda, puedo llegar a una conclusión razonable acerca de por qué mi padre mató a mi madre, pero jamás sabré realmente por qué. Mi padre era el único que lo sabía de verdad, y seguramente no sería capaz de decirme cuál fue la auténtica razón aunque estuviera vivo. Sin embargo, preguntar por qué puede hacernos sentir bien. Cuando preguntamos por qué, podemos razonar que estamos trabajando sobre nosotros mismos, aunque lo más probable es que sólo estemos girando en nuestra Rueda del Miedo. Es obvio que en ciertas terapias es útil averiguar el porqué, pero se hace con un terapeuta preparado que investiga una razón concreta. El hecho de preguntarse por qué, por qué, por qué, nos ata a esa única pregunta, que no favorece la acción. Favorece el autoanálisis, y yo no sé qué le ocurre a usted, pero a mí, pensar y pensar acerca de las pruebas a las que me he ido enfrentando sólo me sirvió para aumentar mi miedo y bajar mi autoestima. Y aunque usted intente ver las cosas objetivamente recordándose que hay gente que está peor, no logrará que su difícil situación mejore. De hecho, comparar su sufrimiento con el de los demás sólo empequeñece el suyo y tal vez lo haga sentirse culpable de su autocompasión, lo que una vez más alimenta su miedo.

Preguntar «¿Por qué?» lo mantiene estancado en el problema. Preguntar «¿Cómo?» lo impulsa a adoptar soluciones proactivas. Prométase que dejará de preguntarse «¿Por qué yo?». En lugar de eso, pregúntese: «¿Cómo puedo estar más despierto y descubrir las oportunidades que me rodean?»

EJERCICIO CAZAMIEDOS: LOS AGRADECIMIENTOS

Si quiere dejar de quejarse, debe aprender a reconsiderar a voluntad cualquier experiencia. Piense sencillamente en el poder y el dominio que tendría sobre su vida si pudiera transformar cualquier situación negativa en una oportunidad positiva. Voy a explicarle una técnica muy eficaz que ha ayudado a hacer precisamente eso a literalmente miles de clientes míos y participantes en seminarios. Ellos se prepararon para ver la proverbial botella medio llena en lugar de medio vacía. La técnica es aparentemente sencilla. Sin embargo, eso es lo que tiene de maravilloso. No necesita más de cinco minutos o como máximo diez por día para poner en funcionamiento esta estrategia. Y el efecto es acumulativo. Al cabo de unas pocas semanas, si no de unos días, se le habrá formado un músculo emocional positivo, de la misma manera que iría adquiriendo mayor fuerza física si se entrenara regularmente. Prométase que se tomará esta tarea en serio y mantenga la promesa.

Así es como funciona. Quiero que todos los días escriba una lista de «agradecimientos». Este ejercicio no es diferente del antiquísimo consejo de «dar las gracias por lo que se tiene», aunque se trata de algo más grande que eso. O, mejor dicho, más pequeño. La mayoría de nosotros pensamos en las bendiciones de la vida como los factores más importantes y positivos: la buena salud, la libertad de escoger, de amar, la posibilidad de cambiar las cosas. En otro orden de cosas, los agradecimientos son miles y exquisitamente específicos, y hacen algo más que conseguir que se sienta bien durante un rato. Literalmente, transforman su manera de pensar y de expresarse de negativa a positiva. Cambian su manera de escuchar y de ver el mundo. Le sitúan en su Rueda de la Libertad sin esfuerzo. Los agradecimientos cambian su perspectiva, de modo que toma conciencia de lo que tiene y no de lo que no tiene. Cuando incorpora el agradecimiento a su vida, aumenta su capacidad de ver oportunidades y posibilidades donde quizás antes no existían.

El siguiente es un ejemplo de cómo los agradecimientos ayudaron a una de mis clientas en una ocasión en que se encontraba en «terreno desconocido». Betsy asistía a una fiesta en la que no conocía absolutamente a nadie. En cuanto entró en el atestado salón de baile se sintió incómoda. Se dijo que no era la clase de reunión que le gustaba. Todos los presentes eran mucho mayores que ella. Mientras se daba la vuelta para marcharse, un caballero la invitó a bailar. Como no quería ser grosera, aceptó. Hasta ese momento, el miedo le había hecho sentir que la situación no era segura. «Ésta no es la clase de gente que me gusta —pensó—. Creo que no debería estar aquí.» Sin embargo, cuando llegó a la pista de baile se sintió en su elemento. Había estado tomando clases de bailes de salón y había imaginado que ninguna de aquellas personas sabía bailar. Pero estaba muy equivocada. Mientras el hombre la hacía evolucionar por la pista como un verdadero profesional, se sintió agradecida por las lecciones que había tomado. Cuando la música terminó, él la felicitó por su estilo. Una vez más, se sintió agradecida de que él hubiera notado y apreciado su esfuerzo por estar a la altura de las circunstancias. Mientras lo veía alejarse, contempló el salón y, en lugar de quejarse por la multitud que vio, se dio cuenta de que había estado a punto de perderse una fiesta que podía ser muy divertida. Betsy dio otra vez las gracias por el hecho de que la hubieran invitado. Al llegar la medianoche, había aprovechado hasta la última oportunidad de practicar con los mejores bailarines del salón. Era como asistir a clases de baile gratuitas. Otro agradecimiento. La velada podría haber sido un desastre, pero en lugar de quedarse atascada en la queja, Betsy había ampliado sus oportunidades gracias a su buena disposición a percibir las posibilidades que se abrían ante ella en lugar de centrarse en las aparentes limitaciones. Las limitaciones sólo existen si nosotros decidimos que son limitaciones. Betsy también estaba haciendo algo muy importante: estaba cambiando el pensamiento negativo por un pensamiento positivo. Finalmente, al expresar su gratitud, pudo dejar a un lado sus ideas preconcebidas, activadas por su Rueda del Miedo, y aceptar la naturaleza innata y la integridad que le ofrecía su Rueda de la Libertad. Y se divirtió muchísimo.

Éstas son las reglas para los agradecimientos:

- Lo óptimo son cinco agradecimientos al día. De todas maneras, puede comenzar con menos y añadir algunos más cada día a medida que adquiere práctica.

- Los agradecimientos deben ponerse por escrito. Aquella noche, al regresar a su casa, Betsy hizo exactamente eso. Del mismo modo, si usted no puede escribir sus agradecimientos, puede formularlos en voz alta o en voz baja —mientras va camino de su trabajo, tal vez, o durante una reunión—, siempre y cuando los escriba más tarde. Al escribirlos, está creando efectivamente un archivo de sus avances y cambios; ese archivo será fundamental cada vez que necesite un recordatorio de que realmente está progresando.

- Utilice el tiempo presente. Yo recurro a la fórmula «Hoy estoy agradecida por...». Esto lo mantendrá despierto y en sintonía con lo que está experimentando en un momento dado.

- Elimine de su vocabulario la palabra «no». En lugar de escribir: «Estoy agradecido de que esta vez mi peluquero no me haya cortado tanto el pelo», reformule la frase y escriba: «Estoy agradecido de que mi peluquero me haya cortado el pelo como lo quería hoy.» Esto lo ayudará a expresar sus pensamientos de una manera positiva, y eso tendrá un efecto beneficioso en su manera de hablar, pensar y escuchar.

- Sea lo más concreto posible. En lugar de decir: «Hoy estoy agradecido por el cielo azul», que es una afirmación muy general, dé más detalles: «Hoy estoy agradecido porque el sol brilla entre las nubes y baña las margaritas que brotan por entre las baldosas de la acera.» Un beneficio importante de ser concreto consiste en que es más fácil revivir una experiencia positiva en el momento presente y al mismo tiempo establecemos un recuerdo.

- Los agradecimientos no se refieren a sus logros sino a los acontecimientos, a las cosas que hacen otras personas, a la belleza del mundo, a la capacidad de que sucedan cosas inesperadas sin proponérselo. Por ejemplo: «Estoy agradecido por el excelente trabajo que hizo Russell hoy para reparar mi coche.» O: «Estoy agradecido de que el aparcamiento del centro comercial haya abierto esta tarde.» O: «Estoy agradecido de que la venta comenzara hoy.» O: «Estoy agradecido de que Sofía me llamara hoy para ir a almorzar.»

- Los agradecimientos no tienen que ser grandes e importantes. Cualquier cosa pequeña cuenta: la sonrisa de un niño, el perfecto par de pendientes a un precio que uno puede pagar, la fragancia de las lilas en la brisa primaveral, la dulzura de una naranja, la posibilidad de hacer una siesta reparadora, las travesuras de un par de gatitos, el encuentro casual con un viejo amigo, una mesa junto a la ventana en su restaurante preferido, que los semáforos se vayan poniendo en verde cuando llega tarde.

- Los agradecimientos también pueden ser acontecimientos más significativos: la oportunidad de ayudar a una persona amada durante una enfermedad, recibir al fin los papeles de su divorcio, descubrir que no necesita someterse a una operación quirúrgica, cobrar la devolución de Hacienda.

- Escoja un aspecto determinado. La manera ideal de empezar es hacer una lista de cinco agradecimientos relacionados con el aspecto de su vida al que quiera dedicarse en este momento. A medida que expande su conciencia, intente que cada agradecimiento se refiera a un aspecto diferente. En otras palabras, si escribe que se siente agradecido de que el sol brille durante su caminata matinal, piense otros cuatro agradecimientos que no se refieran al tiempo. Utilice los agradecimientos como una oportunidad para expresar su gratitud por cada vez que el miedo disminuye y la libertad aumenta.

- Tome conciencia de sus sentimientos mientras escribe sus agradecimientos. ¿Se siente animado? ¿Con ganas de llorar amargamente? ¿Se siente poderoso? ¿Confiado? ¿Rebosante de amor? ¿Divertido? ¿Sobrecogido? ¿Inspirado? ¿Entusiasmado? ¿Optimista? ¿Feliz de estar vivo? Si usted quiere, escriba el sentimiento junto al agradecimiento correspondiente como un modo de conectar sus sentimientos positivos a las experiencias de su vida. Esto le será de ayuda cuando necesite mejorar la confianza en usted mismo, que es uno de los efectos más poderosos de los agradecimientos. Cuando lleva una lista con constancia, esa lista modifica poco a poco su sistema de filtrado, cambia sus percepciones y su manera de reunir pruebas. Con cada expresión de gratitud, su Rueda de la Libertad gana potencia.

Los agradecimientos pueden ayudarlo a que se sienta como Piglet.

—¿Qué día es hoy? —preguntó Pooh.

—Hoy es hoy —chilló Piglet—. Mi día preferido.

Ésta es la lista de agradecimientos que escribí hoy:

1) Hoy estoy agradecida por la oportunidad de hablar delante de un grupo de altos cargos de una corporación internacional.

2) Hoy estoy agradecida por recibir un masaje de un terapeuta muy amable.

3) Hoy estoy agradecida por llorar durante una película, lo cual me ha recordado cómo me conmueve todo lo humano.

4) Hoy estoy agradecida por haber estado en mi habitación del hotel cuando me pasaron una llamada de larga distancia que esperaba.

5) Hoy estoy agradecida porque comenzó a nevar durante el descanso para el almuerzo de la conferencia. Adoro la nieve.

En los tiempos en que aún era una quejosa, seguramente habría pasado por alto los momentos excepcionales en que las cosas me iban bien o no habría sabido apreciar la belleza de la nieve. Lo habría visto todo bajo un punto de vista negativo: ¿Por qué se me tenía que hacer una carrera en la media justo antes de dar la conferencia ante todas esas personas importantes? ¿Por qué los masajes terapéuticos son tan caros y mi seguro no los cubre? ¿Por qué tengo que arruinarme el maquillaje llorando con una película tonta?

¿Por qué tenía que estar en un hotel, lejos de alguien a quien quiero? ¿Por qué no tuve tiempo de aprovechar la nieve y salir a esquiar? Las quejas como éstas son una manera de decir: «Tengo miedo de no ser lo suficientemente buena para estar dando esta conferencia. Tengo miedo de no tener nunca dinero suficiente. Tengo miedo de ser débil y tonta por haber llorado. Tengo miedo de perder a la persona que amo. Tengo miedo de que mi vida siempre se reduzca a trabajar y no disfrutar.»

Por otra parte, los agradecimientos disipan los miedos. Son un modo de decir: «Si no me consideraran lo suficientemente buena, no me habrían pedido que diera este discurso. Tengo la suerte de contar con dinero suficiente para permitirme un masaje. Soy lo bastante madura, y estoy lo suficientemente segura de quién soy, para ser sincera con respecto a mis emociones. La persona que me llamó me ama lo suficiente para querer oír mi voz. Ver cómo cae la nieve, aunque sólo sea durante un momento, es uno de los grandes placeres de la vida cuando me permito disfrutarlo plenamente.»

Ésa es la magia de expresar nuestra gratitud. El acto mismo de ponerlo por escrito desencadena el proceso que nos ayuda a dominar el miedo y libera lo que, según Maslow, es «una característica fundamental, inherente a la naturaleza humana [...] una tendencia a hacer algo creativo [...] con más facilidad y libertad y menos bloqueo y autocrítica [...] sin sentir un nudo en la garganta ni tener miedo al ridículo».

Los agradecimientos son pasos que podemos dar y que mejoran nuestra capacidad para distinguir entre el mundo del miedo y el mundo de la libertad, entre los sentimientos inspirados por el miedo y la intuición basada en la libertad. Dejamos de juzgarnos a nosotros mismos y a los demás en la medida en que la capacidad de ver el bien en todas las cosas aumenta. Cuando elegimos conscientemente ver lo bueno que ya tiene nuestra vida, inmediatamente abrimos las compuertas para que sucedan más cosas positivas.

La intuición no miente

Los agradecimientos nos ponen en contacto con nuestra intuición. Como hemos visto, no siempre podemos confiar en nuestros sentimientos. Pero la intuición nunca se equivoca. Es sutil. Es clara. Sólo tenemos que aprender a diferenciarla de la voz del miedo. Cuando nos asalta un sentimiento basado en el miedo, nos sentimos como si dentro de nosotros hubiera dos personas discutiendo acerca de qué debemos hacer a continuación. Por ejemplo, Jean quería pedir un aumento. Una voz le decía que no era lo suficientemente buena para conseguirlo, mientras la otra voz le decía que lo pidiera. Tal vez usted haya vivido una experiencia similar. Estas dos voces cumplen tareas muy diferentes. La primera es la voz del miedo y la segunda es la intuición, la voz de la libertad. ¿A cuál de las dos presta atención? ¿A la voz que limita y ahoga nuestra naturaleza innata, ese «yo» absolutamente sorprendente y magnífico que es un privilegio ser?

¿Cómo sabe qué voz está motivada por el miedo y cuál es su intuición basada en la libertad? La voz del miedo siempre tiene prisa, confía en las pruebas del pasado, quiere que usted crea que no hay suficiente para todos, reduce el número de posibilidades señalando por qué las cosas no irán bien, utiliza su lógica y sus sentimientos para convencerlo y, en general, hace que se sienta mal con respecto a usted mismo. Cuando Kathy recibió dos ofertas de trabajo el mismo día, el miedo le dijo que aceptara la del salario más elevado. La intuición le decía que aceptara la que hacía brincar su corazón ante la perspectiva de ir a trabajar todas las mañanas. El miedo le dijo que aceptara el trabajo que, gracias a su experiencia, sabía hacer. La intuición le decía que aceptara el que encerraba la promesa de nuevos desafíos. La intuición nos dice que invirtamos en nosotros mismos, que creamos en nuestros pensamientos e ideas y que confiemos en nuestro propio proceso. La intuición expande las posibilidades, sabe que hay tiempo y dinero más que suficientes y tiene la paciencia de un santo. La intuición está disponible las veinticuatro horas del día y siete días a la semana, aunque muy poca gente aprovecha su sorprendente capacidad para tomar decisiones. Cuando utilizamos los agradecimientos para dominar el miedo, la voz sutil y sosegada de la intuición se convierte en nuestra principal fuerza rectora. La intuición nos muestra el camino que conduce a nuestro propósito mientras da acceso al entusiasmo que necesitamos para correr los riesgos necesarios para vivir sin miedo.

Los agradecimientos son una entrada a nuestra Rueda de la Libertad, un paso que podemos dar y que cambiará de inmediato nuestra perspectiva poniéndonos en sintonía con nuestra intuición. Funcionaron perfectamente bien en los clientes que mencioné al principio de este capítulo. Doug, el joven solitario que juraba que las mujeres que valen la pena son las que no están disponibles, hizo la siguiente lista de agradecimientos un sábado de junio, después de trabajar en esta técnica durante varios meses: «Estoy agradecido de que el conductor del autobús me viera correr y fuera lo suficientemente amable para dejarme subir. Estoy agradecido de que hiciera un sol magnífico el día de la excursión de la empresa. Estoy agradecido de haber encontrado una marca de repelente de insectos que funciona realmente. Estoy agradecido por el olor de las hamburguesas mientras se asan en la barbacoa. Estoy agradecido por el placer de sentir la hierba entre los dedos de los pies cuando camino descalzo.» Según admite el propio Doug, su antigua visión de estos mismos acontecimientos se habría traducido en las siguientes quejas:

«¿Por qué no organizaron la excursión en un día laborable? Detesto levantarme temprano y utilizar el transporte público el fin de semana. Hacía tanto calor que hubiera preferido estar en el despacho con el aire acondicionado. Debe de ser el efecto invernadero: todo el planeta se va a derretir. ¿Por qué el repelente de insectos huele tan mal y es tan grasiento? ¿Por qué sólo sirven carne roja? ¿Y por qué la cocinan al carbón? ¿Intentan provocarnos cáncer? ¿Por qué el parque no estaba en mejores condiciones? ¡Yo pago mis impuestos! ¡Alguien debería segar el maldito césped de vez en cuando!»

«No puedo creer la forma en que antes solía refunfuñar por absolutamente cualquier cosa —comentó Doug—. No me extraña que las mujeres no quisieran estar conmigo. Pero eso ha cambiado. El día de la excursión de la empresa, mientras me dedicaba a pensar en mis agradecimientos y me sentía tan bien y tan relajado, va y aparece esa joven tan guapa de Contabilidad. Me dijo: "Oye, ¿por qué estás tan sonriente?", y le respondí: "Oh, por todo. Simplemente me siento agradecido de estar aquí." Así que pasamos juntos el resto del día y le pedí su número de teléfono. Hace dos meses que salimos. ¡Supongo que, después de todo, no todas las mujeres que valen la pena tienen pareja!»

De manera parecida, Judy, la joven que se quejaba por la forma en que su trabajo le impedía continuar con su carrera de actriz, empezó a hacer una lista de agradecimientos y terminó adoptando una actitud completamente nueva. Se sintió agradecida de tener ese trabajo al darse cuenta de que le permitía pagar sus clases de arte dramático. Estaba agradecida por sus excelentes maestros, su fotógrafo y la empresa que había redactado su currículum. Poco tiempo después reunió el coraje necesario para presentarse a algunas audiciones y, por supuesto, consiguió un trabajo.

Gene, que se quejaba de que su esposa y otros miembros de la familia eran unos controladores, aprendió a estar agradecido por el amor y el apoyo que le brindaba su familia, por la alegría que había en sus vidas, por sus circunstancias agradables, por cómo cocinaba su esposa, por la buena salud de sus padres a pesar de lo avanzado de su edad, por la buena disposición de sus suegros para cuidar a los niños. Poco a poco distinguió la diferencia entre el «control» que tanto le molestaba y la ayuda que valoraba, y consiguió reunir el coraje para evitar el miedo de ser débil y así poder hablar del tema del control dejando a un lado las emociones. Para su sorpresa y alegría, los temas quedaron resueltos fácilmente y sin mala voluntad.

Claudia, que estaba segura de que sus profesores tenían alumnos preferidos, descubrió con la lista de agradecimientos que cuando miraba la vida de una manera positiva era capaz de realizar un trabajo académico mucho mejor de lo que jamás había pensado. Tuvo el coraje de pedir una tutora adicional y descubrió que sus profesores la tenían en cuenta después de todo.

Sharon, que decía que sus hijos no le prestaban atención; aumentó su sensación de dicha gracias a los agradecimientos, y también su autoestima. Logró distinguir entre la rebeldía adolescente y la conducta inadecuada. Como resultado, empezó a imponerse cuando sus hijos necesitaban cierta disciplina. Ellos se sintieron realmente aliviados de que su madre actuara como una persona adulta, y todos vivieron más unidos.

EJERCICIO CAZAMIEDOS

- Escriba un mínimo de tres agradecimientos durante la primera semana. Vaya aumentando hasta llegar a cinco.

- Pida a un miembro de su equipo de cazamiedos que sea su compañero de desahogo.

- Por cada queja que escribió en el ejercicio cazamiedos del capítulo 8, escriba un agradecimiento.

- Si se descubre quejándose verbalmente, desahóguese o reemplace inmediatamente la queja por una expresión de agradecimiento.

- Elija una de sus quejas más frecuentes y elimínela de sus conversaciones durante una semana.

- Suprima tres quejas durante esta semana ya sea reformulándolas, haciendo una petición o bien resolviéndolas.

Sé que ahora está en camino de convertirse en un ex quejoso y que está en condiciones de abordar una de las etapas de mayor desafío y al mismo tiempo más estimulantes de *Vivir sin miedo*. Acompáñeme y descubra cómo dejar de ser su peor enemigo, cómo empezar a aumentar su autoestima y cómo dar rienda suelta a la espontaneidad que el miedo ha frenado hasta ahora.

Capítulo Nueve

BASTA DE CASTIGARSE

Voy a contarle algo sobre mí misma, algo de lo que me avergoncé durante años. Antes de seguir el programa *Vivir sin miedo* me habría muerto si alguien hubiera descubierto esto de mí. Ahí va: soy de esa clase de personas que siempre espera hasta el último momento para hacer casi cualquier cosa. Eso es. Hace años me habría tachado de indecisa o de vaga. Por supuesto, no muchas personas suponen que soy de las que lo dejan todo para el último momento, porque lo único que a la gente le interesa es ver resultados satisfactorios. Sin embargo, cuando yo era una habitual de mi Rueda del Miedo, temía que me consideraran una perdedora si se enteraban de que perdía el tiempo haciendo trabajos manuales o cuidando las plantas en lugar de trabajar duramente en algún proyecto, cualquier proyecto. Sentía que siempre tenía que trabajar con ahínco, eficiente y perfectamente, y esta cuestión del último momento realmente me estaba agobiando. Aunque nadie me veía cuidando las plantas, mis miedos me habían convencido de que eso era algo que tenía que evitar a toda costa. Cuando no planificaba las cosas con anticipación me sentía avergonzada y culpable, segura de que estaba haciendo algo mal. Entonces me obligaba a trabajar en serio y trataba de abordar un proyecto meses antes de lo debido, pero sólo daba vueltas inútilmente sin lograr nada concreto, o —y ahora viene mi confesión— me sentía realmente creativa y encontraba mil excusas para no sentarme ante el escritorio. Tenía la urgente necesidad de encontrar cualquier cosa para decorarla o restaurarla, o miraba mis plantas marchitas y llegaba a la conclusión de que para salvarlas tenía que ir inmediatamente a la tienda y comprar el fertilizante adecuado. O peor aún, salía a almorzar porque empezaba a sentirme mal y remataba la comida con un trozo de pastel cubierto de virutas de chocolate y relleno de nata, echando así por la borda dos semanas de alimentación sana.

Tanto si intentaba terminar la tarea que tenía entre manos, como si evitaba hacer lo que creía mi deber, la consecuencia de estos actos era que sentía que no valía. Nada de lo que hacía me parecía suficiente. Mientras estaba sentada ante el escritorio me reprochaba el no hacerlo todo enseguida. Cuando acudía a unos grandes almacenes me acusaba a mí misma de dejarlo todo para otro día. Y cuando salía a almorzar, mi Rueda del Miedo me confirmaba que acertaba al llamarme a mí misma gandula, estúpida, o cosas peores. Entonces juraba que en la siguiente ocasión hallaría la manera de distribuir mejor el tiempo y preparar las cosas con anticipación, porque estaba convencida de que los ganadores y las personas que valen hacían eso.

Y aquello duró años... ¡Sí, años! Entonces, a medida que empecé a desarrollar mi programa, me di cuenta de que lo que los demás llamaban dejar las cosas para el último momento en realidad era para mí la mejor manera de trabajar, y que no era en modo alguno postergar las cosas. Yo trabajo bien bajo presión: me resulta estimulante y hace que mis «fluidos creativos» circulen. Aumenta mi capacidad mental y me ayuda a aprender mejor y a retener más. A mí me funciona: hago las cosas. Y también me di cuenta de que el tiempo que pasaba haciendo manualidades o cultivando plantas o haciendo cosas de la casa no era en absoluto tiempo perdido. Debido a la manera en que procesamos la información, nuestra mente necesita tiempo para revisar nuestros pensamientos, relacionarlos y estructurarlos de manera que formen nuestra perspectiva de la vida. En mí, eso funciona mejor cuando no estoy obligada a hacerlo en un momento determinado. Las ideas literalmente surgen en mi mente en los ratos libres, como cuando tengo entre las manos un montón de raíces mientras trasplanto un geranio o cuando recorto fotografías de una revista para decorar un interruptor de la luz.

Infinidad de investigaciones han demostrado que memorizar datos en el último momento no es beneficioso para el proceso de aprendizaje. Y todos los maestros que tuve me llamaron la atención por no trabajar de una manera pausada y regular. No obstante, cuando empecé a desarrollar mi programa, adquirí el coraje y la confianza necesarios para poner en duda la investigación y las advertencias de mis maestros. ¿Y si llevar un ritmo de acuerdo con «sus reglas» no es para mí la mejor manera de aprender y crear? ¿Y si soy una de las excepciones a la regla? ¿Y si no existen las reglas? ¿Y si no soy una perdedora? ¿Y si no soy una inútil indecisa que no tiene autodisciplina? ¿Y si soy una persona perfectamente normal que casualmente tiene un proceso creativo y de aprendizaje propio? ¿Y si dejaba de castigarme y en lugar de eso me fortalecía a mí misma en cualquier situación?

En ese punto me dije que durante tres meses dejaría de castigarme por mi manera de trabajar. En lugar de eso, me elogiaría a mí misma por lo que hacía, por pequeño que fuese. Si elaboraba un párrafo, fantástico. Si terminaba un proyecto completo, fantástico. Pero no volvería a juzgarme. Durante esos tres meses me di cuenta de que me encanta la presión, la tensión, el estrés: me estimulan. Son los prolegómenos de mi proceso creativo. Mi angustia disminuyó y mi sentimiento de culpa desapareció. Escribí mi primer manual de ejercicios en cuestión de semanas, e hice lo mismo con el segundo. Ambos eran proyectos que durante mucho tiempo había anhelado completar, pero mi hábito de castigarme por mi manera de trabajar me había impedido ver cumplidas esas mismas ambiciones. Cuando comencé a aceptar mis recreos de la tarde y de altas horas de la noche encontré mi ritmo natural, me liberé del miedo y empecé a crear de la manera en que estaba destinada a hacerlo.

Basta de diálogos internos negativos

Desde entonces, he ayudado a muchos clientes a superar conductas autolimitantes y movidas por el miedo mostrándoles cómo se pueden reformular las experiencias y eliminar la necesidad de castigarse porque piensan que deberían trabajar de otra manera. Sin embargo, también quiero destacar lo importante que es no castigarse, aunque uno haya hecho algo autodestructivo o inadecuado. Castigarnos diciéndonos cosas negativas es lo más perjudicial que hacemos mientras giramos en la Rueda del Miedo. Cada vez que lo hacemos, nuestra confianza, nuestro coraje y nuestra autoestima quedan arrasados. El hecho de castigarnos nunca nos inducirá a cambiar. Jamás he conocido a alguien que haya alcanzado una gran autoestima y por lo tanto el coraje de hacer cambios positivos después de decirse «¡Qué idiota eres! ¿Cómo pudiste hacer algo así? ¿Qué demonios te ocurre? ¿Es que nunca aprenderás? ¡A estas alturas ya deberías saber lo que haces!». Cuando nos hablamos de esta manera a nosotros mismos tenemos más miedo que nunca a no estar, ni a poder estar nunca, a la altura de las circunstancias. Esa voz no procede de nuestro mejor «yo». No es nuestra conciencia. Es nuestra Rueda del Miedo. Son todas las voces de juicios pasados, de heridas heredadas y de escalas de valores erróneas. Esa voz no somos nosotros.

¿Recuerda a Frank, el vendedor de inmuebles que tenía miedo al fracaso? Él demostró que se puede lograr mucho gracias al azote del miedo. Sin embargo, aquí estamos hablando de algo mucho más importante que lograr «cosas». Estamos hablando de *Vivir sin miedo*, de cumplir con nuestra vida en nuestros términos mientras encendemos nuestra pasión y asumimos nuestra naturaleza innata. Y para conseguirlo no existe nunca un solo motivo que justifique que nos debilitamos castigándonos a nosotros mismos. ¡Jamás!

La solución, entonces, consiste en iniciar el proceso de cambiar la manera de hablarnos a nosotros mismos y de hablar a los otros de nosotros mismos. No obstante, primero explicaré brevemente el proceso que se produce cuando tomamos conciencia de cómo y cuándo nos castigamos. Aprender a despojarse del arraigado hábito de castigarse exige un compromiso. Yo lo insto a darse, como hice yo, al menos tres meses para experimentar un progreso significativo. Éstas son las etapas por las que puede pasar a medida que aprende a dejar de castigarse. Utilice las siguientes pautas como guía para liberarse de la crítica voz del miedo.

Estoy segura de que una vez se comprometa a ser consciente de sus pensamientos negativos, ocurrirá lo siguiente, aunque con ligeras variaciones: después de comprender los efectos negativos de castigarse, usted decide sinceramente eliminar este perjudicial hábito de su vida cotidiana. Decide prestar atención a sus pensamientos negativos, pero se da cuenta de que habitualmente toma conciencia de ellos mucho tiempo después de tenerlos: minutos, horas o incluso días más tarde. Y repara en ellos únicamente a causa de sus efectos, como una baja autoestima, la falta de opciones, rabia contra el mundo, etcétera. Se da cuenta de que se castiga por lo general tras sentir su versión personal de no ser lo suficientemente bueno. Durante esta etapa, tal vez empiece a ver una pauta, como me ocurrió a mí cuando me castigaba por mis hábitos de trabajo. Entonces todo empeora: usted descubre que se castiga por haberse castigado. Se da cuenta de lo inteligente que puede ser su Rueda del Miedo. Con la conciencia agudizada, sus pensamientos negativos con respecto a usted mismo y a otros son más fáciles de ver. Su conciencia se está desarrollando y perfeccionando. Una vez su atención aumenta, usted oye sus diálogos internos negativos en cuanto los pronuncia. Lo bueno es que lo percibe más rápidamente. El período de tiempo entre la acción y la toma de conciencia ha disminuido. Cuando interviene en una conversación oye cómo otras personas hablan negativamente de ellas mismas. Y eso no es agradable. Decide permanecer más alerta. A continuación se da cuenta de que está castigándose en el mismo momento en que lo hace, ya sea de manera silenciosa o evidente. Ése es un momento crítico. Es la prueba de que su conciencia ha aumentado. Enseguida interrumpe las palabras negativas en plena parrafada. Se hace más patente el hecho de que castigarse disminuye su capacidad para llegar a los demás, correr riesgos y ser sincero consigo mismo. Jura que dejará de hacerlo. No quiere hacerlo nunca más. Al caer nuevamente en sus viejos hábitos empieza a castigarse por haberse castigado. Lo hace una y otra vez y se siente incapaz de ponerle punto final. Se recuerda que aprender a dejar de castigarse es un proceso. En primer lugar debe saber que lo está haciendo antes de elegir hacer otra cosa. Entra en escena la compasión. Se concede un respiro.

A medida que va dejando de intentar ser perfecto, usted repara en sus palabras negativas antes de que los pensamientos se formen plenamente en su cabeza o salgan de su boca. Éste es un paso importante. Ahora tiene la conciencia necesaria para interrumpir esa conducta en sus inicios. Observa cómo el miedo ataca cuando usted se siente más vulnerable, como cuando corre riesgos. Empieza a diferenciar entre tener pensamientos y pensarlos «en palabras». Luego piensa cosas negativas con respecto a usted mismo, aunque ya no las dice. Ésa es una señal poderosa de que está dominando la voz del miedo. Empieza a oír su diálogo interno negativo y, en lugar de castigarse, no hace nada salvo escuchar. Cuando dice algo malo con respecto a usted mismo, inmediatamente lo contrarresta diciéndole la verdad a esa voz: «Eso es mentira. No es verdad con respecto a mí.» A continuación usted está en condiciones de interrumpirse en medio de un pensamiento y reformularlo de inmediato en positivo. No dice: «Otra vez estoy tomando por asalto la nevera. ¡Caramba, soy un cubo de basura humano!», sino: «Hoy realmente me ocurre algo. Debo de estar corriendo un riesgo en algún aspecto de mi vida. Me valoro por darme cuenta de que estoy comiendo más de lo que debo.» Entonces toma su tarjeta plastificada y elige una acción de su lista de conductas proactivas. Luego se valora por llevar a cabo esa conducta.

O también puede agradecerle a la voz del miedo que le cuide tanto que quiere mantenerlo a salvo; entonces usted le recuerda que está haciendo las cosas bien y no necesita ayuda. La voz va disminuyendo su frecuencia e intensidad. Usted tiene más pensamientos positivos que pensamientos negativos. Le presta atención a la forma en que se habla usted mismo cada vez. El criterio para que las palabras que usted mismo se dice le fortalezcan pasa a ser: «¿Lo que estoy diciendo es afectuoso, compasivo, amable, fortalecedor o bien revelador?» Le resulta extraño castigarse. No le hace bien. Y cuando está con otros, se siente incómodo si se castigan. Rara vez se castiga a usted mismo y, si lo hace, pasa de inmediato a una afirmación que lo fortalece. Ya domina la habilidad de reformular las cosas. Otros notan una diferencia en usted y le preguntan qué ha hecho. Usted se siente menos temeroso y está en condiciones de conseguir mucho más de lo que pensaba que podía conseguir.

Como puede ver, hay muchos puntos donde la gente puede ser interrumpida cuando empieza a dominar su Rueda del Miedo. Le he explicado en detalle los momentos en que usted puede animarse a seguir adelante. Es normal retroceder, pero es algo transitorio, y por lo general ocurre exactamente antes de que usted esté a punto de dar un salto significativo. Se trata de un proceso, y una vez que lo ha dominado, su mente tiene espacio para crear y expandirse en las áreas que usted elija.

Nadie es perfecto

Después de atravesar las diferentes etapas, usted habrá logrado mucho. Aunque es triste, en el mismo momento en que empieza a dominar su miedo y se permite crecer, es probable que se castigue porque su metamorfosis no es completa ni permanente. Como dice Maslow, la gente que busca el crecimiento y lo que él ha denominado «actualización personal» es propensa a considerar estos objetivos «como si fueran estados de perfección como el Nirvana: cuando uno llega, ha llegado, como si todo lo que tuviera que hacer fuera permanecer allí, satisfecho en la perfección». Eso no es la vida, por supuesto. La vida es ser, pero también llegar a ser. Y a veces, también, retroceder un poco sin proponérselo.

Aun así, si usted es como muchos de mis clientes, se sentirá impulsado a evaluar su crecimiento como si fuera posible ser perfecto. Sin embargo, lo único que logran esos juicios es perpetuar sus miedos. Sacan a relucir todos nuestros fallos y nos hacen caer en la tentación de compararnos con los demás, haciéndonos temer más que nunca que nos quedamos atrás, y eso fomenta más inseguridades.

De hecho, solemos ser tan severos en la autocrítica, que aceptar elogios sobre nuestra transformación suele resultarnos difícil. Alguien lo felicita por haber conseguido un trabajo nuevo fantástico tras años de hablar de dejar el que tenía, y usted piensa: «Por supuesto, tuve el coraje de enviar mi currículum y estuve bien en la entrevista, pero probablemente terminará siendo la misma porquería en la que estaba antes.» Tal vez incluso lo diga, en lugar de sencillamente dar las gracias. De cualquier manera, no acepta el cumplido. No lo disfruta. Sin embargo, aceptar lo que los demás consideran sus cualidades es esencial para su crecimiento constante. Los cumplidos son un regalo. Son una oportunidad para que usted y otra persona conecten de una manera fortalecedora y positiva.

Cuando decidí aceptar los cumplidos de los demás de un modo incondicional, se produjo un cambio sustancial en mi vida. Un día, el hombre que iba sentado a mi lado en un avión me vio sacar algunos sobres de plástico de mi maletín y apilarlos en la bandeja que tenía delante. Los sobres eran mi sistema de archivo portátil para los borradores de mi primer libro sobre el programa *Vivir sin miedo*. Mientras me observaba trabajar, el hombre lanzó un silbido en señal de admiración y comentó: «Es usted muy ordenada.» En ese mismo momento, mi Rueda del Miedo se puso en marcha y me hizo sentir que no era capaz de escribir un buen libro de ejercicios. Así que le espeté: «Bueno, en realidad usted no me conoce.»

El hombre respondió rápidamente: «Bueno, lamento que no acepte mi cumplido. Lo decía en serio.» Por supuesto, me sentí sorprendida e incómoda, y no supe qué hacer. Así que le di las gracias y volví a trabajar en mi manuscrito. Pero las palabras se volvían borrosas, y empecé a pensar en todos los cumplidos que había despreciado. Me pregunté si tal vez las personas que me habían hecho esos cumplidos sabían de mí algo que yo desconocía. ¿Y si ellos podían ver en mí algo a lo que yo estaba ciega? De hecho, mientras pensaba en lo que aquel hombre me había dicho, tuve que admitir que realmente soy muy ordenada; siempre lo he sido. Lo más interesante es que cuando lo acepté, también dejé de decirme que no era capaz de escribir el libro. Volví a ver las palabras nítidamente y me sentí orgullosa de ellas. Decían lo que yo quería expresar. Ayudarían a la gente. Agarré la pluma y empecé a corregirme en un arrebato de confianza recién descubierta.

A partir de ese momento decidí verme a través de los ojos de la gente que me hacía cumplidos en lugar de hacerlo desde mi limitado punto de vista personal. Quería verme como me veían ellos. Y cuando lo hice, empecé a aceptar esas cualidades que anteriormente no había tenido en cuenta o había pasado por alto. Si los demás veían que las tenía —sobre todo si más de uno las veía—, decidía reconocerlas como verdaderas.

A medida que practicaba la tarea de aceptar cumplidos, me fui dando cuenta de que en el momento en que uno juzga los cumplidos de otra persona, la desacredita y la minimiza, y hace lo propio consigo mismo. Tal vez un colega le diga: «Decididamente, aprendí algo gracias a la presentación que hiciste esta mañana ante el equipo de ventas.» Si en lugar de responder: «¡Gracias! Me alegra que te haya servido», usted dice: «¿De veras? Pues no estaba precisamente en mi mejor momento. Me olvidé de decir un montón de cosas que había preparado», efectivamente le ha dicho a ese colega que está equivocado. Ha rechazado su regalo. Su juicio desautoriza a la persona que le ha hecho el cumplido. La conexión se rompe y la confianza se deteriora. No hay compañerismo, sólo infravaloración. Por otra parte, una buena disposición por su parte a tomar el cumplido como lo que es, habría disipado su miedo, aumentado su capacidad de aceptar los cumplidos como algo bueno y, por si fuera poco, fortalecido a la otra persona. Es la clásica situación en la que todos ganan. La incapacidad de aceptar un cumplido sólo alimenta su miedo de aceptarse tal como es, y al mismo tiempo constituye una crítica a la opinión del otro. Ambos pierden la oportunidad de conectar y de ser reconocidos por los talentos que poseen.

Otra reflexión acerca de los cumplidos: resista la tentación de compararse con lo bueno que fue en otro tiempo. Por ejemplo, cuando iba a la universidad yo usaba la talla pequeña. Ahora no. Aceptémoslo: nunca más tendré la talla pequeña. Cuando alguien me hace un cumplido con relación a mi figura, puedo pensar o, peor aún, decir: «No me conociste cuando usaba la talla pequeña. Con este peso no estoy tan bien. Era mucho más atractiva antes.» O puedo hacer honor al cumplido, honrándome también a mí misma, y decir algo así: «Gracias por el cumplido. Eres muy amable y me encanta.» Tenga en cuenta que no tuve que mostrar mi acuerdo con el cumplido, aunque tampoco estuve en desacuerdo. Sencillamente lo acepté. Aceptar un cumplido es dar un paso adelante en el dominio de la Rueda del Miedo y en el aprendizaje de aceptarse uno mismo.

EJERCICIO CAZAMIEDOS

Lleve un diario de cumplidos.

- Ponga por escrito todos los cumplidos que reciba, sin juzgarlos ni evaluarlos.

- Después de cada cumplido escriba: «Acepto que esto es así», o «Elijo creer que esto es verdad con respecto a mí».

Con cada cumplido, está ampliando su capacidad de ver lo sorprendente que es usted realmente.

¿Qué tiene de divertido?

Otra manera de castigarnos es a través de los chistes. No me refiero a la clase de humor sano que permite que nos demos cuenta de lo absurdo de nuestro miedo. Reírnos de cómo corrimos de un lado a otro ordenando la casa y quitando el polvo a los marcos de los cuadros sólo porque venía el técnico a arreglar el lavavajillas es fantástico. Nos hemos pillado permitiendo que el miedo de no ser lo suficientemente válidos domine todos los aspectos de nuestra vida. Pero burlarse de los propios defectos es algo totalmente distinto. Ese hábito sólo logra debilitarnos. Por ejemplo, ponernos apodos como una manera de hacer que los demás se rían. Cuando accidentalmente chocamos con una lámpara y decimos: «Soy un verdadero patoso, lo digo por si no te habías dado cuenta», las risas que provocamos sólo logran que nos preguntemos si realmente somos unos torpes. Así que la próxima vez que se ponga algún calificativo o se convierta en protagonista de un chiste, pregúntese: «¿Eso me fortalece o me debilita?» Asegúrese de que no se está castigando.

Cuando nos castigamos estamos rebajándonos, fallándonos a nosotros mismos y comparándonos con alguien o con algún modelo al que, en nuestra opinión, deberíamos parecernos. Cuando nos castigamos pensamos que estamos siendo honestos por señalar nuestros defectos antes de que lo hagan los demás. Sin embargo, lo único que estamos haciendo en realidad es reforzar nuestra Rueda del Miedo al decirnos una y otra vez por qué las cosas son como son. Eso nos hace sentir impotentes e incapaces de modificar nuestras circunstancias.

Castigarnos también puede ser una forma errónea de modestia. Pensamos que tenemos mejores posibilidades de agradar si no poseemos demasiado talento, ni somos demasiado amenazantes o demasiado poderosos. Nos rebajamos para que los demás no se sientan incómodos. Tenemos miedo de que nos consideren vanidosos, de modo que minimizamos nuestras cualidades. No podemos ser demasiado brillantes ni demasiado dotados ni demasiado equilibrados por miedo a fastidiar a los demás. Entonces, para protegernos de este miedo, deducimos que en la medida en que anunciamos nuestros defectos en voz alta y más frecuentemente que nuestras virtudes, nadie se sentirá ofendido ni pensará mal de nosotros. Preferimos infravalorarnos y atribuir nuestros logros a la suerte u otra circunstancia para no herir los sentimientos de nadie ni ponerlo en evidencia.

También podemos hacer el papel de tontos para no ahuyentar a un posible compañero. Las mujeres son especialmente propensas a esto, y tienen miedo de que los hombres se sientan amenazados por las mujeres inteligentes y con talento. Sin embargo, existen muchísimos hombres —y mujeres— que buscan compañeros que estén a su altura. Evidentemente, una mujer que se infravalora con el fin de atraer a un hombre no atraerá al hombre adecuado para ella. Nos contenemos por el bien de todos, aunque eso no es bueno para nadie. En palabras de Maslow, estamos inmersos en «una negación de nuestra mejor parte, de nuestros talentos, de nuestros impulsos más nobles, de nuestras mayores potencialidades, de nuestra creatividad [...] [Esto es] el miedo a la *arrogancia*». La cursiva es del autor. Sin embargo, si todos nosotros dejáramos de castigarnos y comenzáramos a celebrar lo que cada uno tiene de especial, finalmente dominaríamos el miedo a ser arrogantes.

EJERCICIO CAZAMIEDOS: LOS RECONOCIMIENTOS

He descubierto un antídoto sorprendentemente efectivo contra el hábito de castigarse. La técnica permite aumentar la autoestima y la capacidad para contar con uno mismo. Yo la llamo «Reconocimientos». Es una manera específica de atribuirse mérito, un mérito que, sin duda, deberíamos habernos atribuido hace tiempo. Los Reconocimientos son una manera de alimentar y realimentar nuestro motor emocional con confianza en nosotros mismos. Si los hacemos regularmente no nos quedaremos sin combustible.

Es posible que usted ya haya oído hablar de las «afirmaciones». Son sumamente valiosas, aunque su poder está limitado por la capacidad de cada uno para creer que pueden convertirse en realidad. Usted puede decirse: «Tengo derecho a decir lo que pienso», «Estoy en condiciones de hacer este trabajo» o «Puedo alcanzar mi objetivo», y tal vez se sienta fortalecido. Eso es fantástico, aunque sé que, en mi caso, las afirmaciones a veces me resultaban difíciles porque en realidad yo no creía ser capaz de lograr nada parecido siquiera a lo que estaba afirmando. De modo que primero hacía la afirmación, luego me castigaba, afirmaba, me castigaba. Ya me entiende. No había obtenido resultados suficientes que demostraran que podía hacer lo que estaba afirmando. No me había valorado por algo que hiciera realmente. Los Reconocimientos hacen precisamente eso. Registran el hecho de que realmente hemos caminado un trecho, de que usted saludó a la encantadora chica de la cafetería que la semana pasada le sonrió, de que concertó una cita para una mamografía. Usted hizo realmente todas esas cosas.

Los Reconocimientos se refieren a cada pequeño paso que usted da. A cada minúsculo acto de coraje. Se basan en la premisa de que, como decía el legendario entrenador de fútbol americano Vince Lombardi: «Unos centímetros hacen un campeón.» Absolutamente todo cuenta. Si usted estuviera a punto de castigarse y en lugar de hacerlo se distrajera con alguna otra acción —flexionar y estirar secretamente los pies por debajo del escritorio, tomar un trago de agua, acariciar a su perro detrás de las orejas, limpiarse las gafas—, eso cuenta. Y si cuentan actos aparentemente tan poco importantes como ésos, los actos que guardan poca relación con algo que usted espera lograr cuentan realmente. Considere las afirmaciones y los Reconocimientos como socios de una empresa. En la medida en que usted personifique sus Reconocimientos, no tendrá que hacer ningún esfuerzo para incorporar las afirmaciones y creer en ellas.

Éste es un ejemplo perfecto. Debo admitir que en una ocasión, antes de tener práctica con los Reconocimientos, entré en un recinto y vi a una mujer con un cuerpo impresionante, e inmediatamente tuve un ataque de envidia. Era delgada y tenía buen tono muscular, proporciones perfectas y cierta elegancia atlética. En aquel momento yo estaba lejos del exceso de peso según los criterios médicos. Pero según mi propio criterio estaba regordeta y un poco fofa porque había estado «demasiado atareada» para comer bien y hacer ejercicio. Había vuelto a usar mi ropa de gorda; las otras prendas me quedaban demasiado ceñidas. Nadie notaba realmente los kilos de más, pero yo sí. Así que detesté a la mujer del cuerpo estupendo, vestida con unos tejanos tan ajustados que parecían pintados sobre su piel, un estómago perfecto y un trasero pequeño y encantador. La evité y me puse a charlar rápidamente con algunas personas que para mí no suponían semejante oprobio. También me juré que a la mañana siguiente me inscribiría en un gimnasio y empezaría a entrenarme.

¿Qué ocurrió a la mañana siguiente? Descubrí montones de razones por las que estaba demasiado ocupada para ir al gimnasio. Entonces me castigué por no hacerlo. Me miré al espejo y me critiqué por el aspecto que tenía y por la ropa que usaba. Me sentí muy avergonzada por no haberme ocupado de mí misma. Me dije que era una perdedora por no ir al gimnasio. Y al día siguiente, cuando falté a la promesa que me había hecho a mí misma, sentí que no valía nada. Mi resolución desapareció junto con el deseo de hacer ejercicio. Me lamenté diciendo: «¿Para qué?»

Paso rápidamente a una época en la que había aprendido el poder de los Reconocimientos. Una vez más entré en una sala y vi a una mujer con un cuerpo envidiable. Me di cuenta de que el motivo por el que la envidiaba era que yo deseaba lo que ella tenía. Una vez más decidí inscribirme en un gimnasio. Nada de palabras negativas. En lugar de eso, tuve plena conciencia de que la envidia se basaba en mi miedo a carecer de valor, así que decidí entrar en mi Rueda de la Libertad y tomar alguna medida. En cuanto llegué a casa busqué en las Páginas Amarillas la sección dedicada a gimnasios. Y hasta ahí llegué. Ni siquiera leí los anuncios ni elegí un gimnasio cercano a mi casa. Pero escribí en mi diario: «Me reconozco y me doy las gracias por empezar el proceso de elegir un gimnasio abriendo las Páginas Amarillas.»

Al día siguiente me compré un buen par de zapatillas y ropa deportiva. No me los puse. No elegí un gimnasio. No hice ejercicio. Sin embargo, me reconocí por lo que había hecho en lugar de castigarme por lo que no había hecho.

Paso a paso llegué a un punto en el que finalmente me inscribí en un gimnasio, y un hermoso día decidí acudir. Me subí a la cinta andadora. Como expliqué en los ejercicios del Cuaderno de Bitácora, cinco minutos es todo lo que necesitamos para pasar del miedo a la libertad. Es el primer paso en la adopción de una nueva conducta. Decidí caminar durante cinco minutos. Ahora sé perfectamente bien que se necesitan veinte minutos en la cinta para obtener todos los beneficios cardiovasculares. También he leído esos artículos de revistas que ensalzan los beneficios de los ejercicios de fuerza además de las caminatas. Sin embargo, sabía que si me excedía estaría dolorida durante tres semanas y probablemente abandonaría. Obligarme a hacer lo que «pensaba» que debía hacer sin duda me conduciría al fracaso. Me aferré a la libertad. Me aferré a mis compromisos.

Y allí estaba por fin, empezando a sudar en la cinta de andar. Dos minutos y medio quieta y dos minutos y medio andando. ¿Y quién apareció y subió a la cinta contigua sino la mismísima diosa del vientre plano y el precioso trasero que me había hecho sentir como una dejada la primera vez que la vi? Era una profesional de la cinta de andar. Y de las pesas. Por la manera en que se entrenaba me di cuenta de que noventa minutos no habrían sido un problema para ella.

Por un instante el miedo pudo conmigo. Me descubrí pensando: «¡No seas estúpida! No lo dejes a los cinco minutos. Puedes estar a su altura. ¡Puedes demostrárselo! ¿No sería una vergüenza parar después de tan poco tiempo? Seguro que está mirando hacia aquí y pensando: "¡Santo cielo, qué fofa está!"»

Entonces recapacité. Recordé mis Reconocimientos, esa lista de los pasos que había ido dando y que, en principio, me habían llevado a la cinta andadora. Dejé de castigarme. Me di cuenta de que si me quedaba más de cinco minutos en esa cinta lo haría como reacción y no como resultado de una decisión consciente basada en mis compromisos. Me quedaría a causa de la chica. Y si hacía eso sería ella quien gobernaría mi vida. Y yo no podía aceptar una cosa así. Al cabo de cinco minutos bajé de la cinta. Me reconocí por completar los cinco minutos así como por respetar mis compromisos. Me recordé que tenía tiempo suficiente para llegar a resistir más minutos e incluso a utilizar las pesas. ¿Y saben qué ocurrió? Que hice exactamente eso. Al cabo de doce semanas andaba en la cinta durante cuarenta minutos y hacía pesas tres veces por semana. Perdí más de cuatro kilos y me vestía con ropa ceñida. Lección: reconocerse a usted mismo por lo que hace le ayuda a dominar su miedo y a sentirse motivado para seguir dando pasos positivos. Castigarse le mantiene temeroso e inmovilizado o en la tendencia de hacer cosas que no son buenas para usted.

Llegar a conocerse

Otro aspecto importante de los Reconocimientos es que se refieren a usted y a su proceso, a su manera de trabajar y jugar, a su estilo de interactuar y soñar. Se convierten en un instrumento increíble para el autodescubrimiento y le proporcionan la capacidad de aumentar su conciencia de quién es realmente y, al mismo tiempo, dan validez a sus logros. Evidentemente, eso es muy valioso a medida que crecemos y comenzamos a correr riesgos.

Amy, una mujer de treinta y tantos años, es un buen ejemplo. Vive en Nueva York y tiene un trabajo a distancia de diseñadora gráfica de páginas web cuya central se encuentra en California. En general se comunica por correo electrónico, y a veces la llaman por teléfono o le envían faxes desde la oficina. Así que Amy, que trabaja en su apartamento, vive la hora de la Costa Oeste. Se queda levantada hasta tarde y se despierta cuando sus colegas llegan al despacho para su jornada de nueve a cinco. Y cuando se levanta, ni siquiera se molesta en vestirse. Se prepara una taza de café, unta un bollo con mantequilla y se vuelve a la cama con su ordenador portátil.

¿Y? Amy, cuya madre le había inculcado el credo de Benjamin Franklin de irse a dormir pronto y levantarse temprano, tenía miedo de parecer tonta. El hecho de que sus vecinos de rellano vieran que el ejemplar del *The New York Times* seguía en la puerta mucho después de las seis de la mañana la hacía sentirse increíblemente culpable. Se castigaba por eso y se prometía poner el despertador sólo para levantarse y recoger el periódico, pero nunca lo hacía y entonces se castigaba aún más. También tenía esa extraña sensación de que la gente con la que hablaba por teléfono podía ver que aún iba en pijama, que no se había puesto las lentillas o que todavía no estaba maquillada. Se prometió que empezaría a levantarse más temprano y a vestirse como si tuviera que ir a una oficina, mejorando así su descuidado estilo de vida. Lo hizo durante un tiempo, pero pasaba tantas horas de la mañana preparándose que su productividad empezó a mermar. Se castigó por eso. Luego volvió a su antigua rutina, pero esta vez su Rueda del Miedo giraba a mayor velocidad. Estaba segura de que sus vecinos la consideraban una farsante total y se sentía completamente estúpida.

Amy me oyó hablar en un seminario mientras se encontraba en la Costa Oeste celebrando una de sus reuniones de personal. Comenzamos a trabajar juntas muy poco después por teléfono y por correo electrónico. Entre otras cosas, el programa *Vivir sin miedo* le enseñó la técnica de los Reconocimientos. Poco a poco, Amy dejó de castigarse por trabajar en la cama y empezó a reconocerse por tener sus ideas más creativas en cuanto abría los ojos. Luego por captar las ideas de inmediato. Se reconocía por postergar el placer de leer el periódico hasta después de haber trabajado unas cuantas horas y por tener la disciplina de realizar un trabajo sin un supervisor que la vigilara. Se reconocía por tener el don de crear diseños imaginativos. Se reconoció por encontrar un trabajo que se adaptaba a su personalidad y del que realmente disfrutaba. Reivindicaba cada reconocimiento poniéndolo por escrito.

Mientras todo esto ocurría, Amy empezó a relacionarse con alguien, por así decirlo. Por primera vez conoció a una persona con talento, formal, llena de recursos y creativa: ella misma. Dejó de preocuparse por lo que los vecinos y el portero del edificio pensaban sobre sus hábitos de trabajo y sus horarios. De hecho, cayó en la cuenta con cierto disgusto de que como no era el centro del universo, esas personas probablemente ni habían prestado atención a su estilo de vida. También llegó a comprender que disfrutar de la vida que llevaba era un derecho inalienable. Los Reconocimientos habían ayudado a Amy a dejar de controlar cada uno de sus movimientos como si alguien la vigilara y la juzgara. La habían ayudado a dejar de juzgarse a sí misma y a transformar los pensamientos negativos en positivos. Amy se dio cuenta de que su Rueda de la Libertad aumentaba la creatividad, lo que le daba la inspiración necesaria para hacer el trabajo que le gustaba. Reconocía su ritmo, su naturaleza innata y sus dones. Y de esa manera estaba en el camino de dominar su Rueda del Miedo y ser libre de asumir todo lo que ella era realmente.

Con toda seguridad, no sólo Amy sino todos aquellos que se relacionan con ella se sienten mejor por eso. Descubrir que uno aporta algo no tiene nada que ver con ser cómodos. Cuando usted se dedica plenamente a su vida, realmente disfruta del trabajo. El trabajo deja de ser tedioso. Le da energía y le entusiasma. Y el trabajo que hace afecta a los demás positivamente. Tanto si hace arreglos florales como si coloca un suelo en una casa, calcula impuestos, opera un cerebro, dirige una residencia de día, entrena delfines, reparte comidas a domicilio o recoge ostras, está dando algo de sí mismo. Ahora que hemos dominado el miedo, tenemos mucho que ofrecer de nosotros mismos. Cuando dejamos de funcionar por un sentido del deber que se basa en el miedo a las represalias, empezamos a dar otro paso adelante porque, en palabras de Maslow, «produce más regocijo, más dicha y resulta más intrínsecamente satisfactorio que aquello a lo que nos hemos acostumbrado». Y el mundo es mejor gracias a ello.

Miedo a los Reconocimientos

Sin embargo, los Reconocimientos pueden resultar un reto desalentador. Y, como descubrió Amy, eso se debe en parte a que los Reconocimientos pueden tener relación tanto con revelaciones y descubrimientos como con acciones. Aprender quién es usted puede resultarle incómodo en un primer momento. Por ejemplo, tal vez desee escribir: «Hoy me reconozco por darme cuenta de que la envidia es otra manera de que comprenda que me siento incompleto en un aspecto de mi vida», o «Me reconozco por ver cómo el miedo limita mis elecciones con respecto al uso de mi tiempo». Ambos son descubrimientos que alterarán su manera de vivir. Y si eso le resulta excesivo al principio, entonces escoja cualquier otra cosa que le permita avanzar. No importa si es tan insignificante como felicitarse por haber pensado en escribir los Reconocimientos, o simplemente escribir uno. El secreto está en comenzar.

Otra razón por la que a casi todos nos resulta difícil plantear los Reconocimientos es que pensamos que el acto de atribuirnos mérito supone que somos engreídos o egoístas. Tememos que consideren que somos egocéntricos o que nos sentimos superiores. Y, peor aún, tenemos miedo de convertirnos realmente en presuntuosos o vanidosos. Sin embargo, sin un fuerte sentido de la identidad, somos incapaces de correr los riesgos necesarios para superar el miedo. Nuestra singular constelación de dones y cualidades nos convierte en las personas que somos. La suma de éstos puede ser nuestra contribución a las personas que amamos y al mundo que nos rodea. Cuando nos reconocemos, nos liberamos y nos enorgullecemos de nosotros mismos. Ésa es una manera dichosa y generosa de vivir, no egocéntrica ni mezquina.

A la gente le resulta muy difícil expresar sus Reconocimientos porque creen que se volverán pagados de sí mismos y que se dormirán en los laureles. En realidad ocurre exactamente lo contrario. A medida que la confianza en nosotros mismos aumenta, nos infundimos de más energía y creatividad que nunca. Nos volvemos curiosos y anhelamos aventurarnos en lo desconocido en lugar de sentirnos amenazados. Cuando nuestro miedo disminuye esperamos con ansia un nuevo reto.

Cómo lograr que los Reconocimientos funcionen

Ésta es la técnica para que los Reconocimientos den su fruto:

- Todos los días escriba cinco Reconocimientos utilizando el tiempo presente, como: «Hoy me reconozco por...» Al principio puede no resultar fácil. Nada parece lo suficientemente bueno, ¿verdad? Ha terminado el informe pero debería haber empezado una semana antes, de modo que lo ha redactado precipitadamente. Por lo tanto, usted no es perfecto y no puede reconocerse por lo que ha hecho. Yo también solía sentirme así. Sin embargo, los Reconocimientos no se refieren a lo que se suponía que debía haber hecho. Se refieren a lo que ha hecho. Si ha dudado, ha abandonado la tarea antes de lo previsto o cometió algunos errores, no tiene importancia. La cuestión es si lo ha hecho o si dio algún paso hacia ese objetivo. Si la respuesta es sí, anote lo que hizo.

- El área ideal por donde empezar a reconocerse es aquel aspecto de su vida en el que ha elegido centrarse. Otro importante punto de partida es reconocerse cada vez que se da cuenta de que está en la Rueda del Miedo. Recuerde que no estamos hablando de la perfección, sino de cualquier movimiento que haya hecho y que fuera extraordinario, fuera de lo corriente, poco habitual, y que por lo tanto le otorgó confianza para arriesgarse.

- Así como hizo con los agradecimientos, plantee los Reconocimientos en un sentido positivo. Pregúntese: «¿Lo que estoy reconociendo es amoroso, compasivo, amable, fortalecedor, o bien revelador?»

- Como en los agradecimientos, cuanto más específico sea, más impacto tendrán los Reconocimientos si los fundamenta en una buena base de detalles. Cuánto más específicos sean los Reconocimientos, más rápido y fácil resultará reivindicar su poder.

- Preste atención a qué le resulta fácil y qué difícil escribir. Tal vez se sienta cómodo escribiendo: «Me reconozco por recopilar información para el próximo artículo del boletín.» Pero quizá le avergüence escribir: «Me reconozco por encontrar algo constructivo que hacer después de que mi esposa cancelara nuestra cita de esta noche. Me reconozco por pasar esas horas empezando un libro que quería leer.» En ese caso, ha logrado comprender mejor el hecho de que tiene menos miedo con respecto a su profesión que con respecto a su relación de pareja.

- Pronuncie los Reconocimientos en voz alta y luego pruebe a decírselos a alguien en quien confíe. ¿Qué es lo que puede escribir aunque tal vez le resulte difícil compartir con los demás? ¿Cuál es la diferencia? Tal vez pueda reconocerse ante otra persona por lo que cree que son logros importantes, pero no pueda decir: «Me reconozco por pagar las cuentas a tiempo este mes y evitar que me cobren un recargo.» No pasa nada. No es necesario que exponga sus puntos débiles hasta que haya logrado que la confianza en usted mismo sea más fuerte. En esta etapa, guarde para sí mismo algunos Reconocimientos. Son su fuerza secreta.

- Pídale a un miembro de su equipo de cazamiedos que escuche un Reconocimiento por día sin emitir juicios, y luego que lo felicite como si acabara de ganar el Premio Nobel de la Paz. Después de todo, para muchos de nosotros el hacer algo positivo por nosotros mismos de una manera coherente y constante es así de importante. Durante años me negué a creer en mí misma durante más de una milésima de segundo a causa de todos mis fracasos anteriores. Ya había alcanzado cierto nivel de éxito y sin embargo pensaba que seguía siendo una perdedora que pronto se convertiría en el hazmerreír de todos. Escuchar a un miembro de mi equipo felicitarme una y otra vez me ayudó a cambiar eso y pude creer en mí misma y conseguir el éxito que consideraba fuera de mi alcance.

• Una vez se sienta cómodo con sus Reconocimientos, comience el proceso de asimilarlos a un nivel más profundo leyendo cada uno cinco veces, lentamente y para sí mismo. Este proceso puede ser doloroso al principio por todos sus condicionamientos pasados; sin embargo, es de suma importancia porque refuerza el mensaje de sus Reconocimientos.

• Mírese en el espejo y reconózcase en voz alta. Mientras habla, intente mirarse a los ojos. Éste es un poderoso ejercicio para aumentar el amor hacia uno mismo.

• Una vez se haya acostumbrado a reconocerse, comience a ampliar esta habilidad reconociendo a los demás. Descubrirá que hacer ahora auténticos cumplidos resulta fácil. Y recuerde que la gente necesita que le presten atención. El mayor regalo que le puede hacer a otra persona es un Reconocimiento de la clase de ser humano que es. Al margen de lo seguros que parezcan por fuera, tienen el temor y la ansiedad de no estar a la altura en uno u otro aspecto. No espere a que ocurra algo importante. Ahora que ha aprendido a reconocerse por las pequeñas cosas, haga lo mismo con los demás. Podría decir: «Me encanta que seas siempre tan puntual. Realmente aprecio el respeto que tienes por mis horarios.» O: «Gracias por sumarte a mi propuesta en la reunión. Valoro tu opinión.» O: «¡Ese color te sienta de maravilla! Tienes una habilidad fantástica para ir la moda.»

Ésta es la lista de Reconocimientos que escribí hoy:

1) Hoy me reconozco por haber pedido ayuda para una tarea difícil.

2) Hoy me reconozco por haber dicho lo que pensaba aunque tuviera miedo de que me consideraran una perdedora.

3) Hoy me reconozco por decir que sí a una oportunidad de hacer algo en lo que no tenía experiencia previa.

4) Hoy me reconozco por llamar a mi compañero de desahogos en lugar de quejarme.

5) Hoy me reconozco por programar unas vacaciones aunque mi miedo a sentir que no valgo quiera que las considere un exceso.

Cuando usted comience a reconocerse cada día, a elogiar a los demás con la mayor frecuencia posible, a aceptar los cumplidos con facilidad y a renunciar a niveles de perfección imposibles, convertirá ese temor primario a no ser lo suficientemente bueno en una fuerza que lo liberará para manifestar su naturaleza innata y su integridad, convirtiéndose así en la persona que está destinada a ser. Lo que una vez fue angustia se convertirá en emoción. Lo que una vez fue aprensión se convertirá en júbilo. Lo que una vez fue tensión se convertirá en estímulo. Lo que una vez fue incertidumbre se convertirá en búsqueda. Lo que una vez fue impaciencia se convertirá en entusiasmo. Lo que una vez fue miedo se convertirá en respeto y asombro por la magnitud de las posibilidades que ofrece la vida. Dejará atrás las viejas restricciones de sus expectativas para abarcar el ilimitado potencial de su sendero audaz.

Capítulo Diez

EL SENDERO AUDAZ

Cuando James B. Conant era presidente de Harvard, tenía en su escritorio la estatuilla de una tortuga. En la base tenía inscrito el siguiente mensaje: «Pensemos en la tortuga. Sólo avanza cuando asoma la cabeza.»

El programa *Vivir sin miedo* consiste en asomar la cabeza. Consiste en encontrar el coraje para correr riesgos, para cambiar y para seguir adelante incluso cuando vacilamos. Consiste en dominar el miedo que surge de las experiencias dolorosas del pasado y utilizarlo para reunir las fuerzas necesarias para asumir otro reto. Consiste en afrontar cada nuevo riesgo sin lamentos.

El trabajo que hemos estado haciendo hasta ahora nos ha dado vías concretas para dominar el miedo y avanzar hacia la libertad que representa ser nosotros mismos. Ahora usted está preparado para conocer otro secreto que yo, al igual que miles de personas, he aprendido del programa *Vivir sin miedo*: el acto mismo de liberarnos del miedo nos protege del dolor que hemos estado intentando evitar. La paradoja de vivir sin miedo es que nos sentimos más seguros cuando somos libres que cuando intentamos permanecer a salvo evitando correr riesgos.

Algo que le sucedió a mi amiga Marta es un buen ejemplo de esto. Siempre había querido ser cantante, pero después de un breve y temprano intento de hacer realidad su sueño, había abandonado la idea. Años más tarde volvió a pensar en cantar profesionalmente. Yo la conocí en aquella época, y ella me habló de sus planes. Me dijo que tenía previsto ofrecer un recital como solista. Contrataría a un acompañante. Alquilaría un teatro. Contrataría a un equipo técnico. Haría mucha publicidad. Oí lo mismo durante meses y meses. Después de un tiempo, aunque le había expresado a Marta mi reconocimiento por concebir esas ideas —lo que, después de todo, es el primer paso en la aventura de correr riesgos—, empecé a preguntarme si llegaría a hacer algo más que hablar de su sueño. Ni siquiera había escogido la música. Decía que la música tenía que ser perfecta ya que ésta sería su segunda presentación, y añadía que algún día, muy pronto, encontraría la música ideal y se pondría a trabajar. En ese punto reconocí que su miedo a ser una impostora estaba poniendo freno al espectáculo. La llevaba a ser perfeccionista. Así que, como yo era socia poderosa suya, entendí que tenía que decirle algo.

Finalmente, la oportunidad que necesitaba se presentó sola. La miré fijamente a los ojos y le dije con suavidad pero con firmeza que se estaba engañando a sí misma. Abrió los ojos con incredulidad. «¿Qué?», me preguntó.

Repetí muy claramente: «Te estás engañando a ti misma.» Luego le dije que había estado hablando de este espectáculo durante más de un año y que no había hecho ningún progreso real. Le dije que mencionar el tema le proporcionaba la sensación de estar haciendo algo. Le dije que aunque la quería mucho y siempre la apoyaría, había llegado a dudar de que alguna vez hiciera algo con respecto a ese espectáculo. Su Rueda del Miedo dominaba la situación.

Marta se puso furiosa. Salió del restaurante hecha un basilisco. Pasamos varios días sin hablarnos. Entonces me llamó. Me dijo cuánto me había detestado cuando la enfrenté al hecho de que había estado dando rodeos con respecto al espectáculo. Me contó que se había ido a su casa y le había explicado a su marido lo que yo le había dicho. Él la había escuchado atentamente. Ella lo había mirado buscando su aprobación y le había dicho: «Tú no crees eso, ¿verdad?» Y él había tenido el valor de decirle que estaba de acuerdo conmigo. Tampoco creía que fuera a montar ese espectáculo. No tenía la música. No tenía acompañante. No tenía local. Nada era adecuado ni lo suficientemente bueno. Todo tenía que ser perfecto. Su miedo a ser una impostora la estaba dominando y diciéndole que tenía que hacer todo «a la perfección». De lo contrario la descubrirían. Y esa meta imposible le impedía correr el riesgo que tanto anhelaba correr.

En ese momento, Marta se rindió. Su esposo y su mejor amiga habían estado dispuestos a decirle una dolorosa verdad. Ella nos escuchó. A cambio, se mostró dispuesta a aprender a arriesgarse. Me pidió que la asesorara. Compartí con ella la fórmula que había utilizado con éxito con muchísimos clientes que habían llegado a la fase en que se encontraba Marta. La fórmula es una versión condensada de todo lo que hemos estado aprendiendo y poniendo en práctica a medida que avanzábamos en el programa *Vivir sin miedo*, capítulo a capítulo y día a día. Marta también había estado trabajando en el programa, aunque hasta que le di la fórmula, los diversos aspectos del programa no se habían convertido para ella en una manera coherente y fácilmente accesible de pasar del miedo a la libertad. Sin embargo, como he aprendido a lo largo de los años, la fórmula es más efectiva después de haber adquirido experiencia en el trabajo. En el momento adecuado, la fórmula tiene la capacidad de cambiar la vida.

Ahora, por fin, ha llegado el momento de que usted reciba la fórmula. Es el regalo que yo le hago porque hasta ahora usted ha hecho el trabajo y ha asumido el compromiso de seguir haciéndolo. Ha interiorizado los principios y los ejercicios del programa *Vivir sin miedo*. Está preparado para usar la fórmula en cualquier momento, a partir de este punto, como una manera infalible de subir a la Rueda de la Libertad lo más rápidamente posible cada vez que ocurra algo que ponga en marcha su Rueda del Miedo.

RISK*

R = Libérese de su apego al resultado.
I = Dedíquese plenamente a su intención.
S = Sea fiel a la verdad.
K = Que la bondad sea una prioridad.

Libérese de su apego al resultado

En el capítulo 6 usted aprendió a liberarse de las expectativas poco realistas y no expresadas. Éste es el primer paso fundamental para que el programa *Vivir sin miedo* realmente le funcione. Si se salta este paso, el poder de los otros quedará reducido.

La «R» lo ayudará a tener la capacidad de liberarse inmediatamente de las expectativas. Correr un riesgo —que, al fin y al cabo, es el elemento esencial de todos los aspectos de *Vivir sin miedo*— no es ganar o perder, sino más bien tener el coraje de probar algo nuevo. De todas maneras, eso no signi-

---

* «Riesgo» en inglés. Las letras que la componen son las iniciales de cada elemento de la fórmula. *(N. del T.)*

fica ser insensato. Las personas audaces poseen la sabiduría de tomar en consideración todas las posibles consecuencias de cualquier riesgo, sobre todo de los grandes, como montar un negocio. Se informan lo mejor posible de todos los aspectos de la aventura. Saben que existe una diferencia entre vacilar por miedo al fracaso y tomarse tiempo para investigar y pedir consejo. Finalmente, se «olvidan» del objetivo. Se concentran en el proceso. Si no alcanzan el objetivo, no se sienten desolados: tienen la resistencia emocional necesaria para reponerse y correr un nuevo riesgo. Eso les da la fuerza para exigirse aún más, porque saben intuitivamente que con cada riesgo son más fieles a ellos mismos.

Cada vez que corra un riesgo, sea honesto con respecto a sus expectativas sobre el resultado. Pongamos por caso que ha empezado a salir con alguien. ¿Está pensando constantemente en si sería un buen esposo o esposa? ¿Está calculando cada movimiento y cada frase con la esperanza de que se convierta en la relación más importante de su vida? ¿Está deleitándose con el placer de tener una nueva amistad, permitiendo que cada uno se conozca y se divierta y ame, por supuesto, sin tener la vista puesta en un objetivo? Si puede hacer esto último, no será necesario que piense en el resultado. Si ésta es la relación adecuada, ambos permanecerán juntos. De lo contrario, cada uno seguirá su camino. En cualquiera de los dos casos, no tiene por qué lamentarse.

Lo mismo es válida para cualquier aspecto de la vida. ¿Está trabajando en una novela para hacerse rico y famoso? ¿O escribe porque tiene algo que decir y la tarea le es placentera? ¿Está montando una empresa para demostrar a sus padres que es inteligente y capaz de ganar más dinero que su hermano? ¿O ansía ser su propio jefe y hacer algo en lo que cree? ¿Va a tener un bebé para estar a la misma altura que su hermana y su mejor amiga? ¿O siente el anhelo de tener una nueva vida en sus brazos y en su corazón, y de guiar a esa criatura hacia una época que usted nunca verá? Aparte de todo eso, ¿está preparado para aceptar que su novela tal vez tenga malas críticas? ¿Que su empresa podría no prosperar? ¿Que su hijo podría nacer con necesidades especiales? La única manera auténtica de vivir sin miedo es correr riesgos sin tener expectativas y luego hacer todo lo posible para que el riesgo valga la pena, y al mismo tiempo prepararse para aceptar el resultado sin lamentarse.

Dedíquese plenamente a su intención

La «I» de la fórmula *Vivir sin miedo* le recordará que, como aprendió en el capítulo 6, las intenciones son el antídoto de las expectativas. La «I» también lo estimulará a continuar el Cuaderno de Bitácora que comenzó en el capítulo 7 como un método para eliminar las excusas que absorben su precioso tiempo. Una vez haya identificado su intención en cualquier situación —por ejemplo, escribir una novela porque tiene algo que decir, en lugar de querer hacerse famoso—, ponga toda la carne en el asador. Lleve su Cuaderno de Bitácora puntualmente para no tener que decirse que no tiene tiempo. Encuentre el tiempo. Consiga el dinero. Infórmese de todo lo que pueda. No haga caso a sus detractores. Haga una lista de su equipo de cazamiedos. Y en las ocasiones en que un burócrata le retrase los trámites, una tormenta de nieve lo obligue a no acudir a una reunión importantísima, una enfermedad consuma todas sus energías o un ser querido necesite que le preste toda su atención, no claudique. Postergue, tal vez, pero no renuncie. Usted no está a merced del destino. Los logros se dan cuando usted invierte plena y resueltamente en usted mismo. Y el Cuaderno de Bitácora se convierte en la prueba de que está haciendo precisamente eso.

Sea fiel a la verdad

Como aprendió en el capítulo 8, quejarse no es más que una manera de evitar la verdad acerca de quién es usted. Por el contrario, la gratitud le enseña a hablar y actuar de una manera leal con usted mismo. Le muestra cómo transformar las experiencias negativas en lecciones significativas y positivas. Muchas veces nos despistamos porque quedamos atrapados en nuestros sentimientos e historias inspirados por el miedo, y olvidamos nuestro compromiso. En esas ocasiones nos negamos a rendirnos a la vida que se nos presenta y a apreciar sus dones. Cuando alguien hace algo que nos afecta negativamente solemos perder de vista nuestra naturaleza innata. Recuerde que la única persona con la que tiene que enfrentarse al final del día es usted mismo. Y su vida es un reflejo de la manera en que usted percibe el mundo. La gratitud modifica su punto de vista, dándole la claridad necesaria para reasumir sus compromisos. Sin compromisos claros, usted puede perder el rumbo fácilmente y caer en la impotencia. En lugar de eso, decida un rumbo basado en lo que usted valora y en la clase de persona que a usted le enorgullecería ser. La «S» de la fórmula *Vivir sin miedo* le ayudará a defender su naturaleza innata y a concentrarse en la gratitud en lugar de hacerlo en las lamentaciones. Cuando eso ocurra, su integridad se ampliará naturalmente.

Que la bondad sea una prioridad

¿Recuerda el capítulo 9? ¡Basta de castigarse! El Reconocimiento invalida sus diálogos internos negativos y nutre su alma. Es la clave para que usted se trate —y, si a eso vamos, para que trate a los demás— con la bondad que hace que la audacia florezca. Ser bondadoso con usted mismo lo mantiene en el camino hacia la dicha y la paz, y atenúa la presión para que usted sea mejor o más perfecto de lo que es. La bondad hacia los demás pone en marcha la compasión y anula su necesidad de «tener razón». Ser bondadoso le proporciona un espacio para respirar mientras va integrando en usted los cambios que le gustaría hacer y el tiempo necesario para procesar estas nuevas maneras de ser. Aprender a amarse en cualquier situación, en lugar de hacerlo sólo en las que usted o los demás aprueban es absolutamente necesario. Es un componente esencial del permiso interior que usted necesita para seguir su propio sendero audaz.

La fórmula R I S K puede cambiar su vida tal como cambió la de Marta. En cuanto ella se liberó del miedo de que todo estaría perdido si cada detalle no era perfecto, estuvo en condiciones de correr riesgos. Empezó a concentrarse en el proceso en lugar de concentrarse en la meta. Empezó a disfrutar cada minuto del proceso. Al cabo de unos meses había montado su espectáculo como solista.

Desde entonces ha ido reuniendo el coraje de asumir un riesgo tras otro. Formó un grupo femenino de canto *a capella*. Empezó a ofrecerse para actuar en restaurantes y en teatros de toda la ciudad. Contrató a un experto en publicidad. Invitó a la prensa. Para su deleite, el grupo recibe casi siempre críticas entusiastas.

Sin embargo, cuando las cosas no son perfectas —cuando una crítica es poco favorable, no se venden todas las entradas o la actuación de ella no ha sido de las mejores—, Marta no deja que su Rueda del Miedo intervenga. Ser libre del miedo y del sufrimiento emocional que sentiría a continuación la ha inmunizado contra ese tormento. Por supuesto, como todos nosotros, se siente más satisfecha cuando las cosas salen bien que cuando salen mal, y se esfuerza para hacer del canto un trabajo responsable y profesional. Pero ya no permite que su Rueda del Miedo la frene. El placer del proceso ha anulado ese miedo.

Cuando el proceso es un fin en sí mismo, su fruto beneficia no sólo al que se arriesga, como Marta, sino también a otros. Marta da placer a su público utilizando el don de su voz. En cierto sentido, este logro no es más que un producto derivado del placer del proceso. Marta también ha terminado haciendo una auténtica contribución a la felicidad de los demás. Y ésa es la verdadera medida del éxito.

Piense en su definición de «riesgo». ¿Es volver a estudiar, a enamorarse o aspirar a ese ascenso? Podría ser también, decir «lo siento», reconocer que necesita ayuda o compartir sus sentimientos con alguien a quien ama. El riesgo es diferente para cada uno de nosotros. Ése es el motivo de que nuestras ruedas sean individuales. Todos tenemos miedo a diferentes cosas y, a la vez, lo que percibimos como riesgo es diferente. Ése es otro motivo para practicar la compasión con nosotros mismos y con los demás. Y nuestras Ruedas del Miedo también nos recuerdan, cada vez que experimentamos sentimientos de temor, que en realidad nos arriesgamos mucho más de lo que reconocemos. Dese las gracias. Con su singular estilo, nuestras Ruedas del Miedo nos guían a través de nuestro miedo, dándonos el coraje necesario para arriesgarnos a expresar quiénes somos verdaderamente.

Meredith asumió un riesgo cuando comenzó el programa *Vivir sin miedo*. Doug se estaba arriesgando cuando compartió sus pensamientos en el momento en que esa bonita muchacha se acercó a él. Connie se arriesgó cuando le pidió a su suegra que cuidara al bebé. Kara se arriesgó cuando se mostró dispuesta a cuestionarse su felicidad aunque para el mundo exterior todo iba de perlas. Marta corrió un riesgo cuando abandonó su idea de la perfección y sencillamente empezó a cantar en todas partes. Mi hermana Linda corrió un riesgo cuando estuvo dispuesta a reconocer que tenía miedo de ser una persona corriente. Yo me arriesgué al perdonarme.

Cada uno de nosotros corre riesgos que pasan inadvertidos. A veces no los consideramos lo suficientemente grandes ni lo suficientemente difíciles ni lo suficientemente buenos para calificarlos de riesgos. Sin embargo, cada vez que reconocemos los riesgos que corremos, al margen de lo insignificantes que sean, creamos unos cimientos que nos sostendrán en la tarea de superar nuestro miedo. Sabremos que podemos contar con nosotros mismos para seguir adelante y creeremos que, sea lo que sea lo que hacemos, estamos aportando algo al mundo por el simple hecho de querer ser nosotros mismos. Ése es el riesgo más grande de todos. Arriesgarse es luchar por usted mismo, por ese ser que se atreve a soñar. Ahora tiene la fórmula R I S K: R (sin expectativa)... I (sin excusas)... S (basta de quejas)... K (basta de castigarse).

EJERCICIO CAZAMIEDOS

A fin de prepararse para correr riesgos, haga una lista de todas las situaciones de su vida que le gustaría cambiar.

- Enumere las tres situaciones de riesgo más importantes de su vida.

- ¿Qué es lo que las hace arriesgadas?

- ¿Qué parte de esas situaciones controla usted?

- ¿Qué es lo que no controla?

- Piense rápidamente —sin juzgar lo que se le ocurra— un mínimo de diez cosas que podría hacer para cambiar una situación sobre la que ejerce algún control. Es un buen momento para pedirle a un miembro de su equipo de cazamiedos que lo ayude a imaginar soluciones.

- Piense rápidamente un mínimo de diez cosas que podría hacer para cambiar una situación sobre la que cree no tener control.

- ¿Qué factores contribuyen a diferenciar las áreas que usted puede controlar y las que no? ¿El dinero? ¿La autoridad? ¿Las reglas? ¿La pareja? ¿La familia?

- Acepte los aspectos sobre los cuales no tiene control y encuentre maneras de fortalecerse. Relea las secciones sobre la intención y el desapego. Escriba un mínimo de tres reconocimientos relacionados con este aspecto para fortalecerse. Recuerde que cuando nos obsesionamos en pensar por qué no tenemos control, estamos derrochando unos preciosos recursos: nuestra energía, nuestra creatividad y nuestro tiempo.

- Elija una de las diez acciones en el área sobre la que tiene algún control y lleve a cabo esa acción durante los tres próximos días. Si siempre ha querido tocar la flauta, llame a la tienda de instrumentos musicales y averigüe cuánto cuesta alquilar una flauta. Si está solo y ha puesto fin a una relación, únase a algún grupo de personas con intereses afines: voluntarios que limpian los parques de la ciudad, excursionistas de fin de semana, el grupo de teatro del barrio o una asociación de padres separados. Si está desempeñando una profesión que no es la que quisiera, abra una cuenta de ahorro destinada a darle la seguridad que necesita para cambiar. A menudo los riesgos se afrontan de golpe, y el resultado es tan bueno como dar un gran salto al borde de un precipicio, como ocurre a veces en una emergencia.

‣ Elija una entre diez acciones para el área sobre la que no tiene control y llévela a cabo en las próximas veinticuatro horas. No piense en ella ni la evalúe ni la analice. Simplemente hágalo. Si los impuestos sobre la propiedad acaban de aumentar y su casa ha sido subvalorada, llame a un agente inmobiliario y pídale una tasación. Si en su familia hay casos de diabetes y usted acaba de descubrir que la padece, llame a la Asociación de Diabéticos y pida que le recomienden a un especialista y a un grupo de apoyo. Si está preocupado por si llueve el día que celebrará su boda en el jardín, alquile un entoldado como medida de seguridad.

Cuando hacemos algún movimiento en un aspecto en el que nos sentimos impotentes terminamos descubriendo que somos más poderosos de lo que creíamos.

La zona de malestar

Los pasos que da cuando avanza en el ejercicio cazamiedos que acabamos de describir, definitivamente le harán avanzar mucho en la tarea de ayudarlo a dominar su miedo y alentarlo a arriesgarse. Como dijo el poeta Ralph Waldo Emerson:

«Haga lo que teme y la muerte del miedo será segura.» Tenía razón, por supuesto, en el sentido de que cuando hacemos aquello que tememos lo desconocido se vuelve conocido. De todas maneras, el proceso está lejos de ser instantáneo. El período de transición entre el que usted era y el que llegará a ser es en sí mismo causante de miedos. Yo lo denomino «zona de malestar». Para muchos de nosotros es como si ya no nos reconociéramos, como si ya no supiéramos quiénes somos. Queremos gritar: «¿Tendría mi yo auténtico la amabilidad de aparecer?» Eso es normal. Lo que ocurre realmente durante esta transición es que estamos redefiniendo quiénes somos y mejorando nuestros actos, conductas y pensamientos. Someter la persona que creíamos ser a la persona que estamos destinados a ser puede ser un poco atemorizante. Casi con certeza la Rueda del Miedo se pondrá en marcha. No permita que le detenga. A mí me detuvo demasiadas veces. Para ayudarlo a dominar su miedo, voy a explicarle las tres etapas que habitualmente atraviesan quienes corren riesgos:

Etapa 1. Creer los mensajes del pasado

Cuando nos arriesgamos, aparecen los miedos del pasado. Tal vez nos digamos: «Nada te sale bien ¿Por qué exponerte a que te hagan daño? Te va mejor si no corres ningún riesgo. No querrás hacer el ridículo, ¿verdad? No vale la pena tratar de causar impresión. Terminarás lamiéndote las heridas. ¿No recuerdas la última cita? Él nunca volvió a pedirte que salieras. ¿Y qué me dices de cuando montaste ese negocio paralelo? Fue un desastre. De todas maneras, ¿realmente tu vida es tan mala en este momento? ¿Por qué alterar la calma?»

El mensaje del pasado que recibió Marta era clarísimo. «¿Recuerdas cuando tenías veinte años y ese famoso agente te

dijo que tu voz no era nada especial? Bueno, pues no lo es.»
Eso impidió que su carrera avanzara. También habría puesto
fin a su nueva aventura, aunque gracias a nuestro trabajo ella
sabía que aquel mensaje del pasado sólo era una advertencia
que la Rueda del Miedo le hacía acerca de un peligro potencial. Esta vez eligió el riesgo en lugar de la seguridad.

No crea en los mensajes del pasado. Cuando lo hace, está
cortejando al miedo. Tal vez sea capaz de manejar su miedo,
pero nunca lo dominará. Como aprendimos en el capítulo 2,
hay una gran diferencia. Manejar el miedo es una solución
transitoria a un problema permanente, como poner una tapa
a una olla a presión que, sin duda, tarde o temprano estallará.
Dominar el miedo significa aceptarlo, apoderarse de él y hacer que funcione «para» usted y no «contra» usted. La ironía
radica en que cuando usted va camino de la libertad su miedo es más poderoso que nunca. Eso no debería causarle sorpresa. Su miedo está tratando de lograr que usted evite todo
lo que es arriesgado, sea lo que sea. Ése no es un motivo para
retroceder. Porque no debe olvidar que el miedo es una
afirmación de su crecimiento. Si sigue adelante, su miedo finalmente perderá el poder de ponerle obstáculos y se convertirá en una fuerza que lo impulsará hacia delante. Se lo
prometo.

Etapa 2. Sentirse como un farsante

Cuando intenta hacer algo nuevo tal vez tenga la impresión de que no es «auténtico». Quiere ser novelista, pero cuando empieza a pasar las noches esbozando el argumento y los
personajes, se censura por el solo hecho de intentarlo. Joyce
Carol Oates es novelista. John Grisham es novelista. Toni
Morrison es novelista. Ellos son auténticos novelistas. Usted

es un farsante. Huelga decir que esto no contribuye ni a su creatividad ni a su autoestima ni a su productividad.

Ginger, una clienta mía, es un caso típico. Vino a verme porque aunque le iba bastante bien vendiendo cosméticos Mary Kay, era incapaz de pasar al siguiente nivel y empezar a reclutar vendedoras que la ayudaran a expandir su negocio. «Cuando yo empecé hace unos nueve meses organizamos una sesión sobre cuidados de la piel en casa de mi vecina para iniciar mis ventas —me contó Ginger—. Fue un gran éxito y conseguí algunas clientas fieles. Después de eso me sentí realmente lanzada. Enseguida preparé unos folletos. Como resultado de eso conseguí muchas más clientas y el boca a boca hizo el resto. He superado mi récord de ventas. Pero no me decido a reunirme con otras personas y presentarme como una gran jefa de ventas. Me siento como si fuera a engañarlas. Todo lo que sé lo aprendí trabajando, y sólo llevo en esto unos meses. ¿Quién soy yo para hacerme pasar por experta?»

Trabajé con Ginger durante varias semanas. Le señalé que había estado trabajando teniendo en mente el objetivo y juzgando su experiencia sobre la base de la cantidad de tiempo y no de la calidad de su trabajo. Hablamos de las expectativas e identificamos su Rueda del Miedo. Ella seguía dudando y no estaba plenamente convencida de que el programa *Vivir sin miedo* fuera a servirle de algo. Como hago cada vez que eso ocurre —y ocurre con frecuencia—, le indiqué a Ginger que pasara por alto sus sentimientos y simplemente asumiera un riesgo basándose en sus objetivos. Elegimos un primer movimiento muy simple y concreto: iba a llamar a alguien que no le resultara amenazador y le hablaría de la satisfacción y el éxito que estaba obteniendo tras convertirse en asesora de Mary Kay. Eso estaba de acuerdo con las conductas proactivas de su Rueda de la Libertad. Ginger eligió a la vecina que había organizado la sesión sobre cuidados de la piel.

A la semana siguiente volvió y me dijo: «Bueno, hice lo que me dijo y, para mi sorpresa, mi vecina quedó tan entusiasmada conmigo que terminó preguntándome cómo me había metido en esto. Le dije que quería hacer algo para crecer y expandirme como persona además de ayudar a otras mujeres. Ella me confesó que ése era también su sueño. Basándome en lo que usted y yo habíamos hablado, supe que ésa era una oportunidad para correr un riesgo. Le expliqué que estoy buscando otras asesoras. Pareció encantada. Concertamos una cita para hablar más este fin de semana. Pero, para ser sincera, aún siento que soy una impostora. Mientras le hablaba por teléfono y ella se mostraba tan entusiasmada yo pensaba: "No puedes enseñarle nada."»

Le dije a Ginger que eso solía suceder. La mayor parte de la gente siente lo mismo al llegar a ese momento de su viaje hacia la libertad. La felicité por su pequeño acto de coraje y la alenté a seguir adelante.

Quiero que usted haga lo mismo cuando tenga la sensación de que es un impostor. Cuando se siente como un farsante, el miedo está intentando mantenerlo donde está, sano y salvo. Si no sabe que su Rueda del Miedo está en marcha, usted puede creer que su intuición está advirtiéndole de que no corra este riesgo. Recuerde, sin embargo, que la intuición nunca lo debilita. Sentir que es un farsante —o, peor aún, un mentiroso— definitivamente lo debilita. Tal vez usted quiera renunciar a este nuevo «yo» y volver al conocido. Se descubrirá pensando: «¿Quién te crees que eres? Éste no eres tú. No puedes hacer esto. ¡La oportunidad ha pasado!» Pero ¿cuándo será el momento adecuado? ¿Recuerda a Marta? Ella se quedó atascada porque no todo era perfecto. Pensaba que si podía lograr que todo estuviera bien, nadie la llamaría impostora. Sin embargo, tratar de controlar todos los acontecimientos no hará que se sienta menos impostor. El miedo a ser descubierto es una suma de las creencias condicionadas y de las pautas de pensamiento que le dicen que usted es un impostor.

Y no existe un momento adecuado para empezar a expresar algo más de su naturaleza innata. Sin embargo, el miedo puede hacerle creer que ese momento existe. «Simplemente espera un poco más y luego podrás empezar a acudir a citas, a ir a la facultad, a cambiar de trabajo...» Sin embargo, usted y yo sabemos que eso nunca sucede. Después de aquella primera llamada telefónica a su vecina, Ginger fue más allá de su miedo basándose en la fórmula R I S K y en la lista de acciones proactivas de su Rueda de la Libertad. Muy pronto, con cuatro miembros muy productivos en su equipo de ventas que buscaban en ella apoyo y directrices, superó su sensación inicial de ser una impostora. «Soy muy buena en lo que hago. Ahora me doy cuenta —me dijo—. ¡Nada puede detenerme! Voy a por ese Cadillac rosa de Mary Kay. Pero, ¿sabes?, aunque no lo consiga, seguiré sintiéndome estupendamente. Estoy creciendo como persona, adoro esta clase de trabajo y estoy orgullosa de mi equipo. ¡Eso es lo que importa realmente!»

Etapa 3. Sentirse perdido

Confusión. La sensación de estar desorientado. La incapacidad de tomar una decisión. Todo esto puede ocurrirnos cuando asumimos un riesgo. Hay una especie de mareo, un vértigo emocional que acompaña a una realidad que nos es ajena. No sabemos si estamos boca arriba o boca abajo. Colgamos de un hilo. Sencillamente, es otra manera en que la Rueda del Miedo nos advierte de que nos acercamos al límite de nuestra zona de bienestar. De hecho, es precisamente cuando uno ha perdido la certeza de quién es cuando puede elegir activamente quién quiere ser. Muy pronto volveremos a orientarnos. Escuchemos a Brent, un cliente mío al que habían preparado desde la infancia para el día en que se hiciera cargo de la empresa familiar.

«Mi padre es un hombre brillante, y tiene muchísima energía —me contó Brent—. Montó su empresa de importación y exportación a los veintipocos, e hizo una fortuna. Yo soy su primogénito y se suponía que debía seguir sus pasos. Él solía llevarme a su despacho cuando yo era muy pequeño y me soltaba el típico discurso de "algún día todo esto será tuyo". Ser el heredero forzoso parecía un caramelo, pero durante mi primera semana de trabajo, una vez hube terminado la carrera, me di cuenta de que su sueño no era el mío. Pero ¿cómo decírselo?

»Yo no sabía hacer otra cosa. No sabía qué hacer si no hacía eso. Empecé a pensar en lo que me gustaba cuando era un niño. Entonces recordé algo que había visto en el Discovery Channel cuando tenía unos ocho años. Hablaban de montañas y ríos, y me pareció excitante. Me di cuenta de que mis mejores recuerdos estaban asociados a vivir en la naturaleza y soñar con ir de expedición, escalando montañas y vadeando ríos. Fue entonces cuando descubrí que quería hacer algo diferente; tal vez ayudar a preservar el medio ambiente. Eso era lo que realmente me gustaba, pero ¿qué podía hacer? Tenía que callármelo. Si me iba, mis padres se sentirían desolados. Y mi padre trabajaba duramente. Yo no podía echarlo todo por la borda. Él dependía de mí.»

Cuando Brent y yo empezamos a trabajar juntos le sugerí un pequeño cambio en su tiempo libre. Podía aprovechar los fines de semana para trabajar como voluntario en organizaciones que se dedicaban a lo que él soñaba hacer. Cada vez que volvía a verme me decía que empezaba a darse cuenta de que tenía que abandonar su trabajo en el despacho de su padre. Un buen día le ofrecieron un trabajo en una de las organizaciones, lo cual le pareció una transición sencilla. Lo asesoré para la conversación que mantendría con su padre cuando le diera la noticia. Estaba preparado... o eso creyó.

Cuando su padre le dedicó una mirada cargada de decepción, Brent vaciló. Se confundió con respecto a qué era miedo y qué libertad. Las expectativas de su padre habían sido durante tanto tiempo la realidad de Brent que sin ellas se sentía perdido. Brent dice que en lugar de seguir adelante, prácticamente le dijo a su padre que quería quedarse. Afortunadamente, no lo hizo. No pasó mucho tiempo hasta que llegó a encontrar su propio camino.

Esas cosas ocurren. Perdemos la noción de lo que es la libertad y lo que es el miedo. Ambas cosas se entrelazan y se mezclan. Cuando usted no esté seguro de cuál es el camino a seguir, deténgase. Respire. Examine las cualidades de su Rueda del Miedo y de su Rueda de la Libertad. Compare los sentimientos que tiene con respecto a la situación. Si se siente impaciente, frenético o teme perderse algo si no da un salto, sin duda la Rueda del Miedo lo está dominando. Si experimenta una sensación de serena excitación, la Rueda de la Libertad controla la situación. Cada vez le resultará más fácil percibir la diferencia. Una vez más recuerde que esto es un proceso, pero un proceso que usted está incorporando permanentemente a su vida cotidiana.

La última vez que tuve noticias de Brent trabajaba haciendo un mapa de vegetación en los bosques del noroeste del Pacífico. Para sorpresa de Brent, su padre no le guarda ningún rencor y está orgulloso de la actividad de su hijo.

EJERCICIO CAZAMIEDOS

Como ayuda para atravesar las tres etapas de la zona de malestar —creer en los mensajes del pasado, sentirse un farsante y estar confundido— complete los siguientes ejercicios:

- Si me reconociera todos los días, ¿cómo me sentiría con respecto a mí mismo?

- Si anotara cinco cosas al día por las cuales estar agradecido, ¿cómo cambiaría mi vida?

- Si controlara mi tiempo en lugar de que el tiempo me controlara a mí, ¿qué podría lograr?

- Si hiciera los ejercicios lo mejor posible, ¿en qué cambiaría mi vida al cabo de un mes? ¿Y al cabo de seis meses? ¿Y al cabo de un año?

- ¿Cuál es el ejercicio que completaré hoy?

- Durante cinco minutos, hoy haré lo siguiente:_____

- Le diré a un miembro de mi equipo de cazamiedos cuáles son mis compromisos diarios y semanales. Si soy incapaz de cumplirlos, asumiré la responsabilidad y los renegociaré.

- Dentro de un año quiero decir que soy:_____

- Para hacer eso, debo:_____

- Mírese en el espejo y repita diariamente: «Estoy dispuesto a vivir sin miedo.»

- Para mí, la clave para vivir sin miedo es: _____

Mi viaje de regreso a casa sin miedo

Espero que haga los ejercicios anteriores y todos los ejercicios de cazamiedos, no sólo una vez sino en cada ocasión en que se active su Rueda del Miedo. Yo hago exactamente eso y sé que funciona.

Me he convertido en mi mejor alumna. He practicado cada ejercicio de mi programa *Vivir sin miedo*, y sigo leyendo puntualmente mi declaración de intenciones, además de escribir mis cinco agradecimientos y mis cinco reconocimientos por día. Llevo mi Cuaderno de Bitácora. Mi tarjeta plastificada ya está gastada. Utilizo la fórmula R I S K como recurso cuando el miedo amenaza con desbaratar el momento y me impide seguir avanzando. Como resultado, soy fiel a mi naturaleza innata y a mi faceta de la integridad. La dicha llena mi alma y burbujea en los momentos más inesperados. Ocurre sin advertencia previa. Esta repentina necesidad de sonreír y sentirme agradecida por todo lo que tengo y todo lo que he estado dispuesta a aceptar es algo que jamás pensé que lograría. Cuando mis padres murieron pensé que mi capacidad de ser dichosa había quedado anulada. Sin embargo, seguí dispuesta a estar equivocada. Seguí buscando algo que me dijera que había algo más. Y lo encontré en el programa *Vivir sin miedo*.

El día que supe con certeza que mi vida había cambiado por completo fue durante la celebración del vigésimo aniversario de mi graduación. Iba de regreso a mi pequeña ciudad natal del norte de Michigan. En ese momento llevaba varios años trabajando con éxito como asesora y conferenciante.

Mis casetes, vídeos y cuadernos de ejercicios se vendían muy bien.

En Los Ángeles, donde me había instalado ya de adulta, y mientras dictaba seminarios y conferencias por todo el país, era un auténtico modelo en acción del programa *Vivir sin miedo*. Y no porque nunca tuviera miedo (todos sentimos miedo en la vida), si no porque era una maestra a la hora de reconocer mi miedo y convertirlo en un factor de libertad.

Pero nada me había preparado para la experiencia de afrontar mi miedo en el entorno mismo en el que éste había nacido. Cuando envié mi cheque al comité organizador, lo único que pensé fue lo emocionante que resultaría verlos a todos y contarles que, después de todo, me había ido muy bien. De hecho, había decidido ofrecer uno de mis seminarios en un motel del lugar. Había alquilado una sala y enviado notas de prensa a las emisoras de radio de la zona, al único canal de televisión y al *Daily Mining Gazette*. Estaba ansiosa por compartir mi revolucionario programa con la gente que me había conocido cuando era una jovencita temerosa e incapaz de enfrentarme a las consecuencias de la tragedia. Pero mientras conducía mi coche alquilado desde el aeropuerto y veía a cada lado del camino los conocidos pinos del lugar en el que había pasado mi infancia, el miedo me dominó totalmente. Era una perdedora. No valía. Nada de lo que iba a decir en el seminario tenía sentido. Se reirían de mí en toda la ciudad. Empecé a sentir un sudor frío. Cuando llegué al aparcamiento del motel pensé que mi miedo me había derrotado definitivamente. Entonces intenté serenarme un poco. «R I S K, Rhonda, R I S K», me decía. «R»: liberarse del apego al resultado, dejar las expectativas. ¿Qué pasaría si nadie asistía al seminario salvo mi tío David y mi tío Evald, que iban a ayudarme a instalar las sillas? Tal vez ellos dos aprovecharían algo de mi mensaje. ¿Y qué si la gente que asistía era sólo un puñado de amigos de mis padres que querían ver cómo estaba la trastornada huérfana suicida ahora que vivía en Los Ángeles y enterarse de qué hablaba? Tal vez un par de ellos comprarían los vídeos y su vida cambiaría. Leí mi declaración de intenciones en voz alta. Luego pasé a la «I»: dedicarse plenamente a la intención. No estaba dando ese seminario para jactarme. No estaba intentando demostrar que era mejor que mis compañeros. No estaba intentando impresionar a la ciudad con mis logros. Daba el seminario porque creía en mi mensaje con todas mis fuerzas y quería compartirlo en mi ciudad natal como lo compartía en otros lugares. En cuanto a la «S» de la fórmula —ser fiel a la verdad— hice una lista de cinco agradecimientos que me centraron en mi naturaleza innata, el primero de los cuales era «hoy estoy agradecida por la oportunidad de compartir con los demás mi programa *Vivir sin miedo*». Finalmente, la «K»: que la bondad sea una prioridad. Dejé conscientemente de castigarme. Cuando mi cerebro empezó a formar un pensamiento parecido a «Para empezar, has sido una idiota por exponerte a esta situación», lo reformulé, convirtiéndolo en «Me reconozco por correr el riesgo de hacer el ridículo porque creo en el valor de lo que tengo para compartir».

Mi tío Evald colocó las sillas. Mi tío David depositó las cintas, los vídeos y los cuadernos de ejercicios sobre una mesa. Ambos guardaron silencio porque en realidad ninguno de los dos tenía mucho que decirme, salvo hacerme bromas que en realidad eran desaires velados. Así que el silencio resultó mejor que las críticas. Los minutos pasaban. Finalmente, llegó el momento de abrir las puertas. Teníamos preparados cuarenta asientos. Pensé que tal vez aparecerían diez personas.

Cuando la puerta se abrió me llevé la mayor sorpresa de mi vida. La fila bajaba por el vestíbulo y rodeaba la piscina del motel. Reconocí algunos rostros, pero también estaba lleno de desconocidos que resultaron ser turistas de Detroit y Chicago que pasaban por la ciudad camino de un balneario en el lago. Los cuarenta asientos se ocuparon rápidamente. El personal del motel empezó a disponer más sillas a toda prisa y finalmente se ocuparon las sesenta y cinco sillas que había. Otras diez personas se contentaron con quedarse de pie al fondo de la sala, sólo para tener la oportunidad de escucharme. Animada por el entusiasmo que percibía entre mi público y envalentonada por una rápida lista interior de la fórmula R I S K, hice una de las mejores presentaciones de toda mi vida. Cuando todo terminó, la gente compró todos los libros y cintas que yo había llevado, encargó algunos más y se acercó para darme las gracias y pedirme un autógrafo.

Tammy, mi amiga de la escuela secundaria que había cantado *I Honestly Love You* conmigo en el funeral de mi madre cuando teníamos catorce años, fue una de las últimas en acercarse a mí. Nos abrazamos y lloramos de felicidad.

—Soy gerente de una agencia de trabajo temporal en Atlanta, Georgia —me dijo—. Organizamos reuniones anuales a escala nacional. No puedes dejar de venir a hablar este año. La gente de mi empresa necesita conocer el programa *Vivir sin miedo*. En realidad, todos lo necesitamos. Tú eres la prueba de lo que este programa puede lograr.

Entonces mi tío Evald, que había estado ocupado guardando las sillas mientras la sala se vaciaba, se acercó a mí. Carraspeó. Me miró con una extraña sonrisa y me hizo uno de los mejores cumplidos y de los más grandes reconocimientos que he recibido en mi vida: «Lo has hecho muy bien, pequeña.» Tío David asintió. Por primera vez me quedé muda. Pero las lágrimas de gratitud que asomaron a mis ojos lo dijeron todo.

Aquella noche bailé en la fiesta del instituto. La vieja y temerosa Rhonda había desaparecido. La audaz Rhonda se sentía amada en la celebración de una vida transformada.

Visión sin miedo

Imagine que ha transcurrido un año. Ha estado aceptando su mérito religiosamente mediante los Reconocimientos. Los agradecimientos han surgido tan fácilmente que se forman en su mente a lo largo de todo el día, no sólo cuando se sienta con lápiz y papel y trata de que se le ocurra alguno. Ha incorporado su declaración de intenciones y la ha convertido en un estilo de vida. El Cuaderno de Bitácora le ha dado más tiempo para las cosas que desea lograr y la capacidad de ver que su vida realmente depende de usted. Mientras analiza el año transcurrido, esos ejercicios cazamiedos se han convertido en un archivo que le permite ver sus cambios por escrito. Recurrir a ellos se ha vuelto más fácil, lo mismo que asumir su naturaleza innata. Su faceta de la integridad es ahora su estado fundamental.

Ha renunciado a ser codependiente, a culpar a los demás, a caer en el cotilleo, a tomarse las cosas como algo personal, a desperdiciar su capacidad, a desestimarse, a rechazar cumplidos, a dejar pasar las oportunidades, a perder el tiempo, a estar resentido, amargado o furioso. Ha dejado de intentar ser perfecto y de controlar todo lo que lo rodea. Tiene pruebas concretas de estos cambios gracias a sus deberes diarios. ¡Enhorabuena!

Su Rueda del Miedo ya no es más que una manera de hacerle saber que usted está más cerca de la persona que está destinada a ser. Las conductas proactivas de su Rueda de la Libertad son fáciles y naturales, mientras que las conductas de afirmación se han convertido en un acto reflejo. Usted ya no está atrapado en el mundo del «tendría que» sino que, más bien, su capacidad de elección está en sus manos. Ha aceptado la responsabilidad compasiva aprendiendo a darse un respiro y a dárselo a los demás. Comprende lo que significa dedicarse plenamente a cada cosa aunque no se apega a nada. Resulta emocionante comprender lo diferente que se siente con respecto a usted mismo en sólo un año. Cuando se mira en el espejo ve a alguien a quien se alegra de conocer. Siente que está en casa.

Ésta es la verdad. Esto es lo que ocurre cuando el programa *Vivir sin miedo* deja de ser una teoría para ser un estilo de vida. A medida que empieza a invertir en su vida, su propósito se vuelve más claro y el entusiasmo está presente tanto cuando lee un libro como cuando prepara la cena o hace el amor. Quiero que se tome unos minutos y piense en cómo podría ser su vida dentro de un año con respecto al trabajo, el ocio, las relaciones, la familia; es decir, en cada aspecto de su vida. ¿Hasta qué punto su vida sería diferente de lo que es hoy si usted viviera sin miedo? La diferencia tal vez no esté en los logros. Puede ser algo tan revolucionario como sentirse en paz cada día, o la capacidad de ser compasivo con usted mismo o de perdonar lo imperdonable.

Creo con todo mi corazón que si yo puedo ser lo que soy ahora teniendo en cuenta lo que he sido, usted puede desarrollar todo su potencial viviendo conforme a su naturaleza innata. En mi caso, lo único que solía pensar era que no quería vivir o que no merecía vivir. Ahora, esos pensamientos están muy alejados de mi mente. Estoy viva y quiero vivir mucho tiempo. Y lo he conseguido gracias al programa *Vivir sin miedo*.

Comienzos sin miedo

El programa *Vivir sin miedo* es algo más que un simple final feliz. También se trata de un comienzo sin miedo; de saborear la emoción de un desafío en lugar de acobardarse ante él, de ser curioso y creativo sin miedo al ridículo ni a las represalias; de tener el coraje de explorar, cambiar y crecer; de convertir en ganancias las inevitables pérdidas de la vida; de vivir cada momento en lugar de perder el tiempo preparándose para vivir. Se trata de la dicha del viaje y no de esforzarse por alcanzar una meta.

Cuando usted vive sin miedo, el miedo se convierte en su sistema de orientación. Le muestra cuándo se está arriesgando o cuándo está actuando con prudencia. Ése es el verdadero propósito del miedo. El miedo es una afirmación de su crecimiento porque demuestra que se está arriesgando. Ha aprendido a utilizar el miedo en lugar de permitir que el miedo lo utilice a usted. Ahora, sin embargo, en lugar de acobardarse y cambiar de idea con respecto al riesgo, experimenta el miedo como poder, entusiasmo y propósito. El miedo lo impulsa hacia delante una y otra vez a medida que asume los riesgos que lo hacen libre. Piense en Meredith, en Kara y en Doug. Y también en Connie, en Ginger y en Frank. Y no olvide a Jennifer, a Wayne y a Marta. Y hay miles de personas más. Si ellos pueden lograrlo, haciendo un ejercicio cada vez, usted también podrá.

Ojalá pueda conectar con la verdad de la persona que usted es, y despertar a la maravilla de vivir sin miedo, sin excusas y sin remordimientos, todos los días de su vida.

Ésta es su vida. Haga su trabajo. Usted puede hacerlo.

AGRADECIMIENTOS

Hoy doy las gracias a las siguientes personas:

A Sondra Forsyth, por no dejarse intimidar por unas fechas de entrega que son un verdadero desafío. Como colaboradora mía se mostró fiel a la sencillez de *Vivir sin miedo*. Utilizando su pericia al redactar para conseguir que mis palabras sonaran como música, Sondra captó mi visión y la alimentó hasta hacerla brillar. Su convicción, apoyo y cuidados son dones inconmensurables.

A Linda Sivertsen, cuyo entusiasmo por el programa *Vivir sin miedo* dio vida a mi propósito haciendo realidad este libro.

A Elly Sidel, extraordinaria agente. Elly ha recorrido a mi lado todas las etapas de este proceso. Como socia poderosa número uno de mi profesión se ocupa de los detalles, lo que me permite concentrarme en el conjunto. Elly es indispensable como agente y como amiga.

A Brian Tart, editor jefe de Dutton Books. Brian comprendió instantáneamente mi pasión por este trabajo y se sumó a mi visión, manteniendo con brillantez las líneas generales del libro, corrección tras corrección. Brian ha estado disponible más allá de lo que le imponía el deber, como un caballero, un mentor y un amigo.

A Jennifer Repo, editora de Perigee Books. Su decisión de convertir el programa *Vivir sin miedo* en un libro fue crucial para transformar el sueño en realidad.

A Lisa Johnson, Kathleen Schmidt, Erin Sinesky, Robert

Kempe y al resto del equipo de relaciones públicas y marketing de Dutton por asumir de todo corazón el programa *Vivir sin miedo* y dedicar tiempo y recursos a difundirlo.

A Kara Howland por manejar diariamente infinidad de detalles con elegancia y serenidad.

A todo el personal de Dutton por vuestro afectuoso apoyo. Habéis conseguido que este proceso sea sencillo.

Y, por supuesto, a Carole Baron, presidenta de Dutton, por tu visto bueno. Te estoy agradecida por tu confianza y por poder formar parte de tu familia editorial.

A mis editores extranjeros: gracias por haberme metido de lleno en esto. Su fe en este proyecto me deja sin habla. Rowena Webb, editora de Hodder Headline UK, por su apoyo entusiasta. Lisa Highton, directora editorial de Hodder Headline Australia, por llevar el mensaje del programa *Vivir sin miedo* a Australia y Nueva Zelanda.

A Aline Akelis, mi agente, por su auténtico compromiso por ofrecer este libro a editoriales de todo el mundo.

A mi Consejo de Sabios. Nunca podré agradeceros lo suficiente vuestra sabiduría e imperecederas contribuciones: al doctor reverendo Michael Beckwith, Breck Costin, Barbara Duetsch, Richard Golden, Warren Hogan, Paul Roth, reverendo Joan Steadman, reverendo Coco Stewart, Marianne Williamson y Lou Paget, autora de *How to Be a Great Lover* («cómo ser un gran amante»), por compartir sinceramente con esta escritora principiante su valiosísima experiencia en el mundo editorial.

A mis Voces de la Experiencia. Por su amorosa guía, su creatividad y su habilidad para apoyarme. Jenna DeAngeles, Michele Cohn, Debbie Leaper, Dave Morton, Sarah Reeves-Victory, doctor Mark Stein, Vicki Sullivan y Gary Tharler.

A mi Equipo de Apoyo. Tanto por haber leído las diversas versiones de este libro como por haberme dado su paciente amor durante este proceso o haberme impulsado activamente a cotas cada vez más elevadas, este equipo de apoyo merece la mejor de las calificaciones: Anni y Bert Atkinson, Suze Baez, Bonnie Barnard, Debbie Bermont, Greg Cortopassi, Stephanie Davis, Kathryn Fadness, Kandace Forseca, Sam Khoury, Doug Knoll, Terry Oxford, David Powell, Mark Sansoucy, Sandra Silvey, Steve Sisneros, Ras y Tina Smith, Kaiopa Stage, Kim Terranova y Jodi Walker.

Al Wild Women's Writing Support Group, que realmente me ha respaldado durante la creación de este libro. Me siento llena de gratitud por sus dotes de animadoras y escritoras, por su compromiso y su amor: Carol Allen, autora de *Adventures of a Hollywood Dog Walker*, Chellie Campbell, autora de *Financial Stress Reduction*, Linda Sivertsen, autora de *Lives Charmed*, y Victoria Loveland-Cohen, autora de *Itty-Bitty Baby Bonding Book* y *Manifesting Your Desires*.

Mi profundo y eterno agradecimiento a Minda Burr, Stephanie Hagen y Nancy Harding, que pusieron muchas cosas en marcha.

Un «gracias» especial para Alexandra Reichler y sus dos fabulosas compañeras de cuarto, Amy y Laura, por la generosa hospitalidad que mostraron al brindarme su casa de Nueva York. Y a Bill y Wendy Ostlund por hacer lo mismo en St. Paul, con un doble agradecimiento a Wendy por su meticulosa lectura de las primeras versiones de este libro.

A mis Socios Poderosos: gracias por vuestro apoyo, pasión y atención constantes: Greg Cortopassi, presidente de Team-Works; Grant Doyle, presidente de GetSpeakers.com; Gary Good y Cathy Story, de Gary Good Speakers Bureau; Lori Otelsberg, presidente de Signature Entertainment; Craig Robinson y David Naishtut, directores de Discovery Concepts; Laura Rubinstein de LBR and Associates, y a mi devota directora de marketing, Susan Guzzetta.

Mi sincero agradecimiento a Ann Ben-Porat y a Joe Decker por ser los primeros asesores formados en el Fearless Living Institute. Su infinita dedicación y afecto por los demás y el programa son incalculables.

Mi gratitud infinita a mi asistente, Jennifer Brynes, por mantenerme de buen humor, ocuparse de mis cosas y amar realmente este trabajo.

En mis años perdidos, recibí toques de atención y tuve momentos de sincronía a lo largo de mi trayecto. En ese momento no tenía ni idea del impacto que tendrían en el resto de mi vida. Sin embargo, recuerdo con gratitud a las siguientes personas que estaban allí en el momento adecuado para darme un empujón amoroso, una mano amiga o un consejo sabio que me llevaron a encontrar mi propósito. Estoy sumamente agradecida por tener al fin el honor de poderos dar las gracias públicamente: Sharon Eckholm Hill, por estar ahí cada vez que mis hermanas y yo necesitábamos que un adulto nos guiara ante una prueba o cuando queríamos celebrar un éxito. Joe Berini, mi tutor de la escuela secundaria, por ver más allá de mi Medalla al miedo y animarme a brillar. Bob Caton, por abrirme los ojos a mi propia creatividad. Bob Cooper, por prestarme *Vivir en la luz*, de Shakti Gawain. Bill Gamble, por aconsejarme la sobriedad. Maria Gobetti, por despertarme con la pregunta: «¿Por qué te esfuerzas tanto en apartar a la gente de ti?» Samantha, mi supervisora en mis tiempos de lucha contra el alcohol, cuyo apellido ha desaparecido hace mucho tiempo, por su guía, su sabiduría y darme a conocer el libro *Father Loss*. A mis compañeros de trabajo en Tony Roma's por decirme tantas veces que era divertida. Laura Clear, por invitarme a escuchar a Marianne Williamson. Mark Chaet, por introducirme en los secretos de la formación. Jill Christner, por darme mi primer trabajo remunerado como escritora.

A Lisa Ferguson Lessa. Como mi primera cliente, me facilitó las cosas cuando necesité que alguien se arriesgara conmigo. Se mostró incansable en su ansia por cambiar y dispuesta a hacer el trabajo necesario. Lisa hizo que el programa *Vivir sin miedo* fuera algo más que unas sesiones individuales. Su entusiasmo y su amor por el trabajo fueron el impulso que yo necesitaba para hacer mi primer taller público. Gracias, Lisa, por decirme constantemente que el programa *Vivir sin miedo* te ha cambiado la vida. Tú has cambiado la mía.

A Marta y a mis hermanas, Cindy y Linda.

No tengo palabras para describir fielmente la gratitud que siento por mi mejor amiga Marta Weiskopf. Ella ha alimentado mi transformación como si fuera un ángel guardián con la misión de devolverme a mi propio ser. Ha compartido mis sufrimientos, me ha ayudado a curar las heridas y me ha despertado a mi verdad. Le doy las gracias por estar dispuesta a recorrer conmigo este camino. Gracias por ser mi mejor amiga. En realidad, mi mayor agradecimiento es para su esposo, Kreigh, por soportar mis llamadas telefónicas a altas horas de la noche y mis frecuentes almuerzos con su esposa, que convirtieron las sesiones de formación en una maratón. Es un hombre único y su relación con Marta me resulta inspiradora. ¡Gracias por formar parte de mi vida!

A mi hermana mayor, Cindy, que ha estado dispuesta a contar la verdad, a enfrentarse a sus propios miedos y a compartir conmigo sus secretos. Nuestro vínculo íntimo y nuestras risueñas salidas a hacer compras son recuerdos que atesoro. Por sus tarjetas postales que siempre aparecen en el momento oportuno, sus maravillosas canciones de estímulo y su política de puertas abiertas. Sé que siempre tengo un lugar en el seno de su familia: Dean, Jason, Deena y Adam. Gracias por ver más allá de mis errores y permitirme cambiar ante tus ojos. Eres una auténtica Socia Poderosa.

A mi hermana menor, Linda, que recibió más amor que nosotras mientras crecíamos y que me ha colmado generosamente con esa abundancia a lo largo de mi vida. Su auténtico entusiasmo por el programa *Vivir sin miedo* y su infinito apoyo han sido incalculables. Lleva mis folletos a sus muestras de artesanía, les habla a sus colegas del libro y está evidentemente orgullosa de su hermana mayor. Y su familia, Joel, Rachel y Zachary siempre me hacen un lugar en la mesa de la cena, durante las vacaciones, dándome otro hogar lejos del mío. Gracias, Linda, por aceptarme tal como soy y por apoyar mis sueños.

A mis padres: gracias por la oportunidad de ser vuestra hija. Nuestros destinos se fundieron el 15 de junio de 1975 y el programa *Vivir sin miedo* nació ese día. Sólo que me llevó algún tiempo comprender mi papel. Gracias a vosotros he aprendido a perdonar, a amar y a aceptar a la persona que soy. Gracias por todo lo que me disteis mientras estabais vivos, y por cuidarme después de vuestra muerte. Puedo decir sinceramente que os amo sin dudas, sin vacilaciones y sin restricciones. Gracias por amarme de la mejor manera que supisteis. Os echo de menos.

Y, finalmente, deseo dar las gracias a todos aquellos que me han oído hablar, que han escuchado mis cintas, leído alguno de mis libros, enviado por correo electrónico un pensamiento o una pregunta, asistido a un taller o recurrido a mí para recibir asesoramiento personalizado.

Este libro es para vosotros. Fue vuestro auténtico interés y deseo de saber más acerca de vivir sin miedo lo que me llevó a escribir este libro. Sin vosotros no existiría el programa *Vivir sin miedo*. Gracias por vuestra buena disposición a hacer el trabajo y por confiar en mí desde el corazón. No tengo palabras para expresar la dicha que siento cuando veo cómo resplandecéis. Vuestro coraje me llega al alma todos los días. Vuestra luz me inspira. Gracias.

Queremos saber de ti...

¿En qué medida el programa *Vivir sin miedo* te ha cambiado o ayudado? ¿Qué cualidades o conductas has incorporado a tu vida cotidiana? ¿Cómo ha afectado a tu trabajo o a tu vida familiar el programa *Vivir sin miedo*? ¿Cuáles son las cosas que anteriormente considerabas fuera de tu alcance y finalmente has logrado? ¡Háblanos de ti!

Queremos saber cómo el programa *Vivir sin miedo* te ha cambiado y ha cambiado tu vida. ¿De qué manera eliges vivir más audazmente cada día? Por favor, envíanos el relato de tus logros (mecanografiado o escrito con letra clara) junto con tu nombre, tu número de teléfono, tu dirección de correo electrónico (si lo tienes), domicilio, ciudad, país y código postal.

Gracias por compartir tus relatos con nosotros.

Por favor escríbenos a:
Fearless Living Success Story
P.O. Box 261775, Encino, CA 91426

Visita la página web de la autora en:
http://www.Rhonda Britten.com